馬輔助心理治療

中華民國傷健策騎協會 出版　　王挽華　　著

中華民國傷健策騎協會 出版　　王挽華　　著

推薦序

陳明終　老師

　　《馬輔助心理治療》是王挽華先生繼《馬術治療》後的第二本書，他再接再厲，使國內馬術治療更臻完整，值得嘉許。

　　和挽華先生初逢於民國八十年代初，個人因緣際會擔任中華民國殘障體育運動協會義工，他於協會辦理「推向巴塞隆納系列活動」，因而結識。我國殘障同胞能參加1992年在西班牙巴塞隆納舉行的殘障奧運，並勇奪銅牌，挽華先生是眾多幕後工作者之一，厥功甚偉。其後他投入臺北市肢體殘障運動協會，致力於推廣殘障運動，近二十年則兼及馬術治療，並成立中華民國傷健策騎協會，擔任理事長，積極推動馬術治療。個人有幸長期榮任上揭兩個協會的顧問，深知三十年來挽華先生在殘障運動及馬術治療的專注投入及犧牲奉獻，令人敬佩。

　　誠如挽華先生於作者自序所言：「該書旨在陳述馬匹對人類心理的幫助，其焦點放在實現以下目標的機會；自信、信心、發展和維護關係、情緒意識、同情、脈衝控制、解決問題能力、社交技能，信任他人、相信自己。」同時，他也堅信馬輔助心理治療可以幫助所有年齡階段的人。馬術治療，對人類的身心健康將有所助益，國人應推廣運用。

　　作者自2018年1月，從閱讀馬來西亞友人贈送的*Equine Behavior: A Guide for Veterinarians and Equine Scientists*開始，往後再不斷從Google學術及網路文章找尋馬輔助心理治療相關文獻，再依照文獻的摘要、簡介、討論及結論選擇，而編纂成書。為使本書更具學術理論及參考價值，期間挽華先生也考取研究所，修習心理治療相關課程，他認真努力，積極投入，鍥而不捨的態度，終於有志者事竟成，實現心中大願。

　　「馬輔助心理治療」的出版，已達成挽華先生所期望「自己是個連接的螺絲，做好馬與治療師之間的紐帶」。個人有幸先睹全書初稿，在此謹致恭賀與

敬佩之意，並盼望馬輔助心理治療能在國內生根發芽，成長茁壯並廣為應用，以裨益國人。

臺北市立大學　心理與諮商學系　名譽教授

陳明終　謹識

2022年8月15日

推薦序

黃斯澄　馬術治療導師

　　第一次受邀為書作序，我感到既榮幸，又擔心自己未能向大家道盡這本書值得閱讀的地方。乾脆就換個角度來跟大家聊聊馬，聊聊作者，聊聊馬給人的感受吧。

　　作者王挽華，我一開始叫他王老師，他是我畢業實習的導師之一；後來我畢業了，我們仍保持聯繫，他用自己的行動鼓勵我繼續深造，同時不要放棄馬術，因為馬術可以帶給我很多。我們一個在臺灣、一個在廣東，因為馬，因為馬術治療而相識，是王叔帶我初探馬術治療是怎樣開展的。他深愛這個領域，愛馬，也熱愛並致力於推廣馬術治療，他到北京、香港，到國外多個地方去學習，最終成功將馬術物理治療帶回臺灣，帶到了上海。現如今，上海的馬場每週一都會進行馬術治療，團隊人員從一開始20多人，到現在250多人，這是多少年堅持的結果呀！遺憾的是因為馬匹、場地、專業性的缺乏，我們沒能一起將馬術治療引進廣東。我在王叔的身上看到了什麼叫「學無止境」，他從人醫領域，跨域學習馬術物理治療，現在又學到了馬輔助心理治療，哈哈，沒辦法，馬術是一項會對人生理、心理同時產生影響的運動。

　　馬的體格比人高大不少，馬語與人語並不相通，但卻能精準地做到人想要的動作，達到人馬合一。這種場景單是想想都令我熱血沸騰，真羨慕那些「馬語者」，尤其是我最近正在學習馴馬。這是一個互相征服、博弈的過程。我的馬術師傅總說我還不夠感知馬，所以我看不出馬在慢慢地試探我，以致最終挑戰我，不聽從我的指令。馬真的是神奇的動物，它們有超強的感知能力（也就是作者說的「覺察」）。有時候我心裡想著讓它再快步完三圈就慢步休息，還沒給出任何聲音或身體信號（又或者我的身體給出了某些我自己沒有覺察到的資訊），我的心思被馬匹讀透了，它知道自己要可以休息了，就偷懶不到三圈就自己轉慢步。我，被一匹馬拿捏了……真是要學的還有很多呀！

　　我從學習騎馬，轉成學習馴馬，每次馴馬課程結束，為馬卸下水勒，它們大多開心地、迫不及待地去找不用上課的小夥伴玩，互相理毛，但通常會先自己找個滿意的位置，痛快地打幾個滾。那一刻，我懂得了馬術師傅說的，其實它們（馬）就像小孩一樣。因為像小孩一樣，所以才會真誠純粹，叫人慢慢卸下防備，跟它們坦誠相對。我的馬術師傅說，「馬匹就像一面鏡子，在馬背上能照出真正的你，說明認識你自己」，這個跟書中引用「意識與潛意識的溝通」、「馬兒總是會看到我們是誰，並要求我們成為我們能夠成為的人」有異曲同工之妙，這就是馬術（或馬兒）在心理治療上也能有一席之地的原因吧。

　　馬術心理治療，既要瞭解馬，也要懂得心理治療。本書對馬進行了物種介紹，可以幫助你從進化的角度瞭解馬膽小、敏感的性格，關注馬兒的福利，從感官、社會行為的介紹學習如何與馬溝通，再從心理諮詢理論方面入手，循序漸進地講述馬如何輔助心理治療，非常適合想瞭解馬術心理治療領域內容的讀者。

　　馬，是自帶療愈能力的動物，當它們安靜站著的時候，給人一種歲月靜好、非常心安的感覺；當它們動起來的時候又很乾淨俐落，帶給人心驚動魄的體驗。觸摸著馬兒的身體，讓它們的體溫來溫暖、放鬆人的身心，然後在不知不覺中改變人的認知。作者跟我師傅都說了相似的話，大致就是，馬兒永遠活在「此時此刻」，跟馬兒相處，就是在感知「活在當下」。當你在翻看這本書的時候，也請記得想像自己與馬相處的場景，用心去感受，相信你會收穫對馬兒和自己不一樣的認識。

廣州華南農業大學獸醫系畢業
臺灣傷健策騎協會馬術治療導師
馬術及野生動物救助愛好者
黃斯澄　謹識
2022年8月17日

推薦序

張禎慧　心理諮詢師

　　每每想起與王叔相識、相知的過程，總不得不感歎緣分的奇妙。2014年的秋天，從一位前輩那兒第一次聽說了「馬術治療」這個名詞，他當時遞給了我一本薄薄的書籍，我記得那是一本專門介紹國內馬術行業的雜誌，裡面有一篇很小篇幅的文章在介紹「馬術治療」，篇幅小到彷彿一不留神就會錯過。那時候我剛剛踏上工作崗位，從事著青少年兒童心理諮詢和特殊兒童的教育，運用馬匹對特殊兒童進行康復訓練的手段是我第一次聽說，感到很新鮮也很新奇，好巧不巧的是，我所在的公司剛好有自己的馬場。我當時的興奮勁真的難以言表，就憑著這麼一股興奮勁我成功在公司立下了「馬術治療」的專案。說起來也好笑，我當時對「馬術治療」除了那篇文章之外便一無所知了。「馬術治療」這幾個字在網路上都很難搜索到相關的資料，就在我打算放棄之際，王叔的網站突然映入眼簾，裡面密密麻麻都是關於馬術治療的各種資料和文獻，網站的小角落裡留下了一個聯繫的郵箱，我抱著試一試的心態給郵箱發了一封郵件，沒曾想，過了幾天，居然收到了王叔的回信。就這樣，在一來一往的郵件中，我們對彼此的瞭解逐漸加深，沒過多久，我就在王叔的邀請下，參加了王叔在上海一家馬場開辦的「馬術治療」的培訓，我永遠記得，在那個陽光和煦的早晨，王叔對我說：「我這一輩子只想把馬術治療這一件事做好。」也就是這句話，在往後的時光裡一直激勵著我前進。再接下來，我幾次把王叔請到了南寧，在廣西的土壤上灑下了無數馬術治療的種子。說起來，最後的一次見面也已經是四年前了，那是王叔被華農大學邀請到廣州教學的時候，王叔聯繫上了我，問我能不能幫他講一節課，王叔有需要的時候，我從來義不容辭。不知不覺，今年已經是與王叔相識的第八個年頭，真慶倖，我的青春和成長裡有王叔這樣一位願意為了孩子們如此無私奉獻的人兒。

　　我印象裡的王叔，親切，耐心，堅持，我記得第一次把王叔邀請到南寧

的時候，王叔總是跟我請教孩子的心理健康問題，我當時才剛剛從學校出來工作，王叔堂堂一個會長，絲毫沒有瞧不起我一個20出頭的小毛孩的意思。但王叔最讓我敬佩的，是他對學術的那份堅持，這些年，王叔翻譯了文獻，整理了很多珍貴的個案，這為我們這些後輩提供了很多寶貴的學習資料。2020年的秋天，王叔跟我說，他在修讀心理學。2022年的春天，王叔欣喜的跟我說，他完成了一部關於心理與馬術的書籍編寫。我再一次被王叔感動了，心理學在長久以來都是他陌生的領域，但是為了孩子，在短短的兩年時間，獨自完成了那麼多工作，我們後輩還有什麼藉口不努力呢？

王叔的文字很溫暖也很嚴謹，他寫的書，會讓人在輕鬆氛圍和愉悅的情緒下獲益良多，無論之前對於馬術，對於心理，對於特殊兒童有沒有一點點的瞭解，都會通過這本書愛上馬術，愛上心理，愛上馬術治療。因為這本書的字裡行間都在透露著熱愛，王叔總是有把晦澀難懂的東西用簡單通俗的文字表達的能力，也總是有把枯燥的知識變成有趣的故事的能力。他這本書，總想讓大家瞭解更多，認識更多，或者能激發起大家的一點點興趣也好。我就是因為王叔的文字瞭解到馬術治療的一切，並且開始投身其中。我記得2015的時候，第一次給福利院20多名自閉症的孩子開展「馬術治療」的時候，王叔編輯的資料，是我很重要的參考資料，後來訓練方案制定的依據也是來源於王叔的書籍。相信我，這絕對是一本可以幫助我們進行實操的書籍，絕對不空洞也不乏味。

真心希望王叔這個「寶藏」被更多人看到，被更多人支持，真心希望特殊的孩子們被更多人理解。我希望，接下來還可以繼續被您的熱愛點燃和感動。

廣州大學紡織服裝學院　心理諮詢師

張禎慧　謹識

2022 年 8 月 20 日

推薦序

周秋實　老師

　　《馬輔助心理治療》是一本有趣的書，它以不尋常的方式梳理了一條心理治療的實踐之路，同時也開啟了一條探索之路。

　　這本書的內容十分豐富，涵蓋了關於馬的知識、心理學理論、以及在歷史上馬如何被納入身體治療、心理治療的資訊。此外，它也涉及到作者本人的認識視角——如何認識馬與我們的互動並以此為鏡子來認識自我；人文關懷——關注弱勢群體如何通過馬的輔助發現並挖掘自身的潛能；以及自然觀——現代人何以從動物和自然界中吸收到超越現代性的精神能量。因此，無論是馬的愛好者，心理學相關專業的學生、從業人員，愛好自然的人們，還是像我這樣只是帶有好奇心的讀者都將從這本書搜尋到有趣的資料，並獲得啟發。而對於那些要為立志要加入馬輔助心理治療這個行業的人們，這本書無疑可以提供簡短且有用的介紹，同時，它也可以提醒他們該領域當前所面臨的困境與挑戰。

　　四、五年前，我與王挽華先生相識。作為一名社會學研究者，我對馬的相關知識是空白的，更不懂得馬和心理治療的關聯。坦白講，當時的我對這個主題本身也充滿了各種疑問：馬在心理治療的輔助作用是什麼？如何評估這種作用？為什麼是馬，而不是其他動物（比如狗）？臺灣的普通家庭能消費得起嗎？對於我提出的疑問，王挽華先生總是耐心聆聽並認真解答。若遇到暫時解答不了的問題，他便繼續找文獻資料學習，或請教身旁的專家和經驗豐富的朋友。我欽佩王挽華先生待人真誠，對事認真。每次交談，他必會與我分享他在馬輔助心理治療研究上的最新進展。他對馬和研究的熱枕也深深地感染了我。

　　幾年後，當我收到這本書的初稿時，它已呈現出了詳盡的資料，系統性的理論梳理和總結，還穿插著豐富有趣的小故事。閱讀此書，我便不知不覺進入馬的歷史，看見馬的世界，瞭解人與馬的關係，並被引領來到馬輔助心理治療這門新科學的路口。這本書沒有對馬輔助心理治療將通往何處給出篤定的定

論。但作為一本文獻回顧，它以務實的學術精神，向新的領域的發展奠定了堅實的基礎。

　　這是一本認真做研究的人寫給那些有好奇心、求知欲的人書。作者說，他能從馬兒的世界中感受到平靜與祥和，而我希望讀此書的人，都能和我一樣，感受到作者心無旁騖的堅持和求索的動力。

香港理工大學　社會學博士

香港中文大學　博士後研究

周秋實　謹識

2022年8月26日

推薦序

周二銘　老師

> 想當年，金戈鐵馬，氣吞萬里如虎。
>
> 公乎躍馬揚玉鞭，滅沒高蹄日千里。

上述是google搜尋「馬＋詩」出現的兩個代表詩句。事實上大家耳熟能詳的「小橋流水人家，古道西風瘦馬」是難得較為抒情的詩句，其餘多是形容讚揚馬兒陽剛驍勇的形象。

四年前為好友王叔著作《馬術治療》寫推薦時，看到書裡面有許多在進行馬術治療活動中的小孩騎在馬背上照片，我當時就聯想到，從前武將為了戰場殺敵而騎在馬上衝鋒陷陣，如今小朋友是為了在「騎乘」過程獲得某些身體功能上的刺激幫助（回想對「旋轉木馬」的印象可能會讓我們更容易想像這點），這一切都顯得很自然，容易理解。

然而這回王叔新書《馬輔助心理治療》卻讓我甚為震驚，我能想像人類藉由貓、狗、兔、魚、鳥獲得諸多慰藉的情境，但望之凜然、令人畏懼的駿馬如何與「心理治療」搭上關係卻是令我百思不解。王叔這本新書為此疑問提供了豐富與深入的說明與解答。

更讓我意外的是讀過這書才知道「馬輔助心理治療的重點不是騎馬，百分之九十的馬輔助心理治療是在地面上進行的。」而且治療過程的舞台上只有馬跟個案兩位角色，專業人士通通都退居幕後。

書中提到「通常避免身體和情感親近的孩子通常都可以接受來自馬匹的互動」，而且接受馬輔助治療的孩子往往對陪伴的那匹馬表現出極大的感激之情，我很難想像接受傳統在診間內進行與心理諮商師一對一心理治療的孩子在治療之後會對治療師有多大的感激之情。這強烈對比的兩樣情，凸顯出「馬輔助心理治療」蘊藏非比尋常的療效潛能。

　　此書較偏重於理論基礎與既有模式的介紹，對於實務操作面較少著墨。不過，王叔在短短一年半的時間內能夠整理出如此浩大份量的資料，實在已經很不容易。

　　閱讀此書有些煎熬，不純是因為部分內容有些艱深難懂，而是因為「馬輔助心理治療」除了個案之外，牽涉到關鍵的「馬專家」、「馬輔助心理治療師」、「馬」三個角色，此書都有詳細介紹每一角色個別專屬的專業背景理論與知識，但針對三個角色如何結合成一組成功的「馬輔助心理治療團隊」只是輕描淡寫帶過，讓讀者頗有「滿腹學問卻使不上力」的感覺。這突兀的結果只能歸因於王叔此書精彩的內容成功引發我的求知欲求超越作者原本界定著作內容的範疇。

　　書中提到幾則個案的回饋，包括：「與馬一起在田野裡使我感到自己被連接了」、「看到那匹馬朝我走來真是太神奇了」、「我在告訴一匹馬我的感受，我哭得很厲害」。看到這些令我深受感動的「鏡像」潔白話語，不由得更加感佩王叔完成此書的良善初衷與理想。衷心期待此書的問世，國內將有很多孩子有朝一日能因此受惠。

美國南加州大學電機工程博士

美國太空總署噴射實驗室研究員

國立臺灣師範大學副教授

周二銘　謹識

2022 年 8 月 30 日

自序

擋住一盞燈的光，你可以在布屏上創造我們所說的——但缺席就失去了一切。

由衷感謝為本書寫推薦序的五位作者

　　什麼是馬輔助心理治療？最關鍵的概念就是個案不在馬背上騎馬而是在馬場地面上與馬匹的互動。請允許我先說一個故事，帶領各位讀者進入時光隧道：我走在德國kurten-biesfeld鎮上的小路，去參加第二屆2016國際治療性騎術門診工作坊，八天都圍繞在這個主題上："Psycho-educational vaulting／riding developmental riding hippotherapy: a holistic approach"（騎乘與馬背體操之心理教育以及馬術治療之發展：整體方法）。有12位學員來自荷蘭、美國、法國、德國、匈牙利、澳洲及台灣，他們都是當時馬術治療界的頂尖人物、佼佼者（筆者除外），從早上七點到晚上九點魔鬼營訓練般的課程。

　　我與澳洲的物理治療師Sandra（以下人物，都是化名）及美國的心理治療師Lori一組，分配到二位臨床上確實診斷為（過動症）的10歲女孩Herta及（自閉症）的11歲男孩Ludolf，他們二個孩子每天下午二點到四點接受馬輔助心理治療，我們是這樣開始的：一起到馬廄選一匹中小型的馬，教兩個孩子怎麼清潔馬，然後馬與二位個案走進馬場（馬匹沒有上口銜、沒有裝馬鞍，沒有韁繩；孩子們沒有馬鞭，沒有調教索，也不能說話或吹口哨）。Stiftung Die Gute Hand擁有現代化設備的教學馬場，馬場正前方的觀景台是用玻璃作的帷幕，在場中的孩子們看不到我們12位學員坐在裡面，我們卻可以清楚看見孩子們在馬場中的活動（一方面我們可能是居高臨下，離場中地面約一個樓層高）。我們寫筆記，寫觀察，寫心得，用於下課後的討論。

　　孩子們伴著馬匹進行我們給的功課：希望在孩子與馬兒互動中存在著本書陳述馬匹對人類心理的幫助，其焦點放在實現以下目標的機會：自信、信心、發展和維護關係、情緒意識、同情、脈衝控制、解決問題能力、社交技能、信

任他人、相信自己。在不同的功課中，我們觀察孩子們表現的心理機轉而建立個案內在的體驗。這些發現令筆者既震撼又感動，更加確信馬輔助心理治療效果的無限可能。

馬輔助心理治療在這次門診工作坊中看到德國與匈牙利的四位學員以馬背治療性騎乘和馬背體操來演示馬輔助心理治療的方法及效果，這與先前提到「個案不在馬背上騎馬而是在馬場地面上與馬匹的互動」，看似有點矛盾，但實際上是有相輔相成之功效。德國、匈牙利的四位學員本身的專業是心理治療師，但她們各自擁有自己的馬場，也是馬術教練。

2018年1月6日及7日，協會舉辦了第一屆以馬為輔助之心理治療工作坊，邀請在美國科羅拉多州立大學社會工作學院（School of Social Work at Colorado State University）擔任心理諮商師的李萍慈博士回台北介紹「與馬相關——意識與潛意識的溝通」。2018年4月筆者拙著《馬術治療》一書出版，其中第八章談到了馬輔助心理治療。當時在亦師亦友的二銘老師鼓勵下，他支持我以這主題再寫一本書，因為「馬術治療」結合「馬輔助心理治療」確實是當今人類已經成功透過馬來幫助孩子們「身」、「心」方面治療的有效專業技術與方法。我思考許久，認為要介紹馬輔助心理治療，我必須得知道心理學的堂奧，希望自己是個連接的螺絲，做好馬與治療師之間的紐帶。2019年9月筆者戰戰兢兢地走進臺北市立大學心理與諮商學系的殿堂，在老師與同學知識薰陶之下，解開了些許對心理學的懵懂，又在陳明終教授的指導中閱讀心理學的著作。2020年冬，暫別學校，開始提筆。

《馬輔助心理治療》可以幫助所有年齡段的人。本書章節有四部分是這樣寫的：第一部的主要陳述是放在主角之一的「論馬」，分為一至三章：第一章說馬兒的感知世界、第二章寫馬兒的社會行為與溝通、第三章談初見心靈導師：馬。接下第二部主軸是馬輔助心理治療、分別是四至七章，如第四章：馬輔助心理治療沿革及其現況、第五章：馬輔助心理治療的理論基礎、第六章：馬輔助心理治療的模型、第七章：馬輔助心理治療的適應症。第三部筆者認為是本書的核心講述：治療師、分別是八至十章，第八章又說到再看～馬兒、第九章：蛻變～馬專家、第十章：馬輔助心理治療師。第四部是觀察與實踐，分別是十一和十二兩章，作者的想法是我們的治療環境與歐、美不同，缺少了耳濡目染，也只有靠杜威（John Dewey）哲學家說的「做中學」和我們的成

語「天道酬勤」或是那一句廣告標語「Just do it」來完成我們的目標。第十一章：韁繩、蹄跡線、四拍步伐，以這三個馬術名詞表達現今居模範地位的馬輔助心理治療機構。第十二章：夢裡懷書，本章陳述的是：人馬之間感知的觸覺和擁抱、以及格式塔理論的完形學派在馬輔助心理治的所見。筆者所閱讀的文獻與書名放在最後的編後語，它沒有像寫論文那樣參考文獻所使用APA格式表示，只是簡單的把文章題目告知。

第十二章剛寫完，興高采烈地跟家人說這本書寫好了，家人笑答「你沒有馬、沒有場地、沒有治療師、沒有馬專家、沒有資金，書寫好了是一場空吧……」，乍聽之下好像有點洩氣。噢！別這麼說。馬輔助心理治療模型中有「隱喻」的模塊，筆者認為家人在暗示尚有努力的空間。

研究表明，情感和認知過程是相關的，馬輔助心理治療的努力認知和現實，不是一個線性過程，這裡主要目標是關注特定手段的可行性（馬場實作）和潛在（文字、語言、視頻）結果。擋住一盞燈的光，你可以在布屏上創造我們所說的，但缺席就失去了一切。

王挽華　謹識
2023 年 1 月 11 日

EAP圖例

馬匹的臉會有情緒的表現嗎？（會的）牠好像有點不高興，怎麼還不下課

馬兒的世界裡，確定牧群的等級可能就像用鐵絲網穿針一樣棘手。啄食順序的複雜性常常會讓不經意的觀察者陷入困境。那麼你怎麼知道Dobbin是一隻社交蝴蝶還是一個跑腿的男孩呢？

牠們兩個在討論什麼？斑比小黑對妞妞姐姐說：平常我們都是在場中和小朋友作活動玩遊戲，怎麼今天來了那麼多「大人物」？噓，不要吵，他們好像在開會。馬與其他馬匹的交流方式時，你會發現它們更依賴於眼睛和耳朵。然而，馬匹之間也經常使用聲音提示來互相打招呼、警告危險或傳達其他信息。

我們等了很久了耶！人類的話真多或是真多話的人類。馬輔助心理治療（Equine Assisted Psychotherapy EAP）是一種創新的臨床實踐和心理治療方法，個案與馬匹進行安全的體驗式地面上（非騎馬）活動，以達到治療目標。

牠也要來上課？還好沒有搗蛋。

人與馬之間可以存在的有意義的紐帶已經跨越時間和文化廣泛分享。當你感受到令人振奮的情緒時，馬也能感受到，像是欣賞。心率變異性（HRV）。HRV對情緒狀態的變化高度敏感。研究發現，馬兒能夠感知和響應人類心臟能量場所，攜帶情感信息。而在人馬交互過程中very low frequency（VLF）非常低頻率大幅增加。VLF由心臟的內在神經系統（又稱心腦），產生內在節律，在我們的健康和幸福中發揮著關鍵作用。VLF降低與重大健康挑戰的風險增加相關。

每個人選一匹馬。唉！牠好像很孤單？不一定吧，也許人家不願意理你呢。孤獨導致深重的心理創傷，扭曲我們的感知，剝奪我們的思考。馬接觸的不僅僅是我們的心靈和思想，對於那些沮喪、壓力或孤獨的人來說，牠們是士氣的鼓舞者、朋友和老師。

馬輔助心理治療師的養成教育：（a）取得國家頒發的心理諮商師、心理治療師、社工師的執照，（b）完成基礎馬術的課程，（c）具備馬匹生理及心理的知識。

你説你的，我們説我們的。George Spencer Watson：「我找到了四個愛，一個女人、一個孩子、一匹馬和一條獵犬」圖：Mary on horseback. George Spencer Watson, watercolour, unknown date. Christies.馬匹的奉獻深深地植根於人心。

我們懷著熱情、求知、探索和希望，推開馬輔助心理治療的大門。

女主人對馬兒說：「要上課了，我們一起散散步、暖暖身、活動一下筋骨吧！」。馬兒依著女主人好像在問：「今天有幾位小朋友來上課？」當你和馬兒在一起時，得自然而全神貫注於你的馬，這種聯繫就越緊密，我們必須在精神上和情感上完全與馬兒在一起。

這匹高大的白馬剛上完課，教練的撫慰給了牠最大的獎勵。一個安全依戀的嬰兒會將其母親作為探索的安全基地，以及在壓力時的安全避風港。如果你有一匹小馬駒，你會在牠們身上認出這種依戀行為，尋求聯繫。依戀理論是一種解釋動機和行為控制的理論。

好嚴肅的會議。馬匹的奉獻深深地植根於人心。感情來來去去，就像風中的雲。有意識的呼吸是我的錨。Thich Nhat Hanh的這句話很好地提醒了與馬一起冥想的力量，尤其當我和我的馬在一起而牠感覺不舒服時。當人與馬站在田間時，更容易讓人的思想平靜下來，進入冥想的境界。這是因為馬已經是經驗豐富的冥想者，所以當人們分享牠們的空間時，它們實際上會幫助我們！

開會結束了，我們來玩吧？玩耍被認為對馬匹非常很重要，尤其是對小馬駒。玩耍具有多種功能，例如增強體能、練習生存技能和建立社會關係。對象遊戲涉及玩某物，例如，在失速時喜歡玩球的小馬駒。打架通常由年輕的馬，運動遊戲只是一種能量的旺盛的釋放，當馬匹無緣無故地跑過田野時，或者當一匹新馬在長線上猛衝幾次時，就可以看到這種能量的釋放。

很早的一張照片。我們帶領馬背上的兒童找尋他坐在馬背上的平衡以及手接觸馬背，感覺馬兒步伐的律動。

照片上可以看到這是35年前在德國上課的情形，地面上的平衡已經很難，何況是在運動小跑的馬背上。治療性或互動式的馬背體操（Vaulting）也可用於可能具有平衡、注意力、粗大運動技能或社交缺陷的兒童和成人的活動。

這是馬、過動兒、一般小朋友共同演出的一齣戲MO-MO劇中的女主角。

MO-MO劇中的一位「主角」。馬讓智障兒童有機會通過做一些與他們相關的事情來學習生活技能。這可以幫助將在傳統課堂上掙扎的學生變成學習者。事實上，每一個馬廄、衣帽間和競技場都成了他們的教室。

這張照片放反了（幻燈片），仔細看馬背上女騎士前面趴著扮烏龜的人。劇中的烏龜希望馬兒帶他過河。

MO-MO劇的謝幕。

晚上。天真無邪的笑容照亮了穀倉。

另外三位表演者。在他們的眼中你讀到了什麼？一個小小的驚訝、略微保守的笑意、點出了平實的友誼。

多了一位客串的。

我們這一班。那個年代沒有智慧型手機，許多珍貴的往事只能回憶。

德國馬術治療國際研討會。照片右邊的是匈牙利傷健策騎協會（Riding for the Disabled Association RDA）的理事長

那年筆者第一次參加在丹佛舉辦的國際殘疾人騎術聯合會（THE FEDERATION OF RIDING FOR THE DISABLED INTERNATIONAL FRDI，現已更名為The Federation of Horses in Education and Therapy International AISBL HETI）。記得約200多人的會議只有我一個東方人，所以備受照顧。照片前面的三位是一家人，第二天討論會結束，他們邀筆者聚餐，他們點了一瓶白葡萄酒，酒的餘韻至今猶存在腦海中。

左邊第一位是從美國來的心理學家，她研究The Psychology of Animal Abuse（動物虐待心理學），右邊第二位是來自法國的馬術治療師。

三位女士都是集物理治療師、馬術治療師、懂馬專家於一身。

孩子們將從與馬一起工作中學到的改善行為轉移到他們的家庭生活中。四個小不點超可愛。開創性兒童心理學家Piaget（1955）說，遊戲行為允許孩子參與新興的認知技能。當一個人在競爭或合作遊戲中與另一個人一起玩時，這種體驗使他們能夠練習和發展一系列技能，包括溝通、換位思考、情緒調節、情緒識別和運動精神。

五位小朋友各有各的需求。兒童生活在大環境中，因此他們的一些基本需求屬於情感和心理範疇。談到紀律會經常想到打屁股或其他形式的懲罰。然而，紀律的深度遠不止於此。馬輔助心理治療給兒童製定了規則，不以任何理由動搖這些規則是提供適當紀律的絕佳方式。它包容在愛裡。

照顧馬匹是對技能的發展。增加缺乏自信孩子的自信，使不耐煩的孩子放慢速度，焦慮的孩子會感到平靜。

這裡面最聽話的是誰？小馬駒。

目次
Contents

第一部　論馬

緒論

汗水流在田裡總會長出稻子來

—— 原鄉人

　　本書的書名為「馬輔助心理治療」，貼切一點說應該是「馬輔助心理治療覺察誌」，筆者對馬不敢說情有獨鍾，但心有靈犀是有這麼些許對馬兒的領悟。近20年來，談論以馬為媒介的心理治療、輔助教育、生活技能、領導統御等等的研究在學術及網路文章上漸行茁壯。因此本書的地基是建築在學術論文，網路知識及視頻的覺察。書分四部分共十二章，整本書圍繞在馬、心理健康專業人士（馬輔助心理治療師）、馬專家（馬術教練）的主題中。書中資料非常豐富繁多，所以筆者在選擇整理資料時，是以架構上的單節取材，讀者可以跳躍式閱讀，也因此增加了章節不順暢之感。

　　在我們台灣的鄉間不容易看到人們騎馬，想要接近馬只能到馬場參觀了。這樣也無妨，在台灣我們的馬場除了營運可開銷的支出外，原則上他們歡迎大家來參觀，因為每個馬場都肩付推廣馬術以及馬知識的任務。寫到這裡讓我想起叫我難忘的二匹馬兒，他們是在不同的時間跟著我。「太陽」是匹白馬，年紀不小18歲，很沒有個性，噢！說錯了，他是有修養的紳士，小朋友與他相處十分愉快，治療的效果（Hippotherapy馬術治療）也有目共睹。另一匹馬是「阿力」，跟我們一起去二林馬場打拼，他褐色的身體裝點了一朵朵白色棕毛（我們稱他們為栗子馬），像他卻是很有個性，吃飯的時間到了，就想馬上回馬廄。阿力在二林馬場的任務是與自閉症、過動兒一起上課，剛來的孩子看到他驚呼連連，興奮不已。現在這二位老臣（太陽和阿力）在新店坪林的山中，安享天年。

　　書中我們討論了馬兒的歷史、生理、心理、氣質、社會交往以及他們的福祉。我想分段的說說對馬兒的小常識：

1、馬兒是站著睡覺？是的，馬可以站著睡覺！他們也躺著睡覺。馬必須躺下以實現完整的恢復性睡眠週期，每天至少三十分鐘，以避免睡眠不足。有許多因素會影響馬躺下睡覺和休息的能力。這些因素可能是環境因素，如天氣、可使用的馬廄空間和舒適而乾爽的草墊（馬匹福祉）或是身體因素，如肌肉骨骼障礙、骨關節炎。

2、馬不會打嗝，這是正確的！馬不會打嗝，至少不像人類那樣。他們也不能像人類那樣嘔吐或用嘴呼吸。馬匹的消化系統是一條單行道，不像牛和其他反芻動物會反芻食物以重新咀嚼食物。雖然他們有一種非常有效的方法來處理構成草料的堅韌纖維食物，但這種長而單向的系統可能會導致腸絞痛。

3、馬是草食動物，人是雜食動物，獅子是肉食動物，它們的牙齒形成方式（磨牙以分解植物纖維材料）、眼睛的位置（面向側面以尋找捕食者）以及消化系統的類型都是草食動物的典型特徵。

4、馬是群居動物，野外的馬是小群生活的，家馬如有同伴會更舒服。一匹馬獨自生活可能會很緊張。馬匹的伴侶可能是馬廄伴侶，甚至可能是其他物種，如山羊、驢或騾子。甚至狗也可能成為馬匹的合適伴侶。

5、3000多年前，馬被人類馴化。狗可能在大約14,000年前被馴化。大約8500年前，貓成為了人類的伙伴。人類與馬的關係最近才開始，大約在6000年前，也有一些證據表明馬可能更早被馴化。

6、馬兒平靜呼吸頻率約為每分鐘8-14次呼吸，了解馬匹的靜息脈搏和呼吸頻率很重要。雖然馬靜息呼吸頻率可以低至每分鐘八次呼吸，但隨著工作或壓力的增加，呼吸頻率會迅速上升。

　　在我們希望了解，更不用說控制和與馬交流之前，重要的是首先要了解激發馬行為的基本心理。人類很難體會成為一匹馬是什麼感覺。儘管馬已經被馴化了數千年，但我們幾乎沒有採取任何措施來削弱它們的本能行為。馬在每一個醒著的時刻都擔心他們的生命，因為在每一個角落或任何新的道路上，都可能潛伏著捕食者等著吃掉他們作為午餐。馬是群居動物，同樣與獵物有關，這意味著它們的生存取決於牧群。馬匹的每一個動作都有意義，當有選擇的時候，馬總是會朝著保護馬群的方向前進。了解馬匹的最基本概念之一是，除了

生活中的其他一切，馬想要的是安全和舒適。他們不想為自己的生命擔心；他們想要感到安全、舒適和被照顧。簡而言之，馬最想要的是一位仁慈的領袖，能給他提供安全和舒適。狗和馬之間的一個區別是，狗會為了食物而離開安全，而馬會為了安全而離開食物。了解和理解馬本能行為很重要，這樣您就可以通過訓練影響它們並將它們與習得的行為區分開來。在適當的情況下，馬可以在第一時間學習一種行為。例如，如果你開始給一匹馬套上韁繩，他猛地扭頭躲避，而你把韁繩拿開併後退幾秒鐘，馬就知道為了避開韁繩，他應該抬起頭。第一次可能是對可怕刺激的本能反應，但如果他的反應是因為甩頭導致刺激消失而得到獎勵，那麼他現在學到了一些東西。他第二次因為韁繩而猛地扭過頭去，這是習得的行為。馬大腦大約是人腦的三分之一。這匹馬雖然訓練能力很強，記憶力也很好，但推理和解決問題的能力不如人意。

　　馬心理學的另一個重要組成部分是了解牧群等級和如何適應啄食順序。馬和人之間的理想關係是兩個群體。根據牧群法則（馬真正理解的唯一規則），等級是線性的，這意味著馬群中的每一匹馬要麼支配，要麼服從於其他馬匹。把馬與人的關係想像成兩個群體，在那個群體中，一個是主導的，一個是從屬的。理想情況下，人類是主要成員，但通常情況並非如此。當佔主導地位的馬（阿爾法個體，註：對馬匹優勢的看法，並使用「阿爾法」一詞來描述居領先地位的馬匹）控制了馬群的資源（食物、水、住所、其他馬）並控制了其牠馬匹的空間和行動時，馬群中的啄食順序就建立了。在與馬一起工作時，了解你自己的行為如何影響你在人馬關係之間支配和從屬關係中的位置。用手餵馬食物會使馬認為牠是統治者，因為他控制著人類的行為並從他身上奪走食物。考慮行動和反應很重要；如果馬做出了一個動作人有反應，馬負責；如果一個人做出了一個動作，馬做出反應，那麼就是這個人要負責。馬群領袖負責馬群的安全，並且在第二次通知的情況下，必須能夠激勵整個牧群逃跑。牠通過控制馬群的一舉一動和控制馬群的資源來贏得馬群的尊重、欽佩、服從，最重要的是，牠的關注。馬群領袖享有許多特權，如首先獲得食物和水，最好的陰涼處和最好的滾動點；馬群領袖使用牠的肢體語言、姿勢與馬匹交流來控制每個群體成員的行動。

　　無論人類是否知道，馬也可以通過肢體語言與人類交流。控制馬動作的第一步是控制你自己的肢體語言。一匹馬會注意到你的姿勢、眼神交流、你的腳

部動作，肩膀的高度、聲音的語調和呼吸的節奏。注意你的行為，並知道您通過自己的肢體語言不斷地與你的馬交流。如果你的馬朝向你邁了一步，而你又後退了，你就是告訴他由他負責。如果你感到害怕、緊張、肌肉緊繃、屏住呼吸，你的馬會反映你的動作並立即變得害怕。在自然馬術中，我們使用地面工作來控制馬的空間，使他變得從屬。除了控制他的空間之外，我們還學會通過自己的肢體語言、姿勢甚至聽覺與馬進行交流，通過一致的溝通和紀律在領導者和追隨者之間，建立牢固的聯繫和信任。必須堅定地對待馬，但要友善，你與馬兒的互動必須始終如一，這樣他才能學會信任你。

　　EAGALA出了一本小手冊，取名*Ten Horse Hugs*（十匹馬兒的擁抱），它勾勒出馬兒在生活中的遭遇，以及他們的應對技巧。什麼是應對技巧？我們這樣解釋：應對技巧是我們從事的活動，以與我們自己的內在世界保持聯繫，了解我們的真實存在。在實踐中，當我們感到不適時，這也是我們所參與的習慣。在一個理想的世界中，我們都會在人生的前12年學習應對技巧。馬匹為我們提供十種應對技巧。他邀請你與外界的互動。應對技巧利用了我們不同的優勢。例如，有些是認知的，有些是基於身體的。擁有各種應對技巧來尊重我們自己是有效的：身體、思想、情感和精神。這些技能使我們立足於適合我們的生活。所以，即使我們的生活可以在各個方向徘徊，但應對技巧讓我們不會迷路。筆者選了二匹馬，看看他們的故事和他們的應對技巧，是否能給我們生命中些許的支持。

　　Jaeda DeWalt說「如果你要我脆弱而未加雕琢之美，那麼你就必須有力量分擔個人痛苦的重擔，這讓我感到如此嬌柔。我堅強亦如我的柔弱。如果要我回家，請成為我可以避難的港灣。」。Little Joe的擁抱：「通過在日常生活中為其留出空間來尊重自己的脆弱性。這是一種自我的愛。」Little Joe在六歲的時候就被我們的騎手營救了出來。在那個年齡，他由於椎板炎無法行走。過去的20年裡，他一直懷著深情的愛意生活，而且他一直面臨著多種生活健康的挑戰。儘管身體很痛苦，他仍然清楚地告訴我們，為愛而生活值得為之生存。他也堅決禁止他人讓他去做一些不適合他的身體限制和脆弱性的事情。**應對技巧**：說出您想否認的一件事。這可能是您所面臨的身體挑戰，也可能是使您陷入困境的性格特徵。您如何為自己的這一部分騰出空間？例如，如果您有衝動的傾向，那麼在採取行動之前該如何做才能養成暫停的習慣？一個想法是給自

己寫一張便條，說明自己要放在議程上，在浴室的鏡子上或在多個地方。筆記可能會說：「先思考！」如果個人脆弱性是您患有慢性疼痛，則可以養成習慣，安排一天休息3到4次，躺下休息，或者坐下來凝視美麗的圖畫，或進行一些伸展運動……擁抱自己所有的部分很重要。

　　Marijke de Jong說，「我們永遠不必告訴我們的馬：我們悲傷，快樂，自信，憤怒或放鬆。牠早就知道了～比我們自己知道的還早。」。Claire的擁抱：「擁抱所有的情緒，包括悲傷，焦慮和憤怒！」。Claire體現了所謂的悲傷和焦慮的負面情緒，她公開地表達了自己的悲傷和焦慮。她以自豪和自信為目標。她每天挑戰我們，接受這些情感作為我們寶貴的一部分。**應對技巧**：有感覺時，閉上眼睛，在自己的身體中找到它。肚子裡有個結嗎？你的胸口有壓力嗎？在中段會產生震動嗎？找到它後，對這種感覺說「你好」，並與您交談說「謝謝」。感覺就是信息。當您承認它們的存在時，它們通常不會升級。學會靜靜地坐著，閉上眼睛，注意自己的身體感覺，觀看它在您體內的運動。

　　本書第二部談到馬輔助心理治療，有的文獻十分重視所屬領域的名詞，雖然都以馬匹為治療伙伴。筆者並沒有將不同的領域劃成界線，反到是在可能的範圍之內隱約的劃成等號，讀者可依自己的專業、興趣、領域，做為取捨。專注於心理治療時，馬匹輔助療法（EAT），也稱為馬匹輔助心理健康（EAMH），是指在其所在適當法律認證的心理治療或諮詢服務的心理健康專業人員如何將馬匹互動和馬匹包括在內，在其實踐範圍內加強臨床治療和評估的環境。這不是獨立的治療。心理保健專業人員已經接受了馬匹輔助心理保健方面的教育，培訓和監督，以符合道德和有效的要求進行練習。馬匹輔助治療將與馬匹輔助心理健康互換使用，並且在這種情況下使用時，是指心理治療，而不是其他的治療（例如物理治療或職能治療）。

　　人們認為馬匹多功能性為人類文明的發展表現了有意義的貢獻和方式，一些學者認為，馬在《創傷的治療》中促進了現代語言的發展。用馬進行精神保健治療的開始很模糊。Lappviken醫院於1840年代在芬蘭赫爾辛基建成的，是芬蘭第一家精神病院，其構想是環境對於治療精神疾病很重要，而且醫院的病人確實可以在牧場中使用馬匹，心理創傷的概念通過對第一次世界大戰期間「砲彈衝擊」的描述而成為焦點。

　　1990年代，有跡象表明在美國和歐洲，馬已成為心理治療的一部分，但

在過去的20年中，馬匹輔助心理治療的發展才更加正式。馬匹輔助治療中自然存在的節奏，觸感和皮膚接觸是治療人類發展中的創傷所必需的元素。Wilson（1984）提出的親生物假說理論上認為，人類天生就有專注於生命和逼真的過程傾向。這並不意味著人類對動物具有天生的愛好，但是對環境線索的關注和知識卻一直是人類進化的重要組成部分（Kruger＆Serpell，2010）。換句話說，自然界的事件可能與對人類的安全感或危險感相關。親生物假說被用來支持這樣的觀點，即與放鬆的馬匹進行低強度的互動可能具有鎮定解除刺激的作用，並且其他因素（例如節律性觸覺）也可能是減少喚醒和促進運動的一部分。個案的狀態更改，從一種心境轉變為另一種心境。而馬匹輔助心理健康的一個主要特徵是個案有機會與其他人建立關係（Esbjorn，2006；Hayden，2005）。直接的行為反饋以及進行基於身體的交流的邀請，可以使個案對自己的關係行為有新的見解。這匹馬還可以充當服務對象的盟友，並被視為提供非判斷性支持的來源。希望看到馬匹並練習新的行為以促進與馬匹的關係（例如自我調節）可能是許多個案實踐的動力來源。馬匹輔助的心理健康本質上是體驗性的，通常涉及練習行為的機會。作為獵物，馬特別注意自我保護和能量保存；作為社交動物，馬特別注意與他人的互動。他們的社會感官意識，是E. Richard Sorenson（1978）人類學家首次提出的概念，並與人類共享，這意味著他們可以從定向和回應他人的狀態中受益。當前狀態複製在創傷事件的治療中與受創傷的馬匹一起產生的內部狀態時，就會發生與狀態有關的回憶。每個個案的創傷是不同的，但是如果要促進馬輔助互動時出現高度的心理不適（涉及很多未知或很少的指導），或者需要在時間壓力下進行表演（例如在小組遊戲中），則應謹慎行事。

馬如何改善創傷治療方法框架的每個階段都根據Herman（1992）改編的一般意圖和任務進行了解釋，並說明了馬在優化完成這些任務中的作用。穩定和邁向安全感世界，他人，人際關係以及自己的思想和身體處於危險之中的感覺阻礙了與自我和他人之間的信任聯繫。Lanius等人（2011）發現，被診斷患有創傷後應激障礙（PTSD）的個案的大腦功能與情緒調節，社交情緒處理和自我意識相關，存在缺陷。通過探索管理自己的思想和情緒的方法來幫助個案找到身體和人際關係中的安全感。識別力量的來源和了解創傷症狀的功能進而建立治療關係和治療策略。通過馬匹的存在，個案可以評估如何談論和治療與治療

師有關係的其他人，這可能會使個案在早期治療關係中感到更自在。當個案和治療師通過輕觸或觀察共同關注馬時，最初的交談可能會減少一些隔閡威脅。這種非對抗性的空間關係可以促進個案的安全感。通過觀察馬匹的相似行為和生物學功能，可以進一步規範和了解行為。將個案對馬行為的好奇心傳遞給他們自己的行為，對鼓勵自我意識和反思非常有效。通過更安全地專注於馬匹，個案最初更容易談論自己。無論採用何種方法，身體在創傷治療中的核心作用已得到廣泛認可。

馬可以通過多種方式增強思維技巧和情緒管理的能力。馬提供了一個令人信服的理由來專注於現在，個案既可以將其用作思考活動的基礎，又可以作為一種容忍平靜狀態的方式。與馬匹一起進行需要專注的活動，也可以激勵他們進行練習。與馬匹一起完成的活動可能比引導的可視化或其他較不實際的策略，對個案自己那裡產生更多的認可。與馬匹的互動可以幫助個案開始自願選擇要定位的對象，以使新的信息進入評估過程。能夠在定向／評估過程中進行反思，使個案能夠開始就如何應對做出戰略性選擇。馬更為謹慎的性格可以幫助個案與自己的過度興奮和過度警惕的經歷聯繫起來。

Merkies於2018年發現，通過馬匹的心跳和唾液皮質醇測量的馬對人類的行為和生理反應比人類是否被診斷患有PTSD更為明顯。這可能反映了與馬經驗豐富的人類相關的運動的直接性，這使馬更加專心。看起來馬對人類的身體暗示而不是情緒暗示的反應更多。這些知識對於定制治療方案和在治療環境中與個案互動時證明馬匹反應非常重要。Merkies強調治療馬不區分患有創傷後應激障礙的人和沒有創傷後應激障礙的人、治療馬在獨處時表現出更多的壓力行為、治療馬更關注在馬周圍有經驗的人、與沒有經驗的人一起治療時，治療馬會更平靜。

聽到治療師如何談論馬匹，以及看他或她如何與馬匹互動，可以為個案建立信任的基礎：「這也是我在這種關係中將如何被對待的方式」。治療師和個案有機會在馬匹輔助治療中積極地共同做事，而不僅僅是談論個案的問題，這可能是治療聯盟的一個加強因素。這樣，個案可能會從治療師那裡獲得更多的支持，以實現其治療過程中的「合作」感。治療師可以幫助確定個案和馬之間發生的變化，而無需在治療關係中解決它們。直到個案在以後的治療中，後者對個案的耐受性可能較低。與馬一起練習思維技巧的另一個好處是有建立聯繫

的機會。如果個案認為自己與馬之間的關係是信任和安全的，則馬輔助治療的效果是否可以歸因於一個共同的底層機制？如果適當的社會化，可以建立一個跨物種社會關係以影響人類的社會行為和發展。（Uvnäs-Moberg等，2011）。

挑戰治療師的知識，技能和態度對人的創傷治療中所包含的馬匹的福利具有最大的影響。例如，「馬被稱為治癒創傷」或「我的馬喜歡做創傷工作」之類的態度沒有考慮到馬的實際心理能力，例如缺乏推理和自我反省（McGreevy，2012）。可能導致治療師忽略馬匹出現壓力或不適的跡象。如果個案對馬匹採取不當行為，則認為「馬匹可以照顧好自己」並允許在會話中產生所謂的自然後果的信念也可能由於操作不當以及馬匹可預測性和可控性不足而引起壓力。必須非常密切地監控個案與馬匹之間的互動，以免引起馬匹承受過高水平的壓力，治療師應確保互動不與個案與馬匹之間的健康關係背道而馳。

治療師在諮詢中使用動物輔助治療的能力，動物知識部分包括了解特定物種的行為和需求、動物訓練技術，並注意壓力信號。此外，與馬一起進行創傷治療的治療師應該知道「轉化創傷」：如何使用基於學習理論的培訓，在您的治療環境中建立馬工作角色並為工作做好準備（Doner & Ekholm Fry，2015）、如何為您所做的特定治療工作選擇馬匹（即您希望馬匹擔任的工作角色）、這包括評估總體氣質和了解所學行為，這些行為可幫助馬避免在治療環境中出現混亂或持續衝突、如何評估或簡單理解馬如何以及通過何種方式交流有關其情緒和身體健康的信息（並像對待人類一樣，以創傷知情的方式不斷回應這種交流）、如何採用能提高馬匹福利並保持對馬認知能力的現實認識的策略，以避免對行為的誤解、如何識別馬匹心理和行為健康的跡象，而不僅僅是福利問題（參見Waran & Randle 2017）、如何管理馬匹的生活環境，以便滿足特定物種在餵養和馬廄安排方面的需求、如何識別疼痛和不適的跡象（特別是與馬的四肢和背部以及與運送人所需的肌肉有關），可能會導致工作中斷、如何使用基於學習理論的練習來訓練和操縱馬匹，並且不會涉及不可避免的壓力，其中包括騎乘在內的治療師應該知道如何發展和增強馬匹的核心肌肉、如何根據馬匹的認知，情感和身體需求採用賽後策略。僅僅愛或擁有馬還不足以勝任地將它們納入治療。同樣，只關注「關係」一詞並不能防止濫用訓練慣例或有關馬匹的錯誤信息的發生。但是，保持與馬匹關係的願望可以成為一種動機，以獲取與處理，訓練和管理實踐有關的信息，這些信息將對馬最有利，但可能不會立

即適應人類的便利或思考。

　　治療創傷的馬匹有必要超越基本框架，並重新考慮我們與動物的關係。在創傷治療中，重要的是要注意馬交互作用的特徵，這些特徵會使人與馬之間的力量差異永久存在，從而可能將剝削感引入治療環境。正如治療師意識到他們與個案之間動力的變化一樣，這種意識也必須擴展到與馬匹之間的關係中及以後。將馬輔助治療的一部分稱為「夥伴」是可以接受的，馬匹本身不是治療的提供者。相反，正是治療師的技能允許故意將馬包括在內，以幫助個案達到他們的目標。當向個案和其他從業者描述馬匹輔助的心理健康時，有必要披露所提供的治療方法是否旨在直接解決創傷記憶的處理或增強其他支持技能，或兩者兼而有之。如果個案希望在正規治療之外進行騎馬互動，則可以選擇適應性騎行（也稱為治療性馬背騎行），在美國這是一項側重於騎馬和馬術技能的活動，由受過專門訓練的騎師講授。

　　繼續努力組織和專業化與治療有關的馬匹相關的工作，包括促進協作和就能力達成協議，將加強對馬輔助療法的當前使用和理解，以及將馬匹納入創傷治療中。誠實承認並願意討論與執業領域有關的問題，例如馬福利部分中詳述的問題，也是必要的。一般而言，治療師的能力，技能以及馬匹輔助的心理健康培訓的差異，尤其是創傷實踐的差異，反映出一個非統一領域，在能力方面存在分歧。這是研究包括馬匹相互作用在內的創傷治療的潛在障礙之一，並可能彌補了其有效性研究方面的空白。同樣重要的是要考慮馬兒的健康狀況和需求對治療環境和治療過程質量的影響。

第一部

論馬

執著於自己的作品，在鍋子裡也能找到上帝

——Saraphine de Senlis

　　我們現在看到的馬兒，跟牠們原來的祖先是不樣的，五百萬年以前，牠們的祖先長的有點像現在狗狗或狐狸的樣子，是體型很小的動物，身高約25到50公分，經過不斷的演化才是今天我們看到的馬兒俊美模樣。法國博物學家Le Comte de Buffon說「馬是人類征服的最高榮譽」。我們最早知道馬是在第三紀的化石中研究而知，是用化石馬腳印的測量顯示，馬蹄壁厚度隨時間增加，這表明馬蹄壁呈現更厚的進化趨勢。儘管人們很容易認為這個恆定比率反映了棲息地偏好，但所有被盤點的足跡都保存在海灘或湖邊沉積物中，理論上所有動物都可以從水那裡找到。

　　要說馬匹的祖先是如何演化的，考古學者在不同的地方，不同的時間建立了許多的論證，而這些發現也不斷的更新與修正中，像是，馬是在什麼時候被馴化的？在什麼地方被馴化的？是誰馴化馬兒的？這些問題在早期的假設或多或少是正確的，近代的考古學家和科學家們利用了新的技術重新思考與馬匹的早期馴化相關的整個證據。大約公元前1200年，在中國，馬已經被用來拉車。又在中國發現的一個特殊的古代墳墓中，揭示了商代時期一起埋葬的兩匹馬和一名戰車騎手。在史前時代，人類曾經在他們居住的洞穴的牆壁上繪製野馬圖像。馬最早的化石祖先，是始新世的一種小型森林動物，前足有四趾，後足有三趾。

　　馬匹的進化呈現出一幅整潔、有序的自然選擇圖景。基本的故事情節Bob Strauss是這樣說的：始新世（大約5000萬年前）的原始小馬逐漸進化為腳上的

大腳趾，以及快速奔跑的能力，最終成為現代馬屬Equus。Hyracotherium始祖馬（蹄兔動物）。是一種已滅絕而非常小的長蹄足有蹄類動物，在倫敦粘土地層中發現。這種大小的小型動物曾被認為是馬科中最早的已知成員，被重新歸類為古獸類之前，這是一種馬和馬科動物的基礎。Mesohippus（中馬），中馬的腿比它的前身始祖馬更長，站立時高約60釐米，中馬是已滅絕的早期馬屬。它生活在大約在3000萬年前，從中始新世到漸新世早期。像許多化石馬一樣，中馬在北美很常見。Epihippus（外馬），是現代的一種已滅絕的馬屬馬科，生活在始新世，從46至38萬年前。Epihippus被認為是從Orohippus（山馬希臘語）進化而來的，它延續了越來越高效磨牙的進化趨勢。Epihippus有五顆磨削的、低冠的頰齒，帶有整齊的牙冠。Epihippus是一個晚期物種，具有類似於漸新世馬科動物的牙齒，這是馬早期品種。Parahippus（副河馬），漸新世和中新世時期是世界生態系統發生變化的時期，副河馬在草地平原上，顯示出應對這些不斷變化的環境轉變。副河馬仍然有三個可見的腳趾，但只有一個與地面接觸，腿部的肌肉組織增強同時增加了向前邁進的力重。這是對生活在開闊平原環境中的明顯適應。

Merychippus（梅里奇普斯），一種已經滅絕的馬它每隻腳有三個腳趾，是已知的第一匹吃草的馬。在中新世時期，北美看到了「中級」馬匹的進化，比始祖馬及其同類大，但比隨後的馬小。Orohippus（八角馬），它被認為是從像始祖馬這樣的馬科動物進化而來的，因為最早的始祖馬的證據出現在始祖馬首次出現後大約200萬年。兩者在解剖學上的差異很小：它們的大小相同，但Orohippus（八角馬）的身體更苗條，頭部更細長，前肢更纖細，後腿更長，所有這些都是優秀跳躍者的特徵。Epihippus（邊緣馬），它比其祖先略重並且配備了更堅固的磨齒。正如您可能已經猜到的那樣，Epihippus（邊緣馬）也延續了中腳趾增大的趨勢，它似乎是第一匹在草地上比在森林中覓食時間更長的史前馬。Epihippus（邊緣馬）被認為是從Orohippus（八角馬）進化而來的，它延續了越來越高效磨牙的進化趨勢。Epihippus（邊緣馬）有五顆磨削的、低冠的頰齒，帶有整齊的牙冠。牙齒顯示出更多的趨勢是在切割植物植被（如樹葉）上磨草。這是對始新世生態系統變化的反應，始新世森林開始減少他們隨後被草原取代。Hipparion河馬，是一種史前馬，大約生活在2000萬到200萬年前—從中新世到更新世。它於19世紀初首次被發現，並於1832年命名。它的名字在

希臘語中的意思是「像一匹馬」。Hipparion大約6英尺高，6英尺長，重約1,000磅。對這些動物的步態分析預測，它的奔跑方式可能與當今純種馬的奔跑方式大致相同。然而，雖然它的運動方式與當今純種馬大致相同，但這並不意味著它的運動速度與當今純種馬一樣。古生物學家認為，這些馬可以每小時約40-45英里的最高速度奔跑。大約200萬年前，由於多種原因，河馬在北美滅絕。第一，它會面臨來自更先進的食草動物的日益激烈的競爭，這些動物會以與它們相同的食物（野草）為食。第二，它也面臨著越來越多的食肉動物（如洞穴鬣狗）的捕食。僅這兩個因素就足以破壞Hipparion種群的穩定並導致它們滅絕。

Hippidion小馬，對Hippidion屬和其他新世界更新世馬的現代DNA分析[1]支持了Hippidion實際上屬於Equus屬的新假設，並且它與家馬（Equuscaballus）密切相關。在CDerSarkissan等人的研究，利用DNA分子建立DNA文庫並在古代DNA設施中設置PCR擴增。使用模擬對照監測DNA。從序列讀數估計水平和245個馬有絲分裂基因組的數據庫。序列分析使用PALEOMIX管道執行DNA讀取處理、映射和損傷分析。基於對每個單獨線粒體序列的最終映射計算比對統計數據和DNA損傷參數，它與家馬密切相關。系統發育分析使用ML馬科完整有絲分裂基因組（mitogenomes）的系統發生樹和貝葉斯算法。科學家通過將*Hippidion*線粒體序列與馬直向同源序列比對，也與現代家馬相關。Equus現代馬屬：這是大約400萬年前出現並且直到今天仍然活著的所有現代馬匹的馬屬。它是之前多樣化的馬科中唯一倖存的馬屬。最早的Equus有小馬般大小，具有馬特徵：脊椎僵硬，脖子和腿很長，鼻子長，下巴深，口吻靈活。它的大腦比早期的馬匹略大。equus的一個腳趾有側韌帶，可以防止蹄子扭曲。它也有直的食草牙齒，高牙冠和堅固的牙冠。馬科動物的成員仍然具有「側腳趾」的基因，這些基因通常被視為大中央腳趾周圍第2和第4腳趾的殘留夾板骨。現代馬科動物很少有天生的小而完全成形的側腳趾。

簡略的介紹了有一點嚴肅的馬匹進化史後，現在插撥一段在歷史上偉人所擁有的知名馬駒：

A、Babieca： 傳說中一位修道院的僧侶要送El Cid成年禮物，就要El Cid在馬群中挑選的一匹馬（註：El Cid，Rodrigo Díaz de Vivar，西班牙瓦倫西牙王子。是中世紀的西班牙卡斯蒂利亞貴族、騎士與軍事領袖。）El Cid挑選了一匹被他

教父認為是弱小、糟糕的馬，這讓僧侶驚呼：「*Babieca!*」（愚蠢！）因此，El Cid就給這匹馬取名Babieca。Babieca在塞維利亞的皇家馬廄中長大，是一匹訓練有素且忠誠的戰馬，並不是一匹愚蠢的種馬。他聽話又敏捷；高貴而慷慨的精神，很快的就成長為一個強大的戰馬。當El Cid跳騎上Babieca的背上時，他們彼此了解這樣一匹馬需要一個好騎手。Babieca反映了其主人的力量，因此我們在該領域找到了積極的身體素質。Babieca是一個跑者，表現良好的堅韌與自己的品質。[2]

B、**Bucephalus**：是亞歷山大大帝的戰馬。故事是這樣說的：馬其頓以南有一片富饒的土地在這裡的生活對富人和窮人來說都是美好的，這個地方叫Thessaly。公元前346年的某一天由Philoneicus送來一匹馬，要給馬其頓國王Phillip II（就是亞歷山大Alexander的父親）。Bucephalus個頭高大、俊挺，黑的發亮的膚色顯得狂野和難以駕馭，靠近他的人都會受到威脅因此國王Phillip命令將馬送走。年輕的Alexander王子和他的母親坐在觀眾席上觀看。根據亞歷山大傳記的作者Plutarch描述，年輕的王子說：「由於缺乏稱呼和管理他的勇氣，他們失去了多麼優秀的一匹馬」。王子要求他的父親並說如果他不能馴服Bucephalus，他會付錢買下這匹馬。在眾人不以為然的笑聲中，亞歷山大平靜地走近Bucephalus。他意識到馬害怕自己的影子。所以亞歷山大把Bucephalus面向太陽，讓他的影子在他身後，慢慢地握住他手中的韁繩，亞歷山大騎上了馬，當亞歷山大騎馬離開時，人群中的冷笑變成了歡呼。Bucephalus和亞歷山大是形影不離，共同出征沙場，贏得輝煌的勝利。[3] 馬戰車原先是用於遊行和慶祝活動，後來在戰鬥中也使用馬戰車，但是在戰車全速前進之前敵人就發動攻擊，馬戰車於馬匹必須承巨大的重量，馬匹可能需要一段時間才能達到最大速度。這種弱點是從馬戰車轉向騎馬作戰的原因。亞歷山大大帝統治著位於希臘北部的馬其頓王國。他是哲學家亞里士多德的學生，是一位非常有天賦的軍事領袖，也是第一個在戰鬥中使用馬匹作戰的領導者。

C、**赤兔馬**：本名「赤菟」（身體大紅色，像老虎一樣兇猛的神駒。兔取菟字意思，解釋為老虎。）乃是馬中的皇者，非超凡之人不可駕馭。為呂布之坐騎。依正史《三國志・呂布傳》，呂布「有良馬曰赤兔」。「人中有呂布，馬中有赤兔」，赤兔馬一直是好馬的代表，可日行千里，還能夜走八百。[4] 赤兔馬跟過五位主人，第一位是董卓，後依序是呂布、曹操、關羽、馬忠。建

安二十六年，西元221年，關羽走麥城，兵敗遭擒，拒降，為孫權所害。其後坐騎赤兔馬為孫權賜予馬忠。馬是一種草食性家畜，是人類馴化最早的動物之一，山東章丘龍山城子崖的考古發現證明，4000多年前的先民已開始養馬，與古籍中「相土作乘馬」的記載的時間差不多。馬以牠那聰明、勇敢、靈敏、忠誠、耐勞的特徵，成為人類得力的助手。馬還是文化藝術的模特兒，幾千年來，以馬為題材的繪畫、藝術，堪稱中國的一絕。從秦始皇陵出土的挽車陶馬、漢代簡潔質樸的黑漆木馬，到造型優美的唐三彩馬。三國時代，有「人中呂布，馬中赤兔」之說，又有「人中張飛，馬中玉追」的比喻。《三國演義》出神入化的描寫，使這些烈馬威名長存。關於馬兒的話題不勝枚舉，馬兒永遠是人類的摯友。

瑞典博物學家Carl Linnaeus於1758年出版了一本書《動物命名》他說：「動物通過有生命的組織享受感覺，由髓質激活；通過神經感知；通過意志的運用而運動。它們有為不同的生活目的而存在的成員；不同感覺的器官；應用不同知覺的能力。其中馬科動物包括普氏野馬、非洲驢、亞洲驢、khur（印度野驢）、kiang（西藏野驢）和斑馬。現存的馬科動物中，家馬最像普氏野馬。染色體研究揭示了許多相似之處，家養馬的染色體數為64，而普氏野馬的染色體數為66。「普氏野馬」是世界僅存的野馬，曾經被列入野外絕跡。歷經二十幾年的復育之後，最近終於重回原生地蒙古草原生活。大多數馬科動物物種只能從化石遺骸中得知。在第三紀初期的沉積地層中發現了馬化石，這個時間跨度被稱為始新世大約5000萬年前馬科動物祖先的時間序時，我們發現在5000萬年的時間裡，馬匹的進化從前腿四趾、後腿三趾的犬類到馬屬，具有一個蹄支撐每條腿。馬經過數百萬年的進化，慢慢變大變強壯，失去許多腳趾，以及它的牙齒結構如何在移動時發生變化，從以闊葉植物、灌木和樹木為食，吃堅硬的乾草。據信馬匹的進化是由寒冷和乾燥的氣候驅動的。早期的馬生活在充滿植物落葉子的潮濕森林中，他們的腳趾，四個在前，三個在後，向外伸展有不同的角度幫助他們在沼澤地面中行走。隨著氣候變化沼澤變得乾燥，觀葉植物消失了並形成了巨大的草原。這使得草食者的蹄趾變得寬厚單一，能敏捷逃脫他們的捕食者。

Hyracotherium（牛頭獸）是一種體型較小的動物，體重約在2公斤（貓

大小）到10公斤（柯基犬大小）之間的物種。請注意，關於Hyracotherium是
否真的是一匹真正的馬，或者僅僅是一種原始的perissodactyl，它也可能是
犀牛和貘的祖先，一直存在著一些爭論。Mac Fadden總結了這場爭論，並指
出Hyracotherium實際上具有某些僅在馬科動物中才能看到的衍生特徵。雖然
Hyracotherium通常被描述為「非專業」就其時代而言，與同時期或略有古老
的有蹄類動物（「髁突」）是高度特化的。Hyracotherium是最早表現出哺乳
動物肢體特徵改變的哺乳動物之一，今天我們稱之為「cursorial」（即適應跑
步）。然而，關於「游動」肢體修改最初是否是專門為高速運動而不是為較慢
的步態效率而進化的，存在爭議。這些包括前臂（尺骨和橈骨）和手骨（掌
骨）的加長，以及小腿（脛骨和腓骨）和足骨（蹠骨）的加長。腳的姿勢也是
衍生的亞足類形式：早期的馬不是將腳平放在地上（像我們一樣），甚至是踮
起腳尖（像狗和貓），而是主要在指骨的尖端上承受重量（手指或腳趾），但
保留了一個相當像狗的腳墊，而且它們只有小蹄。現代貘有類似的腳。更高
度的哺乳動物，例如後來的馬，失去了腳墊，並獲得了完全無足的腳姿勢，
並帶有更大的蹄子。高度哺乳動物也有相對較長的四肢（尤其是後足，手和
腳的骨骼），並顯示出四肢的變化，限制了前後平面的運動，包括尺骨和腓骨
的減少，更多的鉸鏈主要四肢骨骼之間的類似關節，手腕和腳踝的骨骼對齊
成更「塊狀」的形式。其中一些解剖學變化的開始確實可以在Hyracotherium
中看到。Miohippus（三頭馬又稱小馬）是一種已滅絕的馬，從晚始新世到中
新世漫遊北美：Miohippus只有三個腳趾，這使它比它的五趾祖先跑得更快。
Miohippus現在更接近於今天像「馬一樣」的特徵。他們失去了前腳，所以他們
的前腳和後腳只有三個腳趾。大小有所不同，但它們大約有2.5英尺高，可能重
約55公斤（120磅）。這匹馬現在有一個更長的口和更大的咬牙之前的間隙。
他們在眼睛前面的頭骨上也有一個凹陷，稱為面部窩。這些在現代馬身上沒有
發現，我們並不真正了解這些凹陷的目的。Miohippus是Mesohippus的後代，主
要是一匹漸新世馬，只有少數樣本來自最新的始新世。Mesohippus和Miohippus
在許多化石動物群中一起被發現，由於它們很難從牙齒單獨區分，因此經常被
混淆。然而，Miohippus確實往往更大一些（如更大的牙齒所示），並且具有更
複雜的咬合（牙齒表面）形態，表明飲食更纖維化。但是，如果整個骨架都可
供研究，則差異會變得更加明顯。Miohippus的臉比Mesohippus長，踝關節顯示

出與中腳趾相連的骨骼增大。因此，在這種轉變中可以看到進一步朝著嚴格的食葉飲食和更有效的運動發展。[5]

　　Merychippus還值得注意的是它們是第一匹有食草牙齒的馬。Merychippus的牙齒表明牠吃草頭向下是像早期的馬那樣吃樹板。牠的名字實際上的意思是反芻馬，因為牠的牙齒類似於反芻有蹄類動物的牙齒。然而Merychippus沒有反芻動物的消化系統，任何其牠的馬也沒有。[6]

　　好不容易從5000萬年前回到現實的今天，如大夢初醒般，驚鴻一瞥，看到馬兒了（equus＝horse）。難忘的是看到50年代在英國拉著商用車的馬，讓人聯想到黑美人，上面寫著「在山上鬆開韁繩——高貴的馬是一種適合激發流行的動物。」

　　不過在談馬兒的同時，我們再提一下目前與馬兒共同存在的普氏野馬（THE PRZEWALSKI HORSE）：現今我們的家馬（equus）有很多祖先，普氏野馬是唯一現存的祖先。公元前3000年左右，人類開始馴化野馬，普氏野馬是最溫順的而被保留下來。家馬就是這樣進化的。普氏野馬是如何在野外生活的？以及它們是如何被重新發現的。普氏野馬是群居動物，如草原斑馬和家馬。他們群居。有兩種團體，家庭團體和單身團體。一種家庭群體通常由一匹種馬加上3或4匹母馬和它們的小馬駒組成。另一團體，單身漢群體由種馬組成，只是，主要由稍年長的種馬領導。年輕的普氏野馬通過各種感知和運動刺激的機會，對半保護區中生物和物理環境的變化產生了更高的反應。它們將需要這種適應感知能力，以便在被釋放到野外後促進生存。半保護區內的普氏野馬其母馬和幼馬之間的社會依戀在不同層次上都很明顯。我們的印象是出生在半保護區的普氏野馬變得更加警惕。依戀和社會促進確實影響了這一點。警惕是與躲避捕食者相關的基本特徵之一，包括防禦和逃跑。普氏野馬棲息於山地草原和荒漠。格性機警，善奔跑。一般由強壯的雄馬為首領結成5-20頭馬群，營游移生活。原分佈於中國新疆準葛爾盆地北塔山及甘肅、內蒙古交界的馬鬃山一帶。20世紀80年代末期以來，普氏野馬從歐洲引回中國新疆、甘肅為半豢養放式養殖，為普氏野馬重返大自然而進行科學實驗和研究工作。現今約有500多匹普氏野馬在胡斯泰國家公園（Hustai National Park）內自由自在地生活。[7]

　　西方文化中，馬（horse）是一種地位的象徵或是情感依戀的重點。馬術文化的興起也有可能增加即興奔跑的戰術。1800年代美洲原住民對馬的有效利

用證明了這一點，這導致了蘇族，科曼奇和阿帕奇族的部落的至高無上。20世紀，馬在人類活動中的關鍵作用發生了巨大變化。如今，在發達國家中，使用馬匹的主要領域包括娛樂和社會目的如繁殖，運動和競技。隨著馬使用從軍事和功利服務的轉變，馬擁有的人口統計數據也發生了變化，女性佔多數。有人提出，女性馬主比男性馬主更深情。馬術運動在奧林匹克運動中是唯一現仍然存在男女平等的比賽項目。馬廄中馬鄰居的選擇是由馬來決定的。相互容忍度較低的馬匹有可能會被安置在一起。以這種方式破壞既定的社會結構可能與侵略性加劇有關，特別是在集中提供食物時。通過單獨安置馬匹，可以使與特定物種的社會互動機會最小化。雖然嗅覺，聽覺和視覺交流經常發生在穩定的鄰居之間，但觸覺交流在馬群中非常重要。

　　馬匹刻板印象在其原因和形式上是異質的。數十年來，關於定型觀念的問題（因為正確地描述了這些不受歡迎的行為）已經被行為主義者和獸醫提出。最近，馬匹的刻板印象已受到相當大的科學關注。關於該主題的大多數非專業作者傾向於使用毯子術語「無聊」來解釋這些行為是如何產生的，其餘的則暗示這是馬匹本身的過錯。但是，對馬和小馬的行為異常表現出輕蔑態度的日子似乎已經過去了。因此，儘管仍有一些人認為馬廄的「私生活」是只要它不會導致性能下降，它就不重要了。馬是非常聰明的動物，天生就喜歡大面積地待在外面，因此，如果被限制太久，可能會因為無聊或沮喪而養成壞習慣。我們來細數一下馬兒的那些動作引起了刻板印象。

　　1、咀嚼木頭（chewing）：有幾個原因：首先可能是無聊，養在馬廄或圍場中，與其他馬匹隔離，會變得無聊並咀嚼圍欄找點事做、有時維生素缺乏但這並不常見。習慣，有些馬可能已經學會了從馬廄或牧場夥伴那裡啃木頭。就像淘氣的孩子一樣，也可能是一種強迫的aerophagia（吞氣症）

　　2、馬會舔東西（lip-licking）：馬和人類一樣，都有獨特的個性、特徵和習慣。其中一些傾向，例如輕推或跟隨您，然而，舔舐讓許多馬術愛好者感到困惑。那麼，為什麼馬會舔你呢？有些時候馬似乎會用舔來表達愛意，馬確實表現出這種氣質。不過認識到深情的行為和只是偽裝的行為之間的區別很重要。您也可能要考慮到馬兒身體的鈉含量偏低，也要想到可能是無聊或缺乏精神刺激的跡象。如您所見，馬會舔東西背後的原因可能非常複雜。您是確定您的馬兒舔舐的最佳判斷者。

3、馬會嚼木頭（wood-chewing）：馬兒咀嚼木頭可能會成為一種令人沮喪的行為。馬咀嚼木頭會對馬場四周的圍欄造成很大影響。那麼為什麼馬兒咀嚼木頭呢？其中的原因有；無聊，無聊的馬不是快樂的馬。在野外，馬可以隨意漫遊，從茂密的田野到湖泊和溪流。大多數時間被關在馬廄裡的馬可能會開始咀嚼穀倉裡的木頭，只是為了找點事做。其次，飼料不足，嘗試增加乾草的數量，乾草的質量，在飲食中加入足夠的纖維。還有，習得行為，你的馬兒可能已經學會了如何從他們的牧場夥伴那裡咀嚼木頭，並認為這是一個非常好的主意。但是，別擔心，這個頑皮的馬行為是可以修復的。

4、吸風（wind-sucking）：被稱為一種刻板行為，因為它是一種一旦開始就很難改變的周期性的行為，人們把項圈圍在馬的脖子上，減少吸風，不過這只是一種應對機制，馬兒這樣做是為了釋放壓力。這與早期生活中缺乏飼料、運動與陪伴有關。但是他的刻板行為不會影響其他的馬匹。所以不要太在意馬匹的吸風行為，它也有優點，表現出這樣刻板行為的馬匹往往比其他馬匹有更高的毅力。

5、馬蹄趴地（horse pawing）：馬經常進行重複的用前蹄在地上踩腳、刮擦及刨地，這樣的行為對馬和人造成傷害，阻礙培訓，馬蹄可能會導致鬆動或移除馬蹄鐵和蹄腳損壞。Adam E. Fox在他的文章中強調了對馬使用正強化時，馬用蹄刨地是重要考慮因素 [8]。

6、馬尾揮舞（Tail Swishing）：我們都知道馬用尾巴來驅趕蒼蠅、蚊子，這種有效的馬尾擺動動作的機制，馬匹的尾巴具有雙重功效。它們的尾毛以驚人的精確度擊打著落的昆蟲。同時，它們的嗖嗖聲會產生吹動的風速，正好可以擾亂蚊子的飛行模式，尾部擺動就像一個基於重力的鐘擺產生擺動所需的頻率和能量是蚊子飛行模式的三倍，這會產生大約1米／秒的風速，這大約是飛行中蚊子的速度。這樣的打擊將首先阻止多達一半的蚊子降落。「如果一匹馬甩動尾巴的速度更快，它可能會擊退所有昆蟲，但它必須使用更多的能量才能做到這一點，因此這也凸顯了將馬暴露在大量飛蟲面前的福利問題，「這對馬來說無疑是非常麻煩的，而且會消耗它們的能量。」 [9]

7、前腳踢門（door-kicking front feet）：有些馬兒在馬廄有踢門的壞習慣，它不僅會刺激其他馬匹和人，也會對下肢、腳或身體其他部位造成重複性的傷害。

8、馬兒搖頭（head-shaking）：如果你常到馬場學習騎馬，你可能碰到你騎的馬一直搖頭而無法控制，不要擔心這不是你的原因。馬搖頭原因有很多，不過獸醫並沒有檢查到什麼器官上的異常。在一項對100匹搖頭馬的研究中，只有11匹馬確定了可能原因；包括耳蟎感染、內耳炎、顱神經功能障礙、頸椎損傷、眼部疾病、喉囊真菌病、牙根尖週骨炎和疑似血管舒縮性鼻炎。然而，只有其中兩匹可以表明異常的糾正導致消除了搖頭。[10] 歷史上，特發性搖頭被歸因於行為迴避或刻板印象，這些馬是經常被譴責。然而，越來越多的證據表明特發性搖頭通常是由於到面部疼痛綜合徵。最顯著的是三叉神經痛。三叉神經痛通常突然發作，尤其是在中年的馬匹。三叉神經痛造成的搖頭目前有幾種手術可以治療，有二分之一，預後可以改善。[11]

上述的清單中，包括許多非形態不變的行為。在豢養動物的背景下經常提到環境的豐富性，對馬來說同樣重要。將穩定的馬轉向牧場提供了豐富效果的戲劇性說明。儘管許多馬主使用籠統的術語「無聊」來描述馬廄所面臨的問題，但有些人開始探索增加馬廄複雜性的方法。例如，使用鏈條代替馬廄門是一種令人驚訝的有效手段增加進入馬廄的視覺刺激。任何環境的豐富性關鍵與確保干預是相關的。通過學習，將能夠設計出可能滿足所有馬匹行為需求的豐富策略，尤其是那些表現出刺激不足和受挫的馬匹。[12]

第一章

馬兒的感知世界

我出生36小時後被父母遺棄。我很感謝他們把我帶到了這個世界上。
我用它來幫助別人

——Jonathan Lancaster

　　視覺、聽覺、嗅覺、味覺和觸覺構成了大多數脊椎動物的感官方式。通過這些感官，動物可以接收有關其環境的信息。這些信息的組織、解釋和體驗方式稱為感知。研究動物的感官能力及其對行為的影響不僅是動物行為學的核心，也是動物福利的核心。馬和人類共有五種最常見的感官方式，但是它們的範圍和能力不同，因此馬不太可能以與人類相似的方式感知周圍環境。當馬和人類互動時，了解馬匹感知能力及其差異很重要，因為這些能力對於馬在周圍環境的任何變化能做出反應。馬被描述為最敏銳的動物之一，馬以其敏銳的感官知覺而聞名。他們對環境的變化保持警惕，並利用他們嫻熟的感知力來促進生存。感官知覺是馬監測其環境、自身情況和發生的變化的方式。這當然涉及眼睛、耳朵和鼻子。然而，知覺也涉及其他感覺受體，例如身體表面的感覺和其他隱藏的感覺。此外，感官知覺有助於保持自身穩定的姿勢、成功移動、正確定向、進行日常活動、旅行、避免危險和返回有價值的資源。〔13〕通過研究馬感官知覺，我們可以獲得對它們行為的寶貴見解，但也應該提醒我們必須小心謹慎，以保持我們的細微之處能夠一致處理和訓練他們時的肢體語言。人類和馬對外部環境的感知之間的差異至少可以部分地通過它們的感官結構的差異來解釋。馬敏銳的感知使其能夠不斷意識到周圍環境發生的變化，這在該物種的成功中發揮作用。馬兒發達的感官其欣賞和理解系統是有價值的工具，特別是在試圖了解馬行為的獨特方面。

視覺

當我們看一匹馬時，它們最引人注目的特徵之一是它們的大眼睛和長鼻子。追溯到5500萬年前馬兒鼻子要短得多。據信，馬匹的鼻子在進化過程中變長了，因為當它們吃草和進食時，它們可以看到更高的地方，更有可能看到掠食者的到來。馬主要依靠其視力來保護自己，避免受到掠食者和危險的侵害。無意失明inattentional blindness（IB）是一種在人類中得到廣泛研究的現象。如果注意力高度集中，人類可能會對其他環境線索視而不見。為了進一步了解馬匹的感知，Vivian Gabor與他的研究團隊將經過充分測試的人類IB研究實驗設計首次應用於馬匹研究。[14] 由於在人類IB研究中使用認知任務可確保受試者的注意力集中在某個方向上，因此研究想展示食物獎勵是否足以在馬面對新物體時誘發IB。研究結果表明，雖然馬中IB的發生尚未得到證實，但合適的干擾器可以降低馬對新物體的驚嚇反應。通過對IB的進一步研究，可以出現對馬匹感知的新見解，並提高馬匹與馴馬師之間的理解。馬兒的眼睛是陸地上哺乳動物中最大的，除了它的美吸引力之外，馬在很大程度上依賴自身的視覺信息。相對圖像放大率（視網膜較大）比人類高50％，所以馬眼睛可以看到廣闊的地平線全景，以及前方將放置腳和選擇飼料的區域。馬具有良好的遠距離視力，因此可以進行廣泛的危險掃描，馬眼睛佔據頭部橫向的位置，可以從正面和兩側欣賞到全景。[15] 馬視野有兩個小盲點。像人類一樣，他們的身後有一個盲點，但他們的前面也有一個盲點，這意味著他們無法看到面部前方的物體（看不到正在吃的草，他們使用鼻子末端的鬍鬚來幫助他們感覺。），所以在接近馬時大都在他二側約45度角。因此也不要在馬匹正前方做舉手的動作，會嚇到他。多點提示：大眼睛有助於看到更多風景並捕捉更多光線、角膜的曲率使馬可以看到全景、瞳孔的水平形狀幫助馬掃描地平線、視網膜的角度範圍可以檢測到低光照下的運動、眼睛高高地落在額頭上、拉長的水平瞳孔比人的圓形瞳孔提供更寬的橫向視野、單目視覺不是立體的，它是平面視覺，用於識別遠處的運動、當馬用雙眼直視前方使用雙目視覺時，它們可以看到3-D內容並獲得深度感知。

　　顏色是我們視覺體驗中無處不在的一部分，它可以影響我們的情緒，影響我們對世界事物的解釋。人的視網膜中有三個受體負責顏色的感知，藍色、綠色、及紅色。而馬匹的視覺體驗中只有二個受體，藍色和綠色。馬兒有很好的夜視能力比人類同伴具有顯著優勢的一個領域。一般來說，只需要部分光線來幫助它們導航。即使只有月光，他們的視力也可以與人類在全日光下的視力相媲美。馬同時使用雙眼和單眼視覺，並且能夠在兩者之間切換。他們的眼睛位於頭部的一側，賦予了他們出色的單眼視力，即每隻眼睛看到的視野完全不同。但是，馬在單眼視場的前面有一個小的雙目視場。因此，馬可以調整其視野以使其與雙眼的視野重疊，從而獲得雙目視野，單目視覺使馬能夠同時看到不同的物體。[16] 這對於發現捕食者或掃描地平線特別常見。然而，馬也有能力使用雙眼視覺同時將雙眼聚焦在事物上。雙目視覺是人類使用的，它讓我們更完整地了解物體及其周圍環境。重要的是，它可以讓馬更完整地了解障礙物後面的物體或空間。這在快速穿越地形或跳過圍欄或障礙物時非常有用。單眼視野的動物沒有立體視覺和感知深度的能力。但是，馬匹的雙眼視野是在頭部前方約60度的弧線，具有良好的立體感和深度檢測閾值，這表明，在馬匹中發現較大的眼睛距離可以提供有用的深度判斷。當馬用單眼觀察運動時，他通常會轉頭用雙眼看，切換到單眼視覺，以便他可以專注於移動的物體。馬不能同時使用雙眼和單眼視覺。當一匹馬從單眼視覺切換到雙眼視覺時，這會導致物體跳躍和扭曲，直到他可以再次聚焦他的眼睛。馬分別使用左眼和右眼，因此它們可以從每隻眼睛看到不同的東西。當他們吃草時，他們的一隻眼睛盯著草地，另一隻眼睛在尋找。Saslow的實驗發現，使用自然戶外照明，並測試馬匹不受約束和自由行走。重複測量方差分析（ANOVA）發現，刺激的大小和對比度對馬在步行時第一次注意到地面刺激的距離具有顯著的、累加的、非相互作用的影響。[17] 在陰天而不是晴天的情況下，馬能夠更好地識別亮度。馬兒的眼睛可能找不到像暗淡條件一樣有利的明亮條件。這也指出，小馬駒通常不願從光線充足的區域過渡到相對黑暗的地方。馬與人類視網膜不同，馬視網膜沒有中央凹，而是具有所謂的「視覺帶」。這使馬能夠廣泛地且最有可能平等地看到整個地平線。從適應性的角度來看，立體視覺將促進快速的大型有蹄類動物的穩健，而，掠食者則具有出其不意的優勢。立體視覺使馬能夠精確定位和評估潛在威脅。這也可以解釋馬匹的警覺行為，保持警惕，脖子抬高，頭部和

耳朵朝向潛在威脅的掠食者。[18] 近年來受到越來越多關注的一個研究領域是馬視覺側向性。當馬觀察無生命物體時，情緒與視覺側向性之間存在相關性。Austin和Rogers的研究指出，當景物出現在馬的左側時，對馬引起的刺激更有反應。[19] 馬在觀察人類或周圍環境時喜歡用左眼。這些結果可以幫助解釋，即馬通常有一個更容易處理的偏好側（即運動側向性）。研究人員發現，動物界跑得最快的跑者的眼睛相對於它們的體型來說是最大的。事實證明，窺視者的視力通常越大，這在快速移動時是有益的。眼睛大小是理解視覺能力和視覺適應進化的最重要因素之一。如果你能想到像獵豹或馬一樣快的哺乳動物，你幾乎可以保證它們有非常大的眼睛。[20] 這讓他們有更好的視野，可以在他們快速移動時避免與環境中的障礙物發生碰撞。

聽覺

馬兒的聽覺能力涵蓋的範圍很廣，在較高頻率上遠遠超過人類。它們大而直立的漏斗形耳朵可以獨立傾斜、轉動和扭轉，並且比我們緊貼頭部的小而扁平、不可移動的耳朵更擅長捕捉和定位聲波。儘管它們的頻率範圍很廣，但馬匹定位簡短的高頻聲音的能力是有限的。如果聲音被拉長，他們可以使用他們的移動耳朵來定位聲源。短暫的聲音，例如樹枝的咔嗒聲或另一匹馬的鼻息，不容易定位並且可能會觸發逃跑的反應。馬可能是因為他有能力聽到我們聽不到的聲音，而且我們總是不知道它們的聲音來源，這對訓練是有影響。如果我們的馬突然停下來轉動耳朵和頭部，他很可能聽到了我們沒有聽到的東西。如果我們為馬提供足夠的時間來定位聲音，而不是驅使他專注於我們想到的任務，我們或許能得到較大的成功。[21] 馬聽覺非常發達。馬耳朵使用10塊肌肉，耳朵可以圍繞180度同步或獨立的側邊移動。人的聽覺範圍在20 Hz到20 kHz之間，而馬聽覺範圍在55 Hz到33.5 kHz之間，馬對1-16 kHz範圍內的聲音最敏感，比大多數哺乳動物的範圍更廣。因此，馬可以聽到我們不能聽到的高音，但不能聽到我們可以聽到的一些較低頻率的聲音。馬耳朵指向聲音的方向有助於指示馬注意力集中在哪個方向。當馬作為群體動物時，這似乎特別有用，因為它們的視力可能被同伴的身體遮擋。因此，耳朵方向可能有助於馬匹的社會

參考。在戶外時，馬似乎能夠在聲音檢測中使用身體定位，他們能夠在大約25度的弧度內定位聲音的來源。馬匹耳朵間距離較短。馬對超聲波的敏感性有助於確定噪音的來源。馬自身的裝備精良，可以聽到微弱的噪音長達約4400米的聲音。視覺和聽覺之間似乎存在相互作用，在許多哺乳動物物種中，聲音定位能力與最佳視野寬度之間存在特別有趣的相關性。具有小中央凹或中央區域的物種有良好的定位閾值，而那些有大中央凹具有較差的定位閾值。憑藉其特徵性的視覺條紋，馬屬於後一類，擁有狹長的良好視野，很可能使其能夠精確定位可能的聲音來源，而無需準確識別聽覺軌跡。

馬對聲音表現出明顯的反應，一隻或兩隻耳朵通常向聲源方向移動。Heffner在1980年代首次研究了馬匹聽覺能力，證明雖然較大的動物往往擅長聽到較低的頻率，但馬是個例外。馬可檢測到的最低頻率為50 Hz，高於人類檢測的最低閾值20 Hz。相反，馬匹的聽力超過了人類可以聽到的最高頻率（33 kHz，而人類為20 kHz），這表明在某些情況下，馬可以檢測到人類無法聽到的聲音。此外，馬耳的漏斗形狀提供了10到20 dB的聲壓增益提高馬匹聽力的敏銳度。從馬與人互動的角度來看，要考慮到與人類相比，馬對更高頻率的聽覺能力可能解釋一些馬兒不受歡迎或莫名其妙的行為。一般來說，哺乳動物的體重與其聽力頻率閾值之間存在反比關係。在這方面，馬代表了一個異常值，因為它是一種大型哺乳動物，低頻聽力有限，但在高頻範圍內具有良好的敏銳度。高頻聽覺無疑對馬具有適應性，並且可能為馬提供重要信息，其中包括掠食者的隱蔽行為。

現已發現馬表現出聽覺偏側性，即馬似乎也擁有對已知個體的跨模式識別。當呈現已知個體的視覺表示時，結合來自另一個同種（即不匹配）的回放呼叫，馬對呼叫的響應更快。當馬與熟悉的人一起出現時，也發現了這種跨模式識別。當聽覺線索不匹配時，馬會更快、更長時間地注視人類。馬兒的大腦能夠將來自熟悉的人的多感官身分線索整合到人的表徵中。這將允許馬在失去一種感官時保持識別能力。實際上，馬能夠根據聲音提示識別熟悉的人，即使在無法看到此人時也是如此，同種馬也是如此。如果馬形成其他馬個體代表，這可能有助於解釋為什麼有些馬對與同種分離的反應強烈。根據兩者之間的社會關係，導致馬表現得更加興奮或焦慮。然而，我們仍然未知的是嗅覺在這些研究中的作用。

馬匹的耳朵是它們肢體語言的一部分，馬有卓越的聽力，馬克吐溫說：「我總能分辨出馬匹的前端是什麼，但除此之外，我的藝術並不超凡」。馬是了不起的動物，因為它們的美麗、力量和優雅。你對馬了解得越多，它們就越神奇。馬是精心設計的動物，使它們能夠存活數百萬年。他們有五種感官，幾乎在所有方面都優於人類。他們的聽覺和可動耳朵的能力使他們能夠感知環境中的危險。

耳朵後貼可能表示恐懼或憤怒。耳朵下垂通常意味著馬放鬆或困倦。馬對平靜、自信甚至溫和的人的聲音反應良好。當馬吃草時，馬可以通過它們的牙齒從地面傳遞振動。振動傳遞到中耳，然後通過顎骨。一匹馬也通過它們的蹄子接收振動，這有助於提醒馬注意捕食者。馬耳朵顯示出它們的友誼、憤怒、接受、支配和服從的感覺。他們在看哪裡，他們在看什麼，他們關注的東西往往是馬耳朵所指的方向。人們相信，馬會閱讀另一匹馬的耳朵位置，就像人們閱讀另一個人的面部表情一樣。這有助於馬了解另一匹馬的想法並提醒另一匹馬潛在的危險。研究顯示，動物會注意到另一隻動物的凝視、頭部方向和眼睛方向。但是馬眼睛在頭的二側。正是它們利用可動的耳朵告訴另一匹馬更多關於馬正在注意什麼的信息。

Jennifer Wathan & Karen McComb研究報告說，馬使用同種動物的頭部方向來定位食物，但是當臉部的某些部分（眼睛和耳朵）被自然面具覆蓋時，這種能力會被破壞。[22] 正確判斷注意力的能力也與模型馬的身分相互作用，表明面部特徵的個體差異可能會影響線索的顯著性。頭部方向與面部表情的結合，特別是眼睛和耳朵的結合，對於傳達社會關注是必要的。

人耳與馬耳的比較

描述	人耳	馬耳
可動的耳朵	有些人可以擺動他們的耳朵	可以將他們的耳朵移動180度
音域	聽到從20 Hz到20 kHz的聲音	使耳朵移動的10塊肌肉55 Hz至33.5 kHz
表達感情	不	是的
指向聲音的方向	不	是的
有3塊傳導聲音的骨頭	是的	是的
耳廓有多少肌肉	3塊什麼都不做的小肌肉	16塊肌肉

資料取自：Horses and Their Sense of Hearing

嗅覺

　　馬在粘膜內鼻腔的上部有嗅覺的嗅覺受體。氣味分子與這些受體結合併引發神經信號，除了傳統的嗅覺系統外，馬還包含一個以端鼻腔器官vomeronasal organ（VNO），也稱為雅各布森器官（Organ of Jacobson）形式的輔助嗅覺系統，在馬鼻子內發現用於檢測尿液中的信息素和其他中等揮發性的氣味。馬匹在弗萊門反應flehmen response期間使用其端鼻腔器官（VNO），它抬起頭並向後滾動（通常被擬人化以為馬在笑），迫使充滿氣味的空氣通過鼻腔的縫隙進入端鼻腔器官VNO。這種反應通常出現在對其他馬匹的尿液和糞便進行澈底的查證以利社交行為。[23]再提示：馬用鼻孔吸收信息素（horse pheromones馬產生的化學信息）。信息素可以通過汗腺、皮脂腺和尿液分泌。信息素由VNO檢測到，該器官位於頭部前部、鼻子和稱為鼻窩的區域之間。為了幫助信息素到達犁鼻器官，馬可能會進行一種稱為弗萊門反應的特殊運動（如上所述），馬在伸展脖子的同時將上唇向後捲曲的地方。不僅僅是馬會產生信息素：在大多數動物物種中，有多種信息素傳遞不同的信息，包括：發出警報、提供有關性週期的信息或提供安慰。這些信息會觸發同一物種動物的特定行為。信息素是在哺乳的母乳的皮膚中發現的酯類合成類似物，被作為鎮靜劑，它提供了令人著迷的洞察力，以了解人類無法檢測到的各種揮發性分子對馬兒的重要性。信息素可能有助於適應急性壓力源或壓力情況。

　　哺乳動物中，廣為人知的對氣味的非學習（即先天）反應是避免或逃避捕食者的氣味。在捕食者遊蕩的環境中，馬可能比平時反應更靈敏，而對捕食者氣味的檢測可能是馬在某些情況下反應不可預測或更突然發生某些危險的原因，如此在可能性較高的環境中或騎行，可能對馬和騎手構成安全風險。當人類受到驚嚇或壓力時，會分泌與恐懼相關的氣味化合物，這會影響馬。當馬被緊張的人撫摸或騎乘時，馬兒的心率會增加，在被消極思考的人撫摸時，牠的心率也會增加，而在這項研究中，這些人是患有神經系統疾病的男性受試者。[24]馬匹的嗅覺目前尚沒有完整的研究證實嗅覺受體基因的數量與嗅覺敏銳度之間的關係。我們假設它們是很好的嗅覺者。我們認為，馬在聞尿液和糞便是為了獲取

有關性別和生殖週期階段的信息；甚至可能是關於競爭對手的信息。同樣，他們可能通過排尿或排便來傳播與一種交流形式相同的信息。種馬可以標記自己和母馬的排便以傳播信息或隱藏信息；也許，通過這種方式，可以隱藏一匹母馬處於發情期。[25]

信息素分子傳遞有關領土、侵略以及最突出的繁殖的信息，Diehl認為，輔助嗅覺系統在對社會有用的化學交流中的作用可能表明恐懼可能是通過氣味來傳達的。[26] 但在另一方面，動物的恐懼感可能更多地取決於行為線索而不是嗅覺信號。她指出，在馬身上，視覺和聽覺刺激在觸發行為反應方面發揮著重要作用。動物感知這種恐懼的能力可能有助於它避免粗暴對待。一個從未遇到過馬的人，如果被要求抓住它的韁繩，「他會伸手，然後後退，然後再伸手。」馬很快就會知道，通過遠離那個人的小動作，它可以避免被抓住和虐待。任何馬都能做到這一點，這叫做操作性條件反射。一個好的騎手會說，現在要小心，不要讓他聞到你的恐懼，實際上，馬正在識別它所看到和學到的人的行為線索。

馬兒臉很長，這為它們的所有臼齒以及廣泛的鼻腔提供了空間。這些鼻腔塗有黏膜，這些黏膜固定著嗅覺神經。在鼻腔底部也發現了犁鼻器官，這些也有粘膜內襯，並含有更多連接到嗅覺神經的纖維。這些在識別有關另一匹馬的氣味的細節方面非常有效，這使馬除了情緒狀態外還可以相互識別。當馬兒彼此第一次見面時，我們看到了馬如何以嗅覺這樣的方式互相了解。他們將自己放在鼻子對鼻子的位置，這樣他們就可以聞到其他馬匹的呼吸。他們將輪流吹入其他馬鼻孔，然後另一匹馬會閱讀和記憶。這可能會導致馬匹成為同伴，但同樣會導致戰鬥！馬使用氣味作為其複雜社會結構的一部分。馬通常會互相打招呼，互相聞對方的氣味。馬也通過氣味和視覺來識別彼此。母馬與小馬駒會迅速記住彼此的氣味，並利用這些信息幫助在馬群中找到彼此。大多數的馬也以同樣的方式迎接人類。當您第一次向馬介紹自己時，請注意馬如何張開口來嗅嗅您。鑑於此，接近馬最禮貌的方式是伸出手背，這樣馬可能會聞到你的個人氣味。讓馬呼吸你的氣味告訴動物你是一個牧群夥伴（不是捕食者），通常會讓馬兒更願意與您相處。馬兒的情緒信號：馬在社交過程中會表現出廣泛的行為信號，情感交流。最常見的行為之一是把耳朵向前，這表明對放在馬面前的物體充滿好奇和興趣。相反行為是將耳朵向後，或者，以防萬一耳朵向後

固定，可能表示恐懼和憤怒。此外，頭部位置是一個重要指標馬匹的心情。當
頭抬起時，這通常意味著這匹馬非常警覺並專注於觀察環境。當頭低下時，馬
兒很放鬆並且感覺不需要監視周圍環境。〔27〕家馬不僅能夠區分熟悉和陌生的
馬匹，也能識別相對於自己社會地位熟悉的其他馬匹。觀察交互中提取信息在
熟悉的馬和人類之間馬反應和相對優勢狀態調整他們的行為。無論是年齡、性
別、大小、在社會群體中的居住時間，還是示威者追趕時明顯對旁觀者行為的
影響相反，馬似乎確實具有社會認知能力。馬在響應人類恐懼和非恐懼氣味時
表現出不同的行為。在恐懼條件下，與快樂條件相比，馬傾向於更頻繁地接觸
熟悉的人，接觸時間更長。有馬對所呈現的氣味的反應比其他馬要強，這可能
與它們的個體敏感性和反應性有關。有趣的是，弗萊門反應很少發生在對人類
本身。Flehmen也被描述為對特定社會相關氣味的反應，例如與小馬駒出生有
關的分泌物（Saslow，2002）。因此，我們假設馬匹的犁鼻器官可能只參與種
內化學通訊，而不參與種間化學通訊。如此種間情感交流確實發生在人類和家
養動物之間基於視覺或聽覺線索。

　　氣味呈現不是隨機的，因為它實際上不可行。因此，我們不能完全排除這
種程序可能由於習慣或秩序效應而影響，由於程序包括盡可能少的壓力因素（即
平靜地將馬引入設備；研究中所有人員的緩慢動作和平靜的聲音）並且馬可以
自由地與設備互動，我們相信這最大限度地減少了在恐懼氣味會話中第一次接觸
新物體時的壓力水平。總而言之，使用人體氣味作為唯一的信息來源關於人類的
情緒，並發現證據表明僅憑氣味信息就足以誘發馬某些不同行為。未來的研究應
該探索嗅覺情感信息在組合呈現時是否會增強來自人類的視覺或聽覺信息而影響
到馬。人們普遍認為，馬是聰明的、視力良好的，主要是通過使用他們的眼睛和
記憶來找到自己的路。毫無疑問，馬使用它的嗅覺來選擇食物和社交互動，但人
們並不普遍意識到這種嗅覺在定向方面也可能非常有用。有一個觀察如下：海灘
長約18公里，由北至南回家，第一匹馬比第二匹馬提前一個小時出發。第二匹馬
顯然有興趣沿著海灘向南走，並且自由自在地走著，沒有提示或其他的幫忙。但
經過大約一公里的海灘後，被漲潮沖刷掉了所有痕跡，馬將鼻子向下探到離沙灘
約1釐米處，沿著海水邊緣走到海灘的漲潮線。馬以一個非常淺的角度向海灘探
尋。她的鼻子一直緊貼著地面，走向前一匹馬的足跡。立即地，它偏離了它所遵
循的直線路徑，直接沿著另一匹馬的軌道走去。簡而言之，這馬匹的每一次表現

都是用它的嗅覺來定位另一匹馬的踪跡，然而，馬匹的這種像狗狗的行為在其明顯的功能和表現上非常引人注目。[28]

味覺

馬味覺的化學感受器至少涉及三個受體系統：（1）鼻腔的嗅覺神經末梢、（2）犁鼻器官、（3）味蕾。味覺化學感受涉及受神經支配的微觀味蕾由舌咽神經的纖維和三叉神經的舌分支組成。味蕾尤其出現在葉狀體、菌狀體和戊酸鹽上舌乳頭以及自由邊緣和前軟齶柱和會厭口腔表面。味蕾是桶狀的味覺細胞，味覺細胞在上皮細胞中。每個芽都有一個微小的開口，稱為味覺細絲，味覺細胞的微絨毛，通過它突出。馬所感知的味覺被認為是漸變的鹽、酸、甜、苦。奎寧溶液一旦濃度到每100毫升內達到20毫克就會被馬拒絕。一項研究使用小馬駒作為測試對象，發現濃度範圍為1.25至10克／100毫升的蔗糖溶液優於自來水；低於和高於此範圍均表現出冷漠。小馬駒對鹽（NaCl）溶液無動於衷，直到濃度達到0.63 g／100 ml；隨著鹽濃度的增加，排斥反應變得典型。使用醋酸溶液測試酸味；這些溶液一旦濃縮到0.16 ml／100 ml和pH 2.9就被拒絕。馬使用化學感受以及可能的觸覺和視覺特徵來選擇和分類它們的食物。以這種方式，通常可以避免有毒植物。選擇能力似乎隨著成熟而提高。[29] 味覺對馬匹的健康很重要，與任何其他活動相比，馬兒花在進食上的時間非常多。一匹馬進食要用多少時間，取決於它們吃的食物的種類。一匹馬吃多少和吃什麼對他們的生產力和健康非常重要。馬匹的味覺在他們選擇吃什麼方面起著重要作用。味覺還有調節消化功能的過程，如酶促分泌。馬正常食慾主要決定於，胃前刺激，例如味覺、食物質地和氣味。採食量的調節也受味道的影響很大，這對維持馬身體正常的化學平衡也很重要。

研究人員對馬兒的味覺知之甚少。但他們確實相信，選擇性味蕾是為了保護馬避免攝入有毒植物，這可能是馬厭惡苦味的原因。所謂選擇性味蕾是馬對飼料具有選擇性；當一匹馬遇到以前所吃的飼料變差時，它們將來會選擇避免這種食物。馬也會利用它們的味覺來選擇飲食的營養平衡；因此，缺少鹽份的馬會在可能的情況下尋找含鹽的飼料。所有動物中的味覺，是飲食信息的重要

組成部分，是生存所必需的。嗅覺和味覺是通過馬頭上的三個感覺受體來感知的，是前面提的鼻腔的嗅覺神經末梢、犁鼻器官、味蕾。人類是雜食動物，我們既吃肉也吃蔬菜。我們的舌頭上大約有8,000到10,000個味蕾。這些味蕾每10到14天再生一次。馬是草食性動物，有大約25,000個味蕾。當今的野馬和馬科中的其他動物，如斑馬、驢、騾等，表現出偏愛吃草，科學家們認為，這樣做是為了平衡馬匹所需的礦物質和維生素所需的大量營養素，如能量、蛋白質、水等。馬可能對他們的食物很挑剔。任何氣味和味道異常的東西，都可能導致馬拒絕食物。馬匹的胃，對細菌、黴菌、藻類和粘液非常敏感。當有充足的草和草料可以吃時，馬會避免靠近不尋常的植物。他們的味蕾可以感覺到水中礦物質含量的細微差別。馬不知道什麼食物最能滿足他們的營養需求，馬兒餓了就吃，渴了就喝。味覺在馬媽媽和她的小馬駒之間發揮作用。當兩匹馬互相梳洗時，味道也可能起作用。味覺看來，是馬與馬之間的社會聯繫有關的。食物的氣味在馬選擇的食物中起著次要的作用。他們用他們的視力來尋找草料，或者看到一些讓他們調查的東西。馬會選擇葉子而不是莖。他們喜歡多汁的食物。馬兒更喜歡吃不同類型的草料，並不一定要吃最好的草料。〔30〕

觸覺

　　馬兒身體不同部位的觸覺是可變化的。馬肩隆、嘴巴、側腹和肘部區域是非常敏感的區域。作為牧群動物，重要的是要對身邊的其他動物敏感。這可以幫助他們在處於危險時刻成為凝聚力強的社會群體，並發起相互梳理修飾的動作。眼睛和嘴周圍的觸鬚具有豐富的神經傳導提給觸覺供應。新生馬駒中觸鬚的明顯雜亂無章被認為有助於乳頭的定位。觸鬚可告知馬它與給定表面的距離，並且可能檢測振動能量（聲音）。和嘴唇一起，他們在放牧和揉擦彼此頭頸時收集觸覺信息。據說馬兒在碰觸圍欄之前會先用鬍鬚測試是否是有電的圍欄。有人提出，無法檢測到固定物體是導致鬍鬚修剪後進行公路運輸馬臉部創傷的原因。由於觸鬚在解剖學上與正常毛髮不同，因此在德國禁止馬匹鬍鬚的修剪。皮膚的敏感性根據馬皮的厚度，和受體而變化不同地區的密度。皮膚中有不同的受體，它們對熱和冷（熱感受器），觸摸，壓力和振動（機械感受

器）和疼痛（傷害感受器）都有反應。值得注意的是，所有皮膚傷害感受器的共同特徵是，如果頻繁重複刺激，它們的反應力通常會降低。[31] 從進化的角度來看，作為一種獵物，馬是一種觸覺敏感的動物並且具有出色的操作性調節能力，尤其是在負強化（通過去除厭惡刺激來學習）方面，這並不奇怪。這種觸覺敏感性可能起到了抵抗和阻止捕食者誘捕的適應性目的，但它也意外地預示著馬將成為最受歡迎和無處不在的騎乘動物。皮膚表面的觸覺刺激是馬兒和騎手之間，以及馬兒和人之間交流的主要界面。

馬是極其敏感、敏銳的動物。通過敏銳的視覺、聽覺和觸覺，他們能夠優雅、美麗和巧妙地生活在他們的世界。有兩種方法可以識別馬的敏感區域。第一個是不受骨骼保護的任何區域。腹部、腹股溝、側腹和尾巴下方的皮膚最為嬌嫩。這是動物攜帶生殖器官、排出廢物和照顧幼崽的地方。二是該區域是否有感覺器官。面部、眼睛、耳朵和嘴等區域對觸摸的反應非常靈敏。這些器官收集有關周圍世界的信息。眼睛和嘴佈滿鬍鬚，告訴動物它們離物體有多近的距離？馬耳朵裡布滿了細毛，以防止昆蟲叮咬。最敏感的區域有最薄的皮膚覆蓋，並且通常覆蓋著沒有頭髮或非常短而細的頭髮。這些區域的皮膚佈滿神經末梢和毛細血管，通過出汗散熱最快。皮膚對熱刺激和機械刺激都很敏感。與較小的物種相比，馬匹的軀幹表皮要厚得多，這可以保護它們免受熱刺激。有些馬主會對馬匹烙上印記，燒紅的烙鐵放在後臀部的皮膚上做上印記，皮膚反應主要由C纖維介導，溫度升高／降低的快速峰值並未達到傷害感受閾值，所以馬沒有立即的痛反應。

人與馬作為運動和休閒夥伴之間的密切聯繫使得了解馬匹的側向性很重要，因為它可能對馬和人類的福利和安全產生廣泛的影響。側向可能有助於對意外刺激做出適當的反應。研究發現馬匹的情緒與使用左眼觀察新物體有關。認為新物體出現在馬的左側時，對意外刺激（打開的雨傘）的反應更強烈。我們在馬匹親和互動中觀察到的左偏向的強度和分佈與Austin和Rogers在野馬和普氏野馬中觀察到的激動和警惕行為的左偏向非常接近。這支持了馬右半邊更適合處理積極和消極情緒的理論。[32] 觸覺刺激的強化價值也可能表現出個體、動機和時間的變化。另一個方面是最近的發現，即馬在親和互動期間在觸覺刺激方面具有感官側向性。在從屬關係的情況下，定義為相互梳理、互相揮舞蒼蠅以及在放牧或休息時靠得很近，馬表現出顯著的左眼偏側性。另一種潛在的

積極觸覺刺激是按摩。按摩治療作為人類放鬆的輔助手段已得到充分研究和確立，也被用作緩解壓力的方法。一項初步研究，馬在低到中等壓力的情況下，按摩可能是減輕馬匹壓力的有益工具。每天按摩的馬匹發現了所研究參數的最積極變化，這表明按摩對馬匹的福利和表現有益。大約每3週一次的按摩也產生了一些積極的效果。結果表明，每天播放3小時輕鬆的音樂比1小時對馬的情緒狀態有更積極的影響。個別馬匹的感官能力可能是一種穩定的個性特徵，馬匹的感知也會受到品種、年齡甚至在某些情況下，毛色的影響，突出了區分個別馬匹的護理和管理的必要性。

第二章

馬兒的社會行為與溝通

慈悲據說起源於音樂的聲音

——The Legend of the GOBI

　　一個非常寒冷的夜晚，一群豪豬擠在山洞一起取暖。然而、他們的脊椎讓互相接觸很不舒服，所以他們再次分開並感到寒冷。在反復進進出出後，他們終於找到了一個距離，他們仍然可以舒適地取暖而不會被刺傷，這種距離，他們以後稱為正派和禮貌（Paul Leyhausen、Aristide H. Esser）

　　醫學之父希波克拉底（Hippocrates）說：「大腦，僅從大腦，就會產生我們的快樂，喜悅，歡笑和說俏皮話，以及我們的憂傷，痛苦，悲哀和眼淚」。直到最近我們研究了人類和動物的「精神狀態」，認為人類和動物的行為、情感、本能和認知基礎與他們的身體是分不開的。

　　美國心理學會對「行為」的定義如是說：一個人、一個動物、一個物質，在一個特定的情況或一個特定的條件下產生的結果。而Raymond M. Bergner在他的文章中對「行為」選擇了最普遍的表述：行為是「有機體的任何可觀察到的明顯運動，通常被認為包括言語行為和身體運動」。根據這個定義，行為本質上是可以觀察到的身體活動：一隻鴿子啄麥穗，一個女人說「早安、你好」，一個學生在操場跑步，等等。

　　馬兒的肢體語言對於人與馬及馬與馬之間的交流很重要。肢體語言執行已知動作的想法會激活運動神經元於動作，導致相關肌肉的輕微收縮。這些收縮被稱為意圖運動，它表示發送者將在下一秒內做什麼，使接收者能夠做出反應。[33] 在競爭情況下馬匹的肢體語言交流可能會阻止隨後的身體互動，從而使馬匹群居的生活更加平靜。常與人接觸的家馬學會閱讀人類的肢體語言。同

樣的，經驗豐富的馴馬師學會閱讀馬匹的肢體語言。這種信息交流使與馬匹一起工作更安全和更有高水平的效率。馬兒行為模式的個體發育：行為的發展早在出生前就開始了，並在分娩後繼續發展。對於像馬這樣的早熟動物，發現新生兒作為新生兒具有相當多的行為和運動技能並不奇怪。小馬駒離開母馬後幾秒鐘內，小馬駒抬起它的頭和脖子，可以開始呼吸。頭搖搖晃晃，小馬駒出生後最初的瞬間顯示了翻正反射，很快的就可以站立了。Rossdale使用249匹純種馬駒的數據得出結論：新生兒站立的平均時間為57分鐘。數據範圍從15到165分鐘，在40到60分鐘的間隔中有更多的小馬駒站立。在觀察到的127匹小馬駒中新生女性首次站立時為56.3分鐘，而男性平均為70.6分鐘。

　　馬兒的遊戲行為似乎在行為、社交和生理發育中發揮著重要作用。遊戲提供了獲得和測試運動和社交技能以及社交關係的機會。在馬匹中，玩耍包括這些活動：單獨或集體跑步，通常具有誇張的運動模式，再者接近-退出模式，例如交替追逐、夾擊和推擠。雖然母馬最初是小馬駒玩耍行為的中心，但隨著時間的推移，遊戲的重點會轉移到同伴身上，促進馬匹的行為發展，讓動物接觸新的物體、環境情況和體驗，使馬兒能夠意識到環境，不僅避免危害的同時還要了解對其各種生物活動很重要的特徵，我們稱為調查行為。〔34〕在每一天的大部分時間裡，馬都表現出調查行為。一旦小馬駒成功哺乳，其大部分後續調查行為的目標似乎更多地指向環境意識而不是護理。馬匹的警覺性和調查反應是公開和明確無誤的。

　　茲將手邊的參考資料以表格方式對人類與馬匹的社會行為做一個回顧，試圖以簡要的描述能夠呈現即將說明馬匹行為與溝通的引子：

人類與馬匹的社會行為

人	馬匹
人類有一個典型的生命歷程，由連續的成長階段組成，每個階段都具有一組獨特的身體、生理和行為特徵。人類行為是由三個組成部分的複雜相互作用：行動就是行為、認知即是行為和情緒也是行為。三部分的適當相互作用使您能夠感知周圍的世界，傾聽內心的願望，並對周圍的人做出適當的反應。	馬匹之間的社會互動一直是最近幾項研究的重點。這對家養馬匹來說是個好消息，因為通過了解馬匹之間的關係，人類可以學會與馬匹同伴建立更好的理解。任何馬群中建立明確的社會地位，可以促進團隊的穩定。在穩定的馬群中看到的種內和諧。社會秩序本身具有高度的適應性，明確的主導關係使馬群可以在戰鬥或逃跑中做出適當的反應，因為領隊動物升起了團隊的防禦力。

人	馬匹
當我們談論行為時，我們需要考慮它是如何獲得的：學習與行為。人類行為的研究；決策與情緒、意識與無意識、理性與非理性、自願與非自願。	研究發現，小馬駒傾向於優先與同性的其他小馬駒聯繫在一起。母馬對小馬駒的社會行為的影響，據報導，母馬及其小馬駒的社會化與斷奶前相關，而與斷奶後無關。
情感發展：情緒是不同的感覺或意識品質，如喜悅或悲傷，反映了情緒激發事件的個人意義。包括依戀，氣質，認知，象徵與模仿，記憶，智力，人格特質，同情，道德感、自我意識、同伴及社會化。	激動行為（Agonistic behavior）該術語描述了與特定物種之間的侵略，抗議，威脅緩解，防禦和避免相關的整套行為。這些行為對人類具有重大意義。與馬一起工作。它們提供了行為衝突的基本跡象。馴養的馬與自由放養的馬具有相似的社會組織，自由放養的馬形成了複雜的社會等級，很少是線性的。
社會行為是「一個人為了滿足自己或他人而根據社會指導對其他人進行的身體和心理活動」，也是一個人成功地適應其他人，特別是適應群體。	個體依戀，尤其是以配對的形式，是社會團體的基礎。馬通常不是地域性的，而是要維護其團體的完整性。社會等級不是由體重，身高或性別決定的，而是由年齡和居住時間決定的。耳朵是馬非語音交流中最重要的身體部位。馬匹之間的衝突中，往往是平息信號決定了結果。[35]

　　我們對於馬匹的自然行為和它們的反應方式了解得越多，我們越有能力理解人與馬互動的關係。所有的互動與交流均依賴馬匹自身的感官獲得。馬是一種獵物，以逃跑為主要生存手段／馬是所有家養動物中最敏銳的動物／馬可以從可怕的刺激中脫敏，他們需要快速了解什麼是有害的（例如獅子、美洲獅等），什麼是無害的（例如風滾草、鳥類、變色的岩石等），這樣他們就不會一輩子都在逃避。馬會原諒，但不會忘記，他們特別記得糟糕的情況！這就是為什麼讓馬匹的第一次訓練成為積極的體驗是重要的原因，馬是一種群居動物，很容易被支配。馬匹的肢體語言是馬科動物獨有的，作為一種高度社交的動物，馬兒通過發聲和肢體語言將其情緒和意圖傳達給它的同伴。馬是一種早熟的物種，這意味著新生的小馬駒在出生時神經系統已經成熟。馬匹與馬匹或馬匹與人類之間的溝通或情感交流離不開前段提到是自身的感官獲得。

　　為了多一點認識馬匹之間的細微的信息傳遞，對於感官中身體語言、聲音、觸覺和氣味，就多談一些。

　　身體語言：耳朵是馬非語音交流中最重要的身體部位，社交馬群成員之間的交流促進了這種共識，馬最不常使用聲音進行交流，聲音可能會驚動掠食

者。發聲後用於耳朵掃描反應，耳朵平貼頸部時它們通常會將所有並發的交互定性為對抗性的，並且它們被固定的程度與威脅的嚴重性相關。馬匹在打鬥中會避免耳部受傷，它具有附加的信號功能。在迴避反應中，馬不會退縮，而只是將耳朵向後指向，因為馬退縮是順從的表現。鼻孔會隨著情緒的變化而擴張和收縮，結合頭部位置，耳朵和鼻孔有助於表達前向注意、側向注意、後向注意、警報、攻擊性、順從性和愉悅感。移動中的馬群，前面領頭馬匹的馬耳朵往往朝前，而後面馬匹的耳朵則朝後。這種情況下，耳朵主要用於監視而非信號。馬匹在相互修飾的過程中，儘管很少與其他形式的肢體語言隔離使用，但尾巴，或更特別是其位置，是情緒或意向的重要指標。如果馬看不到其它馬群的耳朵，他們很可能能夠看到另一群成員的尾巴。因此，當馬匹在休息或近距離放牧時整理社交間距時，尾巴起著關鍵作用。尾巴運動是踢腿威脅的一個特徵元素，最常見於玩耍和求愛中。

聲音：馬發出不同的聲音是為了與其他馬及其主人交流。聲音的多樣性表明了不同的情緒和想法。馬匹的發聲是社會行為的表現，他不喜歡在疼痛或不適的時侯大叫，因此，他們會發出各種聲音來傳達困擾他們的事情。馬匹之所以不哭，是因為在他們的世界裡，痛苦地哭是一種脆弱的表現。馬匹在訓練中表現出放鬆時，它們會發出深沉而溫和的鼻呼氣。的確，當它們使用自己的聲音時，馬會利用它們龐大的鼻竇來產生傳播良好的聲音。實際上，對於種馬，可以分別從30公尺和50公尺處聽到鼻嘼聲和nicker斯聲。研究表明，小馬駒生長到三周大時，就可以識別出母馬群中的嘶鳴聲。馬群中的成員可能只對已經離開該團體一段時間的馬匹的呼聲做出回應。當將一匹馬放在陌生的其他馬群時，這匹馬經常會發出嘶鳴聲，大概是為了確定同種馬是否熟悉。

了解馬兒聲音交流的信息

聲音	聽起來的感覺	馬兒想要表達的是
嘶鳴Neighing	在馬場最容易聽到的馬叫聲，與尖叫不同	與小馬駒交流、發聲並問候另一匹馬或他們的主人、將他們的位置傳達給他們的馬群、迷路時呼叫其他馬匹。
輕輕的嘶鳴Nicker	輕鬆、柔和小小的悶笑聲	友善、順從、歡迎帶一點嬌氣

聲音	聽起來的感覺	馬兒想要表達的是
吹響Blow	馬快速吸氣，通過他的鼻孔呼氣，其振動並發出響亮的咕嚕聲時	很興奮，「哦，太好了，我們要出去，我們要出去！」興趣、好奇心或恐懼
尖叫Squeal或怒吼Roar	常在馬廄中聽到兩匹馬像或就是在吵架一樣，很大聲的嘶吼，很兇的	象徵著主宰的願望，爭霸主
呻吟Groan或咕嚕聲Grunt	通常，一些空氣從他們的肺部排出，然後發出呻吟聲	不情願、懶惰、困倦、勞累、或令人滿意的翻滾。
嘆氣Sigh	像人嘆息一樣，是一種沉重而可聽聞的呼氣聲	通常來自放鬆、滿足、無聊，或者可能只是存在的焦慮。

觸覺：作為社會生物，馬有觸覺交流的行為需求。小馬駒首先被它們的母馬舔舐（產後立即），然後（在哺乳期間）被它們的母馬親吻。母馬經常被它們的小馬駒輕咬和親吻，以試圖開始相互梳理和玩耍。這對馬與馬之間的互動設定了模式。與同種馬匹的肩部、側腹和腹股溝形式的觸覺接觸是兩匹馬互相迎接的關鍵階段。很不好的是，馬房的管理人員經常發現滿足觸覺接觸的需求由於馬匹在彼此熟悉時可能會發生打架的行為而造成傷害的風險，因此馬房的管理人員變得沒有對馬匹的觸覺給予更多的關注。馬有特殊的觸覺毛髮，稱為鬍鬚。馬匹的鬍鬚在他們的感官系統中扮演著重要的角色。這些鬍鬚有自己的神經和血液供應，可以幫助馬在周圍環境中導航。鬍鬚毛囊比其他毛囊更深、更大，血液供應更豐富，與普通毛髮相比，與更多的神經相連。這有助於使鬍鬚對觸摸非常敏感，即使它像空氣運動一樣微妙。眼睛和嘴唇周圍的鬍鬚是為馬匹的環境和周圍環境提供感官反饋。鬍鬚的長度決定了與陌生物體的安全距離，彌補了馬在臉前和鼻子下的盲點。事實上，很多時候一匹馬收到的關於這些區域發生的事情的唯一信息是通過它的鬍鬚提供的。除此之外，它們還使馬能夠了解食物的陌生特徵或檢測不可食用的小物體。

氣味：你聞過你的馬嗎？他們聞起來都不一樣！畢竟，我們是根據氣味來挑選伴侶的……至少是潛意識的！母馬能夠識別出自己的小馬駒氣味的準確性所證明的那樣，馬會利用氣味來識別群體成員。同樣，他們對外來物種的氣味很敏感，這就是為什麼他們在有機會時會仔細嗅聞糞便。當展示他們自己的糞便樣本以及熟悉和不熟悉的特定物種的樣本時，馬匹將自己與特定物種的糞便區分開來。馬鼻子的靈敏度令人難以置信，由無數神經提供，它非常靈巧，

能夠以我們人類幾乎無法想像的準確度感知和嗅探環境。波蘭的研究表明，馬可以聞到人類的恐懼。Agnieszka Sabiniewicza和University of Wrocław（弗羅茨瓦夫大學）心理學研究所的同事（Agnieszka Sabiniewicza and co-workers at the Institute of Psychology, University of Wrocław）研究了從處於恐懼或快樂狀態的人類身上收集的體味是否會在暴露於它們的馬身上產生不同的行為反應。研究人員發現，馬對來自恐懼或快樂的人類的氣味做出不同的反應。當暴露在恐懼氣味中時，與暴露在快樂氣味中相比，馬有一種傾向，更頻繁、更長時間地接觸在測試期間在場的熟悉的人。研究人員得出的結論是，使用人體氣味作為有關人類情緒的唯一信息來源足以誘發馬某些不同行為。

　　馬匹的嗅覺系統高度發達和複雜的解剖結構及其長鼻子、寬闊的鼻腔和鼻竇腔表明嗅覺是馬匹感官系統的主要感覺方式。嗅覺是基於揮發性化學物質對鼻腔和口腔中纖毛受體細胞的物理刺激。嗅覺在五種感覺器官中是獨一無二的，因為受體細胞本身直接相連大腦的神經元和神經細胞。纖毛感受神經的一端與外界直接接觸，另一端與大腦直接接觸。因此，氣味是唯一一種在到達大腦皮層之前未在丘腦結構中處理的感覺。氣味跳過丘腦，它攜帶的信息直接進入大腦的一個叫做杏仁核的小區域，在那處理情緒，然後到達相鄰的海馬體，在那裡學習和記憶形成。馬使用嗅覺來了解周圍的環境。氣味向馬傳達了一個故事，它接收到的信息補充了聽覺和視覺，它們可能更高度地適應遠處的運動和信息。馬使用氣味來照顧自己的好奇心，並在周圍環境中感到安全。

　　氣味特徵和氣味不限於個別馬。人類也有氣味特徵。氣味特徵可以而且確實會影響馬匹的反應，意大利研究人員證實，馬對人類汗液中的特定氣味有生理反應，這些氣味反映了恐懼和快樂等情緒。一匹馬在環境中留下的氣味特徵有可能在情感上影響提示中的下一匹馬。由於氣味對馬有強大的情感影響，因此可以有目的地使用精油等獨特的芳香化合物來改善馬匹的情緒福利，從而使馬與熟悉和平靜的氣味產生「良好」的聯繫。特別是薰衣草已被證明可以減輕馬高度的壓力或焦慮。馬有高度發達的嗅覺，可以在它們的心理和情感環境中編織聯想和關係。了解馬兒嗅覺、知覺世界和隨後的行為反應之間獨特的神經聯繫，可以為馬和人類的世界提供信息並豐富其內容。

第三章

初見心靈導師：馬

什麼是朋友？一個靈魂居住在兩個身體中

What is a friend? A single soul dwelling in two bodies

———亞里士多德（Aristotle）

　　記得我們剛開始做馬術治療的時候，我們的馬伙伴非常受孩子們的喜愛，那時是每週六下午小朋友與馬伙伴見面的日子，他們的表現各有不同：興高采烈的還沒有下車就叫著太陽（我們馬伙伴的名字叫「太陽」）；下了車走在馬場的圍欄旁，小手緊緊的牽著媽媽，一雙充滿好奇的眼睛就沒有離開太陽；一個孩子圍著欄桿跑來跑去對著太陽大吼大叫；餵太陽吃蘋果的小手要伸不伸的好是為難。我要說的是，孩子們不論是身體或心智少了一些什麼，但純樸的心靈表現了人的靈性。

　　談到太陽（一匹165公分高白色的俊馬），真的有些對不住他，他來到我們的團體已年近六十（依人類的年齡推算），但身體的狀況足足有能力承擔我們的課程，他的個性溫柔，沒有脾氣，記得有一個小朋友初次上馬，心不甘情不願，坐在太陽的背上又哭又叫、拳打腳踢，可是太陽外公很是疼惜地站在那兒，等孩子心情安靜。課程間休息20分鐘，小朋友圍在他身邊跟他自言自語，他也是似懂非懂靜靜的聽小朋友跟他說話，時兒搖著尾巴，時兒嘴咬著圍桿，好像跟孩子們說，寶寶真乖。馬兒有靈性嗎？有，太陽是我們的心靈導師：星期六的馬術治療課程外，太陽還教我們身障朋友（馬術隊的選手）馬術，他知道我們的身體有缺陷，耐心的引導選手尋找平衡的感覺，從不會表現出不耐煩的樣子。慈祥、克盡職守。

　　當我們稱馬是我們的心靈導師之前，有許多方向或面向需要解說些什麼？

在眾多的文獻、歷史、方法、觀點、理論、宗教、道德當中如何犁出一條道路，適合現今大環境的需求，熟稔而謹慎地選擇馬做為我們心靈導師的條件，我們可能會碰到許多問題。

Wendy Williams寫了一本書*The Horse: The Epic History of Our Noble Companion*（《馬：我們高貴夥伴的史詩般歷史》，2015），她於同年10日31日接受Scott Simon的訪問時，Scott Simon問：我們人類喜歡認為我們馴養了馬……。Wendy Williams說：我不認為這是一種非黑即白的事情。我也不認為馬是馴養的或野生的。我認為他們只是在這種關係中有些細微差別，不僅僅是我，科學家們開始在各種動物身上研究這些細微差別，並開始了解關係中的細微差別。他們漸漸明白，包括馬在內的許多動物實際上可能會選擇喜歡和我們在一起。在這本書發行後，媒體給了許多評語，而John W. Pilley（Emeritus professor of psychology at Wofford College沃福德學院心理學名譽教授）寫到：「Wendy Williams完成了她的功課。她漫遊了我們馬兒的世界——過去、現在和未來——揭示了與人類相似的認知過程、情感和行為。真是一份禮物。閱讀《馬：我們高貴夥伴的史詩般歷史》，我感受到了與馬以及與這些奇妙生物建立聯繫的深深渴望。」

話說馬匹是我們的心靈導師，就離不開馬匹的心理，筆者認為心靈是心理深層的「東西」、它是「存在」、它是「核心」，當然講述有關於馬匹的心理又想到什麼是心理學？相信我，下次與研究心理學的人交談時，請不要表現很訝異的樣子；哦！他會讀心術或他是通靈者，這些是迷信和超自然的領域。心理學是從統計數據中預測事物，並且會比非研究心理學的人能理解人類的思維方式，心理學是一門科學因為它採用了科學的方法來證明每一件故事的結局。這裡再加油添醋的說一下：心理學是有歷史的，這很重要，可以談一談；生物學理論和方法一直存在，隨著神經科學向我們展示了大腦之間的相似性，並允許我們通過反應時間和眼動追蹤來測試很酷的感知事物。進入精神分析理論，現在它仍然被認為是心理學，弗洛伊德介紹了潛意識、發展階段。人本主義心理學是在精神分析理論之後出現的。他們的反應是這樣一種意識形態，即所有人都是天生的好人，需要積極尊重。它們在這裡並不重要，因為我想談論動物。行為主義者是下一波理論浪潮（e.g Watson, Pavlov, and Skinner），他們觀察了動物，尤其是老鼠和鴿子，它們是受相同學習原則支配的非常不同的動

物，並且認為與人類的行為相似。接下來是認知行為主義者，他們賦予大腦對
行為的責任，以便他們可以解釋不同的人對同一事件的不同反應。社會學習解
釋心靈可以實現社交互動和（人類獨有的）閱讀其他心靈的意圖。一個僅次於
人類偉大的生命物種就是馬，長期的人馬關係中形成了深厚的人馬情誼，結成
了特殊情感。關於動物，進化心理學不應該被忽視，因為它獨立於認知過程，
因此比編造關於動物思想的故事更可行。在這裡強調的是行為觀點，認知心理
學家仍然考慮行為、條件反射和學習，但增加了思維和社會互動的組成部分。
並且受到倫理委員會的更好監督。〔36〕

　　2004年4月Rupert Isaacson的兒子被診斷出自閉症，他和他的妻子Kristen
Neff商討後決定遠赴蒙古尋找薩滿的幫助，他們的蒙古之行拍下了記錄影片
（*The Horse Boy*）。〔37〕我們可以將薩滿教視為所有土著部落固有的普遍精神
智慧。由於所有古老的精神實踐，根植於自然，薩滿的治療是我們人類加強這
種自然聯繫的方法。如果我們要成為支持人們理解和進入更精神的存在方式的
最佳嚮導時，那麼我們需要對精神世界的內在地形有個人的洞見。幾個世紀以
來，馬一直是將人們帶入許多精神世界的傑出「力量動物」，馬有時會帶人進
行「清醒之旅」，馬是精神世界的強大盟友。馬是靈性動物，攜帶信息和治療
的精神內涵，馬實際上生活在兩個世界中。他們與那個更高意識的池相連。他
們在感官意識、情感成熟度和自我負責的社會技能、支持整個社區的更大利益
和尊重環境方面遠遠超過我們的想像。馬是我們心甘情願的導師，我們必須願
意放棄一些東西才能進入它們的世界。我們必須放棄支配和控制的態度，這種
態度會干擾我們真正傾聽、信任和學習的能力。人類學家Ray Richard在這記錄
影片的片尾有以下的評語：解釋疾病的一種說法是這個人生病了，另一種解釋
的說法是這類型的人他們在社會中扮演不同的角色。人類學家在觀察治療者的
身分時（薩滿），發現的最大共同點是薩滿幾乎曾經接觸過大多伴有神經系統
一系例的疾病，我們並不知道原因，但我們知道一件事，那就是薩滿與精神分
析學家之間的界線並沒有劃分的很清楚。

　　馬，向我們展示了與他們真實相處不可思議的力量，沒有投射或抵抗。當
我們這樣做時，我們學會以同樣的方式認識自己和生活。馬兒一點一點地揭示
了我的心知道但我的心智不知道的東西：馬在最深層次上發揮了治療的能力。
以馬為心靈導師的學習是馬兒在幫助我們作為通往生活的橋樑。讓學習者和馬

兒相遇，用盡可能少的話語來幫助定義尋求者所尋求的東西。馬兒給的，會導致一些完全不同的東西被揭露，我一直相信他們的智慧。

　　以馬兒為心靈導師的學習過程我們很難確切的描述或解釋，可以使用的詞意表達的不是完全貼切，像是「反饋」、「自我領導」、「個人發展」、「冥想」和「馬輔助治療」之類。馬兒為心靈導師，學習真正與馬共處，馬兒和我們自己的情緒共同揭示了心靈中相互的冒險，圍繞我們與它們的互動。馬兒不會溫和地反映周圍人的感受、情緒和行為。由於我們與他們互動和交流，馬兒擁有自己和他有效的情感體驗。通過仔細覺察和意識到他們作為這種交流的結果所表達的內容，我們才能獲得洞察力，幫助我們更好地做自己。

　　Ellie（馬名）年事已高，死於心力衰竭。[38] 我坐在幾公尺遠的地方，因此，我能夠分享她的最後時刻，以及當其餘三名馬兒成員Winston、Ruby和Dawn意識到發生的事情並單獨和集體處理這些信息時緊隨其後的那些時刻。我能夠親眼目睹他們難以置信的反應，他們也在我的身邊，並在事件發生後與他們共度時光。三匹馬反應都略有不同，但都帶著清晰的情緒，表現出我以前從未見過的聲音和身體行為。母馬Ruby的反應最為激烈。她用鼻子輕輕摸了摸Ellie，走開了，又重新開始探索。這樣做幾次後，她低下頭，靠在小馬的身子上，用令人毛骨悚然的尖銳叫聲把頭抬起來，她一遍又一遍地重複著。另外兩匹也一前一後地嗅了嗅——Dawn從頭到尾搖晃著大聲嗚咽，Winston默默地轉過身去。他們像哨兵一樣，背對著我和Ellie毫無生氣的樣子站在那裡。雖然我永遠不會知道他們的思想和內心發生了什麼，並試圖對所發生的事情給出一個事實而不是擬人化的描述，但它提醒我，馬匹擁有深刻的意識和強烈的情感，這是他們獨有的以我們人類的方式，很容易陷入通過我們的眼睛看世界並塑造我們發現的適合我們世界的東西。但是他們的呢？我們如何才能將通過理解它們而獲得的豐富性、深度和同理心帶入我們的生活？馬反映我們的情緒並給我們自己潛在的改變的經驗。當我們與馬一起時，我們進入了一種獨特的、充滿活力的精神動力，這是自然世界本身所有奇妙之處的體現。學會尊重另一個物種的同樣有效的情感存在並與之交流有助於我們重新構建我們看待彼此的方式以及我們如何看待自己。因為無論我們是將自己的不足投射到他人身上，還是通過表面和自我定義的故事來保護自己，馬兒總是會看到我們是誰，並要求我們成為我們能夠成為的人。

馬在6000萬年前開始了他們的穿越之旅。[39] 三百萬年前，人類的腳印在馬蹄印旁邊變成了化石，這表明人類對馬的思考已經有一段時間了。但是，直到大約一萬年前，人類社會才開始與馬共舞。幾千年，或許幾萬年，馬群逐漸與人類社會融合。一種被當代科學家描述為動態移情的共同語言、一種運動語言和相似的兼容社會結構促進了這兩個物種的融合。有考古證據表明，5500年前，人類已經與馬形成了親密和混合的關係，馬族在那裡養馬和擠奶，可能還騎馬。

了解馴化過程是為了增強我們對馬行為的認識。馬之所以被馴化，顯然是因為它們很久以前在草原上找到了與人們相處的利基。今天所有的騎士馬都是原始的、可能是獨立的馬群的後代，這些馬群可以被人類馴服和選擇性繁殖。似乎需要數萬年才能完全馴化馬並最終控制繁殖。繁殖最初主要包括選擇馴服和適合圈養，以及後來的擠奶、騎馬、駕駛和馬廐。馬匹的這種新角色需要重新研究和考慮馬匹行為。馬民和獸醫都對馬感興趣。馬行為科學試圖從馬兒的角度來理解馬是誰。為了欣賞馬匹的觀點，行為主義者探索了馬兒進化和馴化。

我們研究馬兒的進化和馴化，以更好地幫助我們欣賞我們今天手中的馬。進化和馴化為理解馬匹的行為提供了基礎。自從第一個孩子抓住鬃毛並在馬背上擺動以來，人類就一直試圖改善與馬的關係。成為平原上輕浮、強大（但可訓練和馴服）的草食動物的伙伴仍然是馬族的目標。對我們所有馬匹進化的偏好的欣賞和敏感性導致最佳的健康，因此，最佳的表現必須與馬一起工作，從馬兒的角度來看。如果我們了解馬兒的行為，我們就會明白是什麼讓馬服從我們的命令，並且願意做得很好。直到今天，馬都試圖安撫他們的馴養者，就像他們安撫馬群和馬群中的其牠馬匹一樣。馬是願意學習的。這種學習行為是複雜社會生活方式進化發展的結果。馬是一種安靜的物種。他們更喜歡平靜，在安靜、熟悉的環境中學習效率最高。馬必須了解並在他們的環境中感到舒適和安全，才能像馬族希望他們學習的那樣學習。馬族人都知道我們想從馬身上得到什麼？然而，我們的馬想要從人類身上得到什麼？馬與我們很相似，而不是與我們不同。人類與馬兒的社會和交流的相似之處是與人一樣，個體馬和馬群之間會形成強大的社會紐帶。馬一生都需要朋友，這是可能的，因為人與家馬共享社會性。我們說他們的手勢語言，馬說我們的。我們共享一種運動語言和被描述為動態同理心的語言。馬比人們了解馬自己的本性，更能始終如一地了解人的本性。

為什麼馬是心靈導師

　　馬總是能激發人類的想像力。人類早在三萬年前就在洞壁上畫了馬。對馬熱愛從未減弱。馬匹與我們合作，幫助人們茁壯成長。他是心靈導師的實踐者，所以我們視馬為伙伴。關於馬匹的歷史有很多的文章，馬匹比人類早在有近4500萬年。因此馬進化出高度複雜的社會系統、有效的溝通、強大的領導能力和對環境的敏感性，這使它們在驚人的長時間內與自己的物種和周圍的世界和諧相處。關於馬在社會和諧、有效領導、清晰溝通以及直覺和先天智慧的力量方面為我們樹立了好的榜樣，也許你會想到許多生物在這地球上成功地生存了數百萬年。我們為什麼不以其他物種（譬如蟑螂）為指導來擴展我們的意識和更和平的生活呢？顯然，不是這樣的。馬成為人類非凡的心靈導師是有所原因的。

　　愛與寂靜的語言：古往今來，心靈導師散發出一種特殊的品質，一種對人們產生深遠影響的靜止、愛和完整的存在感。只是在那種愛和恩典的感覺面前會感動人。這裡Sumaya Abuhaidar的文章中隱諭說到：「一盞燈有一個外殼如一個人所有自我的存在而另一種思考構成這個外殼的內容故事。」〔40〕這是關於我們過去的所有故事，關於我們的缺陷，關於其他人如何冤枉我們，關於什麼是公平的或不公平的，關於我們如何「破碎」和不夠好。殼只是一個殼，而不是我們真正的本質或本性。任何人的真實本性都是殼內的光。我們越認同或相信我們的故事或條件性思維，我們的「外殼」就越厚，我們的光越難透出，我們的真正本質也就越難照耀。我們越不認同我們的條件性思維，我們的「外殼」就越薄，透出的光就越多。那麼光是什麼呢？是沒有我們的故事的我們」。而這和馬有什麼關係呢？當一匹馬被允許生活在自然環境中時，她自然而然地處於那種光明、存在和愛的狀態。一匹馬所需要的只是大自然為她準備的一些基本要素：移動和放牧的自由，必要時可以選擇庇護所，最重要的是，與其他馬匹一起社交並發展聯繫。只要滿足這幾個基本需求，馬自然而然地完全處於優雅狀態。她只是散發出一種平靜、和平、充滿愛的存在，這種存在對人類的影響與精神上開明的人的存在相似。馬兒無以言表，因為心靈、真理、經驗、總

是如此。心靈、真理、經驗不是用邏輯思維來理解的。心靈、真理、經驗是一種感覺，純粹而簡單。馬兒她可以對體驗她的人產生深遠的影響。馬兒將人們深深地帶入當下，讓心靜下來，敞開心扉，從那個空間裡人們更加開放地看到自己的見解，聽到自己的智慧，看到自己的光，而不是專注於他們的外殼。

　　我是我的燈還是我的殼？一旦有人處於那種樂於接受、開放的狀態，馬就會提供另一種非凡的禮物，這是人類無法提供的。馬已經對環境和其他生物產生了敏銳的敏感性。與人類不同，馬兒有一種看似超乎尋常的能力，能夠以極其靈敏的方式閱讀另一個生物的內在風景。馬兒可以感知思想、情感、能量以及人類當下的意識水平。她給人類的最驚人的禮物是它們為我們反映了他們在我們內心「看到」的東西。他們這樣做沒有任何形式的判斷。馬兒的肢體語言只是人類內心世界的一面鏡子。既然沒有與不會說謊或判斷的人爭論，你就無法與馬爭論。馬兒不會以任何方式依附於你的選擇。馬兒的感覺是愛而不是評判。當我們更多地利用我們的光而不是我們的殼來運作時，馬會被人類吸引。因此，與馬互動的人類將擁有一個真實的「意識量表」，當放下「故事」，放下需要和慾望、假設和期望，簡單地生活在人的本性中，自己的光中。

延伸討論

　　馬匹沿革的歷史十分久遠，在考古學者、科學家的努力之下對馬匹的起源和祖先的研究有了一定的輪廓。我們在龐大的五千萬年進化中提出了四個進化的代表（Hyrcotherium、Miohippus、Merchippus、Equus），知道牠們衍化的特徵。我們為什麼要了解馬匹的歷史？以馬為伙伴的工作是希望通過充滿熱情和道德的歷史史蹟促進人們認知人與馬情感紐帶的相互依靠。馬匹是人類最忠實的朋友，馬匹的使用澈底地改變了人類的生活；農業、食物、城市發展、通訊、戰爭、娛樂、體育、宗教、象徵、地位、文化、醫學。

以下的是非題看看您對馬兒的了解：

1、馬作為自由放養的群居動物，在自然環境中幾乎沒有表現出刻板印象，如咀嚼木頭（chewing）、舔東西（lip-licking）、吸風（wind-sucking）、用蹄

刨地（horse pawing）等，那麼造成刻板印象的主要因素是缺乏社會化和馬廄的限制。【Ans：對】

2、西方文化中，馬（horse）是一種地位的象徵或是情感依戀的對向。馬擁有的人口統計數據也發生了變化，女性佔多數。在奧林匹克運動中馬術項目是唯一現仍然存在男女平等的比賽。【Ans：對，奧運中有許多項目是分男子組、女子組。】

3、許多動物都是色盲，馬只能看到灰色陰影。【Ans：錯，馬確實能看到顏色（雙色色盲），但它們可能沒有我們看到的那麼生動。如果在黑夜於曠野，向您的馬兒吹一聲口哨，牠會向您飛奔而來，但卻沒有在崎嶇的地面上絆倒。牠們可能不像我們那樣看顏色，但他們在黑暗中的視力比我們好得多。】

4、世界聽力日是每年的三月三日。你們都在聽嗎？馬匹的聽力與人類相似，Bright教授所說：「聽力良好的人感知的聲音頻率範圍為20赫茲至20,000赫茲，而馬聽力頻率範圍為55至33,500赫茲，其最佳靈敏度為1,000至16,000赫茲。」【Ans：對。還有馬匹的耳朵可以旋轉180度。】

5、各種動物嗅覺能力的研究並不多，從基因上講，人類有350個嗅覺受體（OR）基因，而馬有1,066個OR基因。馬匹的定向嗅覺僅由大腦單嗅球負責識別氣味的。【Ans：錯，嗅覺神經連接到鼻腔中的感受器，雙嗅球是唯一不交叉的大腦結構之一。左鼻孔中的感受器與左側的嗅球直接相連，右側與右側相連，讓馬可以「立體」地聞到氣味。他們可以快速識別氣味的來源方向。】

6、馬只能用鼻子呼吸？【Ans：對，馬是專用的鼻呼吸器，這意味著它們只能通過鼻子呼吸。】

7、典型的馬骨架有312塊骨頭？【Ans：錯，典型的馬骨架有205塊。阿拉伯品種是一個例外。阿拉伯馬出生時少一根肋骨、腰椎和尾椎。】

8、所有動物中的味覺，是飲食信息的重要組成部分，是生存所必需的。嗅覺和味覺是通過馬頭上的三個感覺受體鼻腔的嗅覺神經末梢、犁鼻器官、味蕾來感知的。【Ans：對，馬整個身體是一個複雜的神經網絡，從脊髓延伸到馬身體和四肢。但是有一組特殊的神經不是來自脊髓，而是來自顱骨內的大腦本身。它被稱為顱神經，一些顱神經用於感覺輸入，其中前兩

條顱神經都與嗅覺有關。第一條稱為神經末梢。犁鼻器vomeronasal organ（VNO），或稱Jacobson's organ，是某些哺乳動物，如貓、馬、牛和豬等動物的身體器官，使用一種稱為flehmen response弗萊鬥反應的獨特面部運動，將吸入的化合物引導至犁鼻器。馬匹的味覺與其嗅覺密切相關。馬更喜歡吃甜的和鹹的東西。馬匹的味蕾和人一樣，只是位置不同。人的味蕾位於舌頭的前部和兩側。馬匹的味蕾位於它們的舌頭、上顎軟齶和喉嚨後部，馬匹的味蕾可以覺察某種東西是美味還是有毒。馬必須特別小心他們攝入的東西，因為與其他動物不同，它們無法吐出食物。他們依靠他們的嗅覺來知道某些東西的味道。這兩種感覺是密切相關的。】

9、馬匹的觸覺非常靈敏。觸摸是馬與人之間最直接的交流方式。人們理解並意識到馬對觸摸的反應很重要。馬通過以可預測的反應來應對壓力。馬皮膚中有不同的受體，它們對熱和冷（熱感受器），觸摸，壓力和振動（機械感受器）和疼痛（傷害感受器）都有反應。值得注意的是，所有皮膚傷害感受器的共同特徵是，如果頻繁重複刺激，它們的反應力通常會降低。【Ans：對，馬主要觸覺器官是嘴唇。我們可以用指尖調查物體，那麼馬就會在它們的嘴唇周圍「翻找」。】

10、研究證明，顯著的人口偏好在從屬方法和互動中馬對右側有顯著的偏好。【Ans：錯，是左側。在野馬和普氏野馬中觀察到的激動和警惕行為的左偏向非常接近。】

11、直到最近我們研究了馬匹的「精神狀態」，認為馬匹的「精神狀態」和他們的身體是不相干的。【Ans：錯，人類和動物的行為、情感、本能和認知基礎與他們的身體是分不開的。小馬駒在出生時神經系統已經成熟，出生後最初的瞬間顯示了翻正反射，很快的就可以站立了。馬兒的遊戲似乎在行為、社交和生理發育中發揮著重要作用。】

12、馬兒最長使用聲音交流，以呼喚同伴之間的連繫。【Ans：錯，耳朵是馬非語言交流中最重要的身體部位，社交馬群成員之間的交流促進了這種共識，馬最不常使用聲音進行交流，聲音可能會驚動掠食者。】

以下選擇題看看您對馬匹的了解：

1、馬匹的睡眠習慣？（1）躺著睡（2）站著睡（3）大部分的時間是站著睡。
　　【Ans：3】

2、馬匹會打嗝？（1）會呀（2）不會。【Ans：2，馬匹不是反芻動物，牠的消化系統是一條單行道。】

3、怎麼估計馬匹的年齡？（1）體重除以身高（2）鬍鬚（3）牙齒。【Ans：3】

4、馬匹可以活到幾歲？（1）15歲（2）20歲（3）30歲。【Ans：3，因為馬匹的營養、護理及獸醫學的知識有所增長，就像人類一樣預期壽命也增加了。】

5、最受人們喜愛的馬匹品種？（1）阿拉伯馬（2）冰島馬（3）夸特（Quater）馬。【Ans：3，夸特馬步伐穩健，身高14手掌到16手掌，毛髮以濃郁的粟色為主。】

6、阿拉伯馬有些獨特的特性？（1）很有運動精神（2）牠的椎骨、肋骨、尾骨比其他馬少一個（3）體型標緻。【Ans：2】

7、馬匹是草食動物其特徵？（1）腳長（2）天生的喜歡吃草（3）牙齒形成的方式，眼睛的位置及消化系統是草食動物的特徵。【Ans：3】

8、馬是（1）獨行俠（2）雙宿雙飛（3）群居的動物。【Ans：3】

9、馬匹在多少年前被人類馴化（1）6000年左右（2）8500左右（3）14000年左右。【Ans：1，狗大約14000年前被人類馴化，貓約8500年前被人類馴化，馬約6000年前被人類馴化。】

10、馬匹的身高怎麼量「單位」？（1）用皮尺（2）手掌。【Ans：2，確定馬匹身高的標準稱為手掌、如14手掌。唯一不用手測量的馬是微型馬，牠們以英寸或釐米為單位。】

11、馬匹的靜息呼吸頻率每分鐘的為？（1）8～14次（2）15～20次。【Ans：1，雖然馬匹靜息呼吸頻率可能低至8次，但隨著工作或痛苦而迅速增加。】

12、馬匹的視野有幾度？（1）90度（2）350度（3）180度？【Ans：2】

13、馬是獵物，牠的天敵是大型動物如獅子、熊，那麼牠如何保護自己？（1）逃跑（2）躲藏（3）變色？【Ans：1】

14、儘管獅子等大型動物捕食馬匹，但大多數的野馬可能因意外受傷而夭折。但另一嚴重的攻擊危險是？（1）閃電雷擊（2）非洲蜜蜂（3）高溫。

【Ans：2蜜蜂的毒液本身不足以殺死一匹成年馬，但如果虻的地方是鼻或嘴則可能導致口鼻腫脹而限制了呼吸。】

15、當今世上僅存的普氏野馬住在那裏？（1）美國大峽谷（2）半沙漠特徵的草原和棲息地蒙古（3）非洲肯亞。【Ans：2普氏野馬主要分佈在蒙古的戈壁沙漠地區。這個地方的特點是草原。】

這是申論題，可以發揮一下：

1、請略述四個進化的代表Hyrcotherium、Miohippus、Merchippus、Equus，其衍化的特徵。

【Ans：Hyracotherium（馬頭獸），又稱為Eohippus（黎明馬），它的頭骨骼僅與現在我們看到的馬大小略成比例，類似於最原始哺乳動物的大腦，它有44顆牙齒，下頷肌肉組織表明草食動物典型的側頷運動更加明顯。它是手足類動物，前腿的馬蹄長有四個腳趾，後腿有三個。這有助於它在鬆軟的森林地形上輕鬆移動。後腿比前腿長，適應了奔跑。Miohippus（三頭馬）是第三紀最有代表性的史前馬之一，它們的前腳只有三個腳趾，看起來非常像小馬。大腦在類型上類似於現代有蹄類動物的大腦。因此，馬匹的智力最初發展發生在從始新世到漸新世的過渡期間，而不是隨著家庭的起源。它不是以草為食，而是以樹枝和水果為食，這可以通過其牙齒的形狀和排列來推斷。Merychippus（梅里奇普斯）是中新世晚期大約1700萬至1000萬年前，生活在北美的眾多原始馬之一，Merychippus是馬進化過程中的分水嶺：是第一匹與現代馬有明顯相似之處的史前馬仍然有殘留的腳趾在它的腳的一側，不過，這腳趾並沒有一直接觸到地面。Equus（馬屬，現代馬），馬是美麗、溫柔和複雜的動物，需要極大的尊重、關懷和理解。現代馬也被稱為Equus Caballus，屬於Equidae家族的一部分，其中還包括斑馬和驢。】

2、如果您擁有一匹心愛的馬兒，您如何與牠相處？

【Ans：當我擁有一匹馬，我希望自然地與牠成為好朋友，我知道我們需要時間彼此了解。以下是我個人給自己的期望。（1）就像對待孩子一樣，我

會堅定、公平和一致地與牠約法三章。清楚而堅定地傳達我對我愛馬的期望。公平而且一致，每次都用同樣的方式，同樣的輔助工具和馬匹一齊練習。（2）除了馬術課程外，我會去牧場與牠玩耍。（3）我會準備一些水果，如蘋果、西瓜在休息時一起享受美食。（4）互相理解彼此的肢體語言，當然我也會與牠說悄悄話。（5）幫牠清洗、打扮、按摩。（6）我會帶牠到隔壁的牧場與其他的馬匹交朋友。（7）我會帶牠參加馬術活動，在野外騎乘，一起體驗新的事物。】

理想之外

　　大多數的人在孩提時代都夢想能擁有一匹俊馬，如果想要實現這樣的夢想得有好些個因素匯聚在一起，比如說金錢上不是問題（非常需要），沒有經濟做後盾是很難的。愛馬兒的初心不變，就算在歐美也有人對養馬失去了興趣。對馬兒身心的照顧，除了清潔馬匹馬廄之外，對馬匹的心理和馬匹福址也要花上心思。考慮到環保（糞便的處理），一匹1000磅的馬每天要排便4到13次，產生35到50磅的濕糞（糞便加尿液），養在馬廄裡的馬每天需要大約10到20磅的墊料，需要定期更換。如果管理得當，糞便可以成為農場的寶貴資源。然而，大多數馬主沒有足夠的土地來使用產生的糞便量。使其對環境造成了影響。再者，需要花大量的時間投入，以及馬匹的訓練。

　　我們生長的地方不產馬，對馬匹的繁殖，對馬匹工業也鮮少關注，因此馬匹的科學、知識、沒有充足的技能來支持，而台灣地方小，人多，有能力可以放牧的馬場相對也很少。

第一部參考文獻

〔1〕Mitochondrial genomes reveal the extinct Hippidion as an outgroup to all living equids

〔2〕Titel: Platero, Rocinante, Babieca y yo Författare: Karin Gudmundsson Utgivningsdatum: 4-jul-2014

〔3〕https://www.worldhistory.org/Bucephalus

〔4〕香港文匯報，馬年說馬，卡允斗，2014年1月14日http://paper.wenweipo. com/2014/01/14/WH1401140001.htm

〔5〕The Horse Series, Christine Janis, Icons of Evolution

〔6〕https://www.thoughtco.com/merychippus-ruminant-horse-1093241#

〔7〕PARTICULARS ABOUT THE PRZEWALSKI HORSE by Jan Bouman, 1986

〔8〕JOURNAL OF APPLIED BEHAVIOR ANALYSIS 2015, 48, 936–940 REDUCING PAWING IN HORSES USING POSITIVE REINFORCEMENT ADAM E. FOX AND DEVON L. BELDING

〔9〕Posted by Christa Lesté-Lasserre, MA | Dec 13, 2018 | Basic Care, Horse Care, Insect Control, Welfare and Industry

〔10〕Observations on headshaking in the horse J. G. LANE, T. S. MAIR

〔11〕HEAD SHAKING IN HORSES: CAUSES, PAIN MANAGEMENT AND TREATMENT Author: Veronica Roberts Categories : Vets Date : September 24, 2012

〔12〕Equine Behavior p.25-27, Paul McGreevy

〔13〕HORSE BEHAVIOR, Second Edition by GEORGE H. WARING

〔14〕Does inattentional blindness exist in horses (Equus caballus)? VivianGabor

〔15〕Equine Behavior p.38 Paul McGreevy

〔16〕Equine Behavior p.40 Paul McGreevy

〔17〕Applied Animal Behaviour Science Volume 61, Issue 4, 28 January 1999, Pages 273-284

〔18〕Sensory Abilities of Horses and Their Importance for Equitation Science Front.

Vet. Sci., 09 September 2020 Maria Vilain Rørvang1

〔19〕Asymmetry of flight and escape turning responses in horses N. P. Austin & Professor L. J. Rogers Pages 464-474 | Received 15 Mar 2007, Published online: 22 Aug 2007

〔20〕Eye size determined by maximum running speed in mammals May 2, 2012 Source: University of Texas at Austin

〔21〕making sense of horse sense: the clash of Umwelts, Antonia Henderson July 2012

〔22〕The eyes and ears are visual indication of attention in domestic horses

〔23〕Equine Behavior p.46 by Paul McGreevy

〔24〕Sensory Abilities of Horses and Their Importance for Equitation Science Maria Vilain Rørvang1

〔25〕The Horse as a Biological Being Ecology and Evolutionary Adaptations Katarina Felicia Lundgren

〔26〕https://news.psu.edu/story/141321/2005/03/16/research/probing-question-can-animals-really-smell-fear

〔27〕Olfactory-based interspecific recognition of human emotions: Agnieszka Sabiniewicz,

〔28〕How Do Horses Find Their Way Home? Daniel H. Janzen Biotropica, Vol. 10, No. 3. (Sep., 1978), p. 240.

〔29〕Equine Behavio, A Guide for Veterinarians and Equine Scientists p.47-48

〔30〕Horses and Their Sense of Taste, OCT 24, 2014, TOKNOWINFO

〔31〕Equine Behavior: A Guide for Veterinarians and Equine Scientists p.49-50

〔32〕Sensory laterality in affiliative interactions in domestic horses and ponies (Equus caballus), Farmer K1, Krüger K2, Byrne RW1, Marr I3

〔33〕Journal of Veterinary Behavior Volume 29, January–February 2019, Pages 08-110 Body language: Its importance for communication with horses

〔34〕Horse Behavior, 2nd Edition Page 91-95

〔35〕Horse Behavior, 2nd Edition Page 146

〔36〕What is horse psychology? JULY 5, 2016 / HORSEWORKBLOG

〔37〕http://www.horsejourneys.com/home.html

〔38〕horse-led learning: the horse as spiritual teacher

〔39〕Equine Behavior Through Time By Dr. Sid Gustafson

〔40〕Why Horses Are Excellent Spiritual Teachers by Sumaya Abuhaidar

〔41〕Equine Behavior Through Time By Dr. Sid Gustafson

第二部

馬輔助心理治療

> 馬，沒有驕傲的高貴，沒有嫉妒的友誼，沒有虛榮的美麗
>
> ——Ronald Duncan

許多不同的領域構成了對傳統醫學上其補充和替代醫學（complementary and alternative medicine，CAM）的實踐。

心理治療是臨床技術和人際關係有目的和知情的應用。是幫助個人按照個人認為需要的方向改變他們的認知、行為、情感和／或其他個人特徵。其中包括認知行為療法Cognitive BehaviouralTherapy（CBT）、暴露療法Exposure Therapy（ET）和辯證行為療法Dialectical BehaviourTherapy（DBT）。值得注意的是，診斷和統計手冊第五版Diagnostic and Statistical Manual-Fifth edition（DSM-5）是第一個包含文化因素的版本。因此，馬輔助心理治療有更多空間在循證醫學定性及量化的研究上發揮特有的氣質。人與馬匹的聯繫影響幫助啟動了馬輔助心理治療的創建，這也是一種體驗治療形式的個體努力與傳統的治療形式聯繫在一起。

Anne和Alan Bowd認為動物輔助干預Animal-assisted interventions（AAIs）的第一次有組織的使用是在9世紀比利時Gheel創建的。Gheel的家人將他們的同情心擴展到有精神疾患的人們身上，以家畜和自然療法為居民提供幫助，然而，他們的做法並沒有傳播開來。17世紀的醫學書籍提到騎馬治療士氣低落的士兵。Florence Nightingale（弗洛倫斯·南丁格爾，1859）認為「小型寵物通常是病人的絕佳伴侶。」17世紀，希臘人用馬匹來提升重病患者的精神，醫生們開始使用馬匹作為治療方法來改善患者的身心健康問題。Dr. Sigmund Freud在臨床實踐中使用了他的狗Jo-Fi。Freud認為Jo-Fi可以準確地判斷一個人的性格。他還

認為，在他的治療過程中讓Jo-Fi在場對他的病人，尤其是孩子有一種平靜的影響（Coren和Walker，1997）。

1969年Boris Levinson出版了《面向寵物的兒童心理治療》一書，是第一位對動物干預治療其進行全面而令人信服的敘述之人。1961年，Levinson博士在與一個孤僻、精神受損的小男孩一起工作時，「意外發現」了他的狗項圈發出叮噹聲。Levinson短暫地將狗單獨留在男孩身邊，當他回來時，發現小男孩正在與狗互動。這激發了Levinson對狗和他的年輕患者進行進一步研究。他發現在治療期間有一隻狗對受損的年輕患者產生積極影響。Levinson後來使用「寵物療法」一詞來指代狗狗在治療環境中對精神障礙兒童的有益影響（Levinson，1964）。1969年Levinson寫道：「作者的意圖絕不是表明寵物是解決所有社會弊病或成長和變老所帶來的痛苦的靈丹妙藥。然而，寵物既是社會重新人性化的一種幫助，也是一種標誌，因為它們有助於滿足其他可能無法滿足的需求……

動物伴侶也可以是一個人最親密的知己，最穩定的情感支持來源；正如Levinson所說，「在看似瘋狂的世界中，寵物是一座理智的島嶼。」[1] Alan Beck和Aaron Katcher教授還認為，動物允許的身體接觸——在其他類型的心理治療中通常缺少的東西——非常重要。動物可以幫助人們克服抑鬱和孤獨。它們可以幫助人們保持健康並在疾病中存活下來。

80年代後，以馬為伙伴的心理治療有了多元面貌的呈現，所有的方法和實施都各自有其理論基礎及創建的使命。了解馬在心理治療環境中的作用，這個特殊應用領域的分佈以及心理治療師在工作中包括馬出現的專業觀點。60多年來，馬一直用於教育、物理治療、職能治療、語言治療等領域而近40年，馬匹在心理治療中也被賦予了「治療夥伴」的地位。雖然馬匹在心理治療中顯得年輕，不過卻越來越受歡迎。深入了解馬在心理治療環境中的作用，在這個特殊應用領域的分佈以及心理治療師在工作中包括對馬出現的專業觀點是對人類和動物具有挑戰性的合作，得到了個案的積極響應。在治療用途中，有人說到「作為動力載體的馬」其動機是為個案帶來改變的第一個基本組成，將二元心理治療環境擴展到三元心理治療的工作。這三種結構的紐帶，個案可以與心理治療師和／或馬聯繫起來。因此，有可能在人際交往中受到干擾的個案首先更強烈地轉向動物治療師，而後心理治療師慢慢加入他們。

　　在心理治療環境中，保有良好關係的重要性是無可爭議的——馬匹可以在心理治療環境中提供進一步的關係，同時改善或加強治療師和個案之間的關係。觀察表明，與馬匹的廣泛身體接觸（靠在、擁抱或躺在馬背上）以及與馬的互動會導致「情緒開放」個案變得更容易接近，對情緒反應持開放態度，並允許進行原本似乎不可能的對話。除了動機，馬匹還提供了心理治療師可以工作的進一步起點：允許親密並建立距離，讓馬領導，或者承擔責任並「掌控」治療過程。馬匹承擔領導責任或將責任移交給治療師，這些都是在許多疾病的情況下必須處理的基本主題，並且在馬匹身上被賦予了準視覺、直接有形的維度。

　　馬輔助心理治療，馬被視為接受治療的個案的一面鏡子。馬匹的鏡像功能，可以視作為一種有生命的「生物反饋」。馬匹與人類在一起時，馬匹會迅速「讀取」緊張和恐懼以及攻擊性，並且它們也會以緊張、恐懼甚至攻擊性做出反應。同樣，當這個人放鬆並給予他們安全感時，他們會立即再次放鬆。這種鏡像功能可以有針對性地使用，以澄清個案內在和外在的態度。馬匹可以顯著地豐富和緩解個案心理。在未來，由於不斷增加的實踐使得馬輔助心理治療，將很快的移出「灰色地帶」，使馬輔助心理治療作為一個公認的介質進入心理治療的殿堂。

　　我們需要了解馬輔助心理治療的各種活動內容及相關術語，在實際操作與學術研究上可有事半功倍的效果。圖一是依照目前PATH、Eagala及歐洲等機構普遍使用的八個馬輔助心理治療的範疇，茲將活動內容及相關術語簡介於後。

人與馬匹的紐帶 The Human-Equine Bond（HEB）

　　John Trotwood Moore說：「在從野蠻到文明的漫長過程中，無論一個人在哪裡留下足跡，我們都會在旁邊找到一匹馬的蹄印。」人類與符合依戀理論的科學定義中與馬建立情感聯繫。

　　人與馬匹的紐帶為人們帶來新的依戀元素，以這種互動為專業護理創造有利的早期環境。依戀關係的四個主要標準——接近維持、避風港、安全基地和分離痛苦的一些特徵可以在人們觀察馬匹和與馬匹互動的經歷中識別出來。此

外，治療能力的三個主要來源——吸引力、準確性和完整性與人們對馬匹的依戀產生了新的發展紐帶。而馬匹的存在增強了人們反思的空間。

圖一、介紹人與馬匹的紐帶的全貌

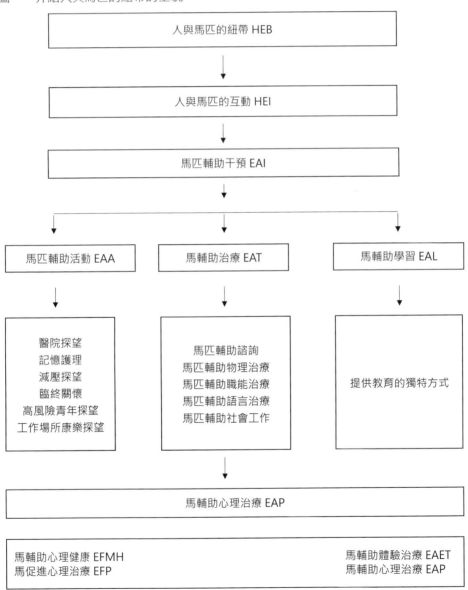

製圖：王祈

人與馬匹的互動 Human-Equine Interaction（HEI）

　　人與馬匹的互動是很久以前的事了，馬和管理領域的聯繫從詞源上看成古法語單詞「manege」，意思是「處理或訓練馬、馬術、騎術、程序」。由於馬是指導促進這一點的學習過程的極好榜樣，人類與馬一起工作的經驗提供了個人的意識和行動中發展可持續變化的領導能力和真實性。人與馬匹的互動可以豐富和激發學習。

馬輔助干預 Equine Assisted Interventions（EAIS）

　　Ann Hemingway教授對馬匹輔助干預做了以下的解釋：全球馬輔助干預服務包括幾個不同的專業，其中包括針對身心障礙人士的干預（馬術治療）、馬輔助心理治療和馬輔助社會工作。[2] 此外，主要為遇到心理健康和行為問題的年輕人提供馬輔助干預，教年輕人與馬交流和／或照顧馬。這些干預措施也可能需要成年人的轉介，這些成年人主要是從藥物和酒精、犯罪和心理健康服務等機構再次遇到心理健康和行為問題。這些干預的參與者主要是沒有能從傳統的基於談話的干預中受益。

馬輔助活動 Equine-Assisted Activities（EAA）

　　人們普遍認為，人與馬之間的互動具有強大而多樣的好處。好處是身體，精神，情感和智力。馬補充了許多從業者、物理治療師、職能治療師、言語治療師、教育家和心理治療師等的工作，使用馬促進的活動來提高他們的工作。[3]
　　這篇報導是講述一匹名為Peyo的種馬，他與人們（病友）的互動：
　　這位不尋常的治療師正在以最意想不到的方式為患者帶來歡樂……
　　Peyo是一匹14歲的種馬……他像其他的馬兒一樣過著普通馬兒的生活，他

喜歡奔跑和玩耍⋯⋯但有一點他與眾不同⋯⋯他對人類有著不可思議的天賦，尤其是每個月二次去醫院或護理之家探望病人，這有助於鼓舞士氣⋯⋯並為最需要的人帶來歡樂。Peyo在牧場上會很熱情⋯⋯但在醫院裡他表現得像佛教的高僧一樣⋯⋯沒有人強迫Peyo去任何地方⋯⋯他自己決定他想去哪間病房，他似乎有第六感，知道那個病人需要他。這個病人快要離開人世⋯⋯所剩下的時間不多了⋯⋯但還有一些溝通的問題，而當Peyo走進他的房間時⋯⋯他們立即建立了聯繫。

醫生很是敬畏⋯⋯當他們看到這個病人以前所未有的方式容光煥發時，他們接受了，一切都不需要解釋，護理工作人員說這些訪問對病人產生了非同尋常的積極影響。Hassen是Peyo的伙伴他們永遠在一起⋯⋯他們四處走訪病人⋯⋯改善每個人的心情和整體的幸福感。[4]

馬輔助治療 Equine-Assisted Therapy（EAT）

國際治療性馬術專業協會Professional Association of Therapeutic Horsemanship International（PATH Intl.）對馬匹輔助治療的定義：馬輔助治療是結合馬活動和／或馬環境的治療。康復目標與患者的需求和醫療專業人員的實踐標準有關。從業者必須在其領域獲得許可。馬輔助治療包括物理治療、職能治療、言語／語言病理學和心理健康專業人員。馬匹輔助治療是以馬匹來改善人類的身心健康。雖然馬匹輔助治療已被用作包括痛風和神經系統疾病在內的治療輔助工具，但今天它主要用於改善心理健康。

馬輔助學習 Equine Assisted Learning（EAL）

透過觀察和了解，馬輔助學習是一種創新的心理健康和教育干預措施。馬輔助學習使用受過專門訓練的馬輔導員與馬相關的活動作為工具，幫助那些易受傷害和處於危險之中的人反思自己的焦慮和行為。這有益於更好的康復、更好的社交技能和情感成長。馬匹經過精心挑選但不涉及騎馬。

馬輔助體驗治療
Equine-Assisted Experiential Therapy（EAET）

　　馬輔助體驗治療，將體驗治療與特定的馬術活動相結合，讓個案緩解心理困擾，更充分的活在此時此刻（活在當下），並改變破壞性的行為模式。其中，馬是催化劑和隱喻，使臨床問題浮出水面。核心的馬輔助體驗治療是基於心理劇的理論和技術，治療師與馬專家密切合作，後者負責確保安全並提供與馬互動的適當指導。選擇馬、梳理馬、工作、步行／小跑、馬遊戲之角色扮演、雕刻、鏡像和格式塔技術等傳統體驗治療工具相結合。

馬促進心理健康 Equine Facilitated Mental Health（EFMH）

　　馬促進心理健康是一種諮詢方法，重點是建立治療性的馬與人之間的聯繫。馬有一種獨特的能力，可以創造一個安全的情感空間，通過非評判性關係的安全性，可以增加對個案情感創傷的治愈、建立尊重關係和恢復信心的潛力。花時間在他們的存在和合作中為創造意識、表達、同情和聯繫提供了希望。

馬促進心理治療 Equine Facilitated Psychotherapy（EFP）

　　馬促進心理治療（EFP）是一種涉及馬匹的體驗式心理治療。依據PATH Intl.的定義：為從事馬促進心理治療工作的人員提供專業和安全標準。EFP為一個互動過程，在該過程中，有執照的心理健康專業人員與具有適當證書的馬專家，以解決心理健康專業人員和個案設定的心理治療目標。馬是EFP工作中至關重要的合作夥伴。由於它們的敏感性，馬會根據人的情緒狀態對人做出不同的反應。由於我們知道人類的情緒狀態也會影響我們的生理機能，因此只有馬可以「聞」到或感覺到個案，這些變化是有意義的。

馬輔助心理治療 Equine Assisted Psychotherapy（EAP）

依據馬匹輔助成長與學習協會Equine Assisted Growth and Learning Association（EAGALA）定義：馬輔助心理治療本質上是體驗性的，並將馬融入基礎工作的治療環境中，以促進情緒增長和學習。為此，個案與馬共同進行動手實踐，目的是：促進自我意識、自我控制、促進社交，情感和行為技能的發展。我們將在以下章節中討論馬輔助心理治療。

關於這個主題的整個研究中，心理治療師使用的馬輔助心理治療的主要願望似乎是為個案能擁有選擇生活所需的自由以及對生命更堅定的理解。動物有助於情感突破，這種效果可能很神奇，由於馬匹的體型、敏銳的敏感性和具有獨特的吸引力，可以幫助個案體驗參與治療過程。我們可能會想，有那多不同形式的動物治療，為什麼獨選擇馬而不是另一種動物？因為馬與人類互動的需求相對簡單且不復雜，馬與人的互動不同於典型的動物伴侶。你必須做的是對馬兒的工作，你必須選擇他是什麼？照顧馬：它每週都在變化。一旦你對馬兒有了感覺，這是一個整體的身心體驗。這一切的本質是馬兒的直覺本性以及它們對人類生活不可思議的神奇影響。因此，我們透過馬匹的強大互動來改變生活，為有需要的人們提供馬輔助心理治療。

另一個重要的內涵是建立良好的人馬關係之道德標準。人和馬都可以在心理、情感和身體互動的基礎上形成一種互惠互利的動態關係。馬具有反映人們行為的自然能力。此外，馬不會評判他人。因此，它們不會對人類形成期望或偏見，而是對人類意圖和行為的即時性做出反應。馬輔助心理治療越來越受到關注。馬輔助心理治療是馬兒共同參與的工作，所以人們應該在道德守則上建立健全的道德標準，因為動物依賴人類來照顧和保護，並且存在剝削和虐待伴侶動物的可能性。與馬打交道的心理健康專業人員必須遵守和尊重動物的福利和權利，確保馬不會受到貶低、居高臨下和不尊重的方式。

道德問題有：

1、心理治療師應避免的一些不可接受的專業行為包括違反個案隱私及病情、對動物或個案進行任何形式的虐待或騷擾，以及對執業證書或資格的虛假陳述。

2、心理治療師道德運作基礎的一些基本道德原則包括仁慈、真實、無惡意、自主和忠誠。

3、心理治療師應強調豐富治療經驗的重要見解和推論。馬匹將它們的經驗和行為帶入治療環境，馬必須有意識地參與，以保證參與有意義地有助於個案的治療目標。因此，心理治療師應該對動物行為有廣泛的了解，並向來訪者提供知識說明。

4、關注干預措施可能對馬匹造成的影響。必須密切注意馬匹工作的時間和次數，不要造成馬匹受到傷害而令人不安。在治療過程中，心理治療師對馬匹的使用不應以任何方式對馬造成恐懼、痛苦或傷害，或以某種方式阻止馬滿足其需求和目標。心理治療師和馬術專家有責任確保在必要時提供動物福祉的所有要素，例如疾病預防和治療。

5、馬場或牧場環境加上個案行為的可預測性會給心理治療師帶來一些問題，心理治療師應考慮個案容忍分心的能力，並應考慮替代方法來幫助個案。動物在特定環境中與個案互動的方式反映了動物的舒適程度，這就要求心理治療師應該具備識別細微行為的技能。有動物恐懼症或對動物過敏史的人可能不適合馬輔助心理治療，同樣，有虐待動物史的個案可能不適合參與，這些需要在治療之前進行篩驗。

第四章

馬輔助心理治療沿革及其現況

授人以魚，養其一日。授人以漁，養其一生

——中國諺語

馬術治療（hippotherapy）、馬輔助心理治療（Equine Assisted Psychotherapy）以及以馬匹為工作伙伴的治療，如治療性騎乘、馬背體操、馬輔助心理健康EFMH、馬輔助體驗治療EAET、馬促進心理治療EFP，其在近40年的光景中有了各自的亮點，而馬輔助心理治療的沿革我個人認為需回朔到馬術或身心障礙者馬術的時間軸上，它們是有脈絡可尋，僅以手邊的資料略加說明。20世紀中期PATH將治療性騎馬之新理念從歐洲帶到美國。來自丹麥的盛裝舞步騎手Lis Hartel被普遍認為是歐洲治療性騎乘發展的推動力。儘管Lis Hartel受到小兒麻痺的影響，她在1952年赫爾辛基的奧運會上獲得盛裝舞步比賽的銀牌，歐洲各地的醫療和馬術專業人士很快的開始實施以騎馬作為一種物理治療形式：延伸出包括馬輔助心理治療的一種有很多形式和很多名字的治療形式。

心理治療專家小組與馬一起工作 Fachgruppe Arbeit mit dem Pferd in der Psychotherapie (FAPP)

FAPP於2011年10月在Königswinter（德國北萊茵河錫格區的小鎮也是避暑勝地）舉行了成立會議。FAPP由醫生、心理學家、教育工作者組成。她們在組織上與馬一起收集工作，描述、反映和發展。啟用促進交流、結合相遇與合作的不同治療方向。在成員上的氣氛是由對馬和對馬的熱愛塑造的連接每個人的心

理治療工作，以及尊重、開放和欣賞作品和彼此的觀點。她們出版了三本書，第一本*Psychotherapie mit dem Pferd - Band 1*（馬匹心理治療：第1卷）。第二本*Psychotherapie mit dem Pferd - Band 2*（馬匹心理治療：第2卷。第三本*Empathie auf vier Hufen Einblicke in Erleben und Wirkung pferdegestützter Psychotherapie*（四蹄同理：洞察馬輔助心理治療的經驗和效果）

德國治療騎術理事會Das Deutsche Kuratorium für Therapeutisches Reiten（DKThR）

　　DKThR是負責處理精神病學和心理治療中的治療性騎術問題。1974年首次發表關於該主題的文章後，Ute Ohms和Köhler也發表了一篇文章：「騎馬——兒童神經精神病學的一種治療選擇」。1982年在漢堡舉行的第四屆國際大會的計劃中包括了三場關於這個主題的講座。1933年，第一屆國際工作會議在比勒費爾德-貝塞爾舉行。1994年第二次在柏林自由大學舉辦第二次研習。同年，DKThR出版了特刊「在精神病學和心理治療中與馬一起工作」。1995年，DKThR成立的第25個年頭，第三次跨學科和國際會議在慕尼黑附近的Haar精神病區醫院舉行。1998年，國際歐洲大會與國際治療騎術聯合會（FRDI）在哈爾舉行。自從1987年以來就在邁克爾‧舍德哈克（Michaela Scheidhacker）的指導下在當地診所引入了治療騎術。1988成立了慕尼黑心理治療騎術學校（Münchner Schule für Psychotherapeutisches Reiten），發展以馬作為治療媒介的實際治療工作。個案是患有精神疾病的人，主要是精神分裂性精神病、人格障礙和神經症。2005／2006年，「與馬一起進行心理治療專家小組」（Fachgruppe Arbeit mit dem Pferd in der Psychotherapie FAPP）與DKThR合作出版了第一卷《馬匹心理治療》（*Psycholotherapie mit dem pferd*），2018年出版了第二卷。[5]

國際治療性馬術專業協會Professional Association of Therapeutic Horsemanship International (PATH Intl.)

成立於1969年，緣於Cheff Therapeutic Riding Centre是第一家專為服務北美有特殊需要的人而建造的治療性騎術中心，該中心由Bauer和RE Renaud博士在安大略省多倫多，以及在密歇根州奧古斯塔的Lida McCowan的幫助下成立的Cheff殘疾人中心，而後是北美殘疾人騎術協會North American Riding for the Handicapped Association, Inc.（NARHA）成立，旨在美國和加拿大推廣安全有效的治療性騎。今天國際治療性馬術專業協會在世界個國擁有873個會員中心和8000名個人會員。PATH Intl最初專注於騎馬作為一種身心治療形式，而後開發了多種與馬匹相關的活動用於治療目的統稱馬輔助服務（Equine-Assisted Services EAS）。除了騎馬，EAS還包括治療性馬車駕駛；交互式跳馬，類似於馬背上的體操；馬輔助學習，其中獲得人類發展或教學許可的人與馬在這些領域合作，以及獲得許可的PT、OT、PT／SLP和心理健康專業人員使用結合馬匹的治療策略。EAS學科專門幫助退伍軍人和軍事人員。PATH Intl.志願者驅動的委員會正在努力確定和完善更多可能用於EAS世界的學科和活動。PATH Intl.堅持其通過四個主要計劃領域促進EAS卓越的使命：講師認證、中心認證、教育機會和宣傳工作。是根據一套旨在確保行業最高水平的安全、道德和有效性的現場測試標準對講師和認證中心進行認證的認證機構。[6]馬促進心理健康協會Equine Facilitated Mental Health Association EFMHA於1996年被NARHA授予部門地位。聯合創始人Isabella "Boo" McDaniel 持有馬匹在她位於新罕布什爾州的小馬農場舉行的療愈會議。Boo寫了一篇關於EFMHA成立的文章，該文章由NARHA在其1998年冬季雜誌上發表。另一位聯合創始人Barbara Rector繼續通過她的意識冒險〔AIA〕計劃培訓個人。2010年，NARHA將EFMHA納入新命名的PATH Intl.。術語EFP或馬促進心理治療在此處定義。

Epona Equestrian Services

1997年，Epona Equestrian Services成立，作為一項相互支持的轉介服務，由對馬與人聯繫的治療潛力感興趣的騎術教練、培訓師、教育工作者和輔導員組成。其原始成員中，Linda Kohanvo是唯一一個專門研究和開發現在通常被稱為「情緒健康」和「社交智能」技能的人。「Linda最初的目標是幫助馬匹和騎手過上更和平、更充實的生活，」她說。「我還想鼓勵那些對競技形式的馬術不感興趣的人探索與這些深情的動物一起工作的許多好處，以獲得我與馬親密關係所體驗到純粹的快樂、聯繫和個人發展的好處。僅僅讓兩個物種變得更加身心平衡是不夠的。一次又一次，我會看到馬明顯地表現出他們的管理者拒絕承認的情緒——而這些高度敏感、非常誠實的動物正因此而受到懲罰。即使是在馬場工作的人與人之間的人際關係困難也會給馬匹帶來壓力。然而，隨著教授非攻擊性領導、相互尊重的關係和解決衝突的技巧方面慢慢變得更加成功時，我開始設想為非馬術運動員創建計劃，讓他們從安全、非騎馬活動中學習這些相同的技能中受益。」這是一個激動人心的時刻。在1990年代後期，解釋人們可以從馬身上學到什麼的文章並不容易獲得。Daniel Goleman的開創性著作《情商》剛剛於1996年出版，Linda說：但他又花了將近9年的時間才發表了他對社會智能的有影響力的討論：人際關係的革命性新科學（Revolutionary New Science of Human Relationships），他提供了情緒具有傳染性的科學證實。該術語建議在非治療環境中教授個人和專業發展技能——這些模式現在在馬促進學習（EFL）的保護傘下激增。那時，馬術促進的心理治療剛剛從治療性騎術領域興起。PATH仍然被稱為北美殘疾人騎行協會。而EAGALA這樣的組織還沒有出現，主流馬術運動員才剛剛開始接受這樣的觀點，即馬是擁有尊嚴和智慧的眾生。所以你可以想像向人們解釋是多麼困難，雖然我對馬輔助治療的潛力很感興趣並且肯定他受到啟發。Eponaquest的核心，包括如何教馬救援志願者和其他馬術運動員，Linda獨特的引導可視化過程，例如「成為馬」和「駕馭無形」，以幫助個案在邏輯、實用、紮實的意識形式與直觀、富有想像力、創新的意識形式之間建立有效的平衡，激發了理解、整合和轉型的飛躍。另一件

事是Linda採用創新方法解決心理健康和創傷問題，通過馬匹的方式全面平衡科學、藝術和靈性，Susan Crimmins博士說他創造了一種綜合的治療實踐。Linda將她的理論建立在歷史背景和經過充分研究的科學框架中，這些框架通過互動體驗變得生動起來，同時，首先也是最重要的是，尊重馬匹所授予的天賦。

馬輔助成長與學習協會
Equine Assisted Growth & Learning Association (EAGALA)

　　EAGALA成立於1999年7月，由Greg Kersten和Lynn Thomas二人創建。Greg Kersten開始在華盛頓特區附近與被裁定的青年一起工作，當他們滿足要求時，獎勵他們拜訪馬匹。不久，訓練有素的酒精和毒品顧問Soon Kersten開發了一套鍛鍊系統，並帶著他前往猶他州的一個住宅項目Turn-About Ranch（轉身牧場），在那裡他遇到了荒野嚮導 Lynn Thomas，他們彼此印象深刻。在Eagala成立之前，Thomas獲得了社會工作學位。1998年Lynn Thomas正在組建Eagala作為一個非營利性協會、董事會成員的選擇以及關於非營利性應用的各種問題。1999年在猶他州和德克薩斯州拉伯克舉行了一次會議，2000年有100多人參加。2002年，成立了一個委員會研究馬輔助學習的擴展。2004年，只有一次Eagala培訓以每人500美元的價格接待了80人，當年的收入接近100萬美元（這些數據可以從Eagala IRS 990表格、公共記錄中獲得）。2005年，在內華達州普里姆舉行的會議上，宣布Eagala將完全專注於馬輔助心理治療，而不是擴展到馬輔助學習，以便在心理健康領域建立標準和推廣Eagala模式，Kersten反對這一決定。他還反對董事會成員在董事會任職期間進行Eagala培訓並從Eagala賺錢，他認為這存在利益衝突。

　　在這轉變期間，Eagala董事會於2005年11月投票決定將Greg Kersten從他利用自己的知識產權建立的組織中免去執行董事的職務。2020年11月，另一個董事會解除了Lynn Thomas的Eagala首席執行官職務。大多數行政人員和一群培訓師辭職並與她一起離開，成立了兩個新組織：https://www.facebook.com/ArenasForChange/Horses for Mental Health（HMH）

GESTALT EQUINE INSTITUTE OF THE ROCKIES
（落基山脈格式塔馬學院）

該學院提供為期兩年的格式塔馬心理治療（GEP）™培訓計劃。您將學習完形療法的要點和馬輔助心理療法的要點，在該計劃中直接與馬匹進行大量的體驗工作。該計劃的大約75%將親自動手，包括與馬匹和以體驗方式相互合作。許多馬術課程不包括任何內容，或者很少期望您將成為「馬」人。我們將認為您既成為「馬」人又成為完形治療師。Duey Freeman，MA，LPC和Joan Rieger，MA，LPC Equine Gestalt Coaching Method®（EGCMethod），由Melisa Pearce開發，她自1989年以來一直是「馬人」康復運動的核心創始人。該方法的體驗性質涉及馬在客戶的探索過程中作為教練的積極夥伴。馬互動的綜合方法與積極的教練、軀體意識、指導和格式塔方法相結合，幫助客戶審視他們的生活和做出的選擇，重點是設計一個積極的未來。

台灣兒童發展協會馬匹輔助教育中心

透過馬匹來從事自我發展與自我覺察的工作‧跟馬匹互動的過程中，協助發展兒童認知、語言、情緒、社會行為、自我發展、同理心等能力‧該中心提供的協助不以問題出發，主要是從騎馬活動、與馬互動、團體互動活動中，讓孩子去認識自己，有效的協助控制與發展，並且讓家長老師可以了解所謂的過動、情緒障礙、感覺統合失調的孩子可以透過騎馬活動來協助發展。上課的形式針對孩子平時的表現特質來安排活動，讓孩子在騎馬的活動中練習控制與協調，學習情緒的抒發與表達，並練習人際互動與社交技巧。馬背下的遊戲與馬房工作，讓孩子在實際操作中逐漸習得許多技巧，領馬與帶馬匹運動，調教小馬，都是讓孩子發現自己，找到自信的好方法呢。

第五章

馬輔助心理治療的理論基礎

並非所有的流浪者都迷路了

——JRR Tolkien

　　剛開始構思這論題（馬輔助心理治療的理論基礎）的時候，理論基礎或概念框架是筆者個人認為它應是可以驗證或複製的，以利後人於舊理論無法解釋當前問題而產生新的理論時作為參考或考證來檢驗提出的假設。建構理論基礎是為了解、預測和理解現象。本章的主要角色多了動物（馬），當然人也是動物，通常我們認為自己與馬不同，但從科學上來講人類是屬於動物的，那麼人與動物有什麼不同？目前明顯的例子有：人是雙足行走由雙手做事／人通過語言和文字交流大量的文化信息／人具有批判性思考並採取相應行動的能力／人有喜、怒、哀、樂的情緒表達。

　　當下的社會好像有了一種新趨勢，許多人對養寵物發生了興趣，生活中蘊含著恬淡的寧靜，也越來越多的人會說回歸自然、人類反思自己的起源、愛護動物、動物幫助人類或是人類的治療師。Aristotle學說改變了對自然的理解，該學說假設在理性和現實的幫助下可以感知。動物具有一定的感知能力，可以達到較低的認知水平。所有生物都經過所謂的發展階段，根據感官知覺和理性之間的關係，將有一個動物處於從屬地位的所有生物的序列。「Aristotle的假設成為西方理解人與動物關係的基礎，因此也決定了人類對動物的行為」。[7]

　　Rupert Scheldrake用「形態共振」或「形態發生場」來描述人類和動物之間的聯繫。在這樣一個場域內，成員之間的情感聯繫如此緊密，以至於他們通過心靈感應相互交流。由於社會關係的彈性，無論它們之間的距離如何，這種情況都會發生。他將動物部分歸咎於超自然現象：心靈感應（人類和動物之間雙

向，例如狗，部分還有貓「知道」他們的主人何時回家），方向感（鳥類發現一千多公里的路程，即使是馴養的動物也會在很遠的地方找回到自己的家）。Sheldrake繼續說，人與動物之間的關係不僅僅是一種隱喻而是一種真實。人類和動物之間的聯繫是一種混合的動物之間的關係，就像我們一樣，本質上是社會的，是人際關係的。

生物學家Edward O. Wilson於1984年在《親生物：人類與其他物種的聯繫》中發表了他的親生物假說：他指出，人類對所有生物都有與生俱來的興趣。其原因是共同進化。有一種天生的傾向，即把注意力集中在生命。人類處理所有生命形式和生命過程，並感受到與所有生物物種的聯繫。「Biophilia（親生物）是……對生命和自然的身體、情感和認知取向……〔擁有〕對人的發展具有根本重要性……」。因此，人類對生命和類似生活的需求以及與它們建立聯繫的需求感到情感上的親和力。由於這種聯繫，人類才有可能對來自動物的信號做出反應並正確解釋其表達行為。因此，使生物之間的交易成為可能，以便從有意識和無意識的體驗中體驗療癒。

親生物的概念是一種豐富的嘗試而從理論上解釋具體的人與動物的關係尚嫌不夠。「除了學習理論、對象關係、相似性和互補性概念的其他方法外，還討論了依戀理論的解釋價值」，如伴侶動物被認為可以改善一些老年人的身體和情緒健康（Collis & McNicholas, 1998）。[8] 根據深度心理學方法，人類有與動物親近的需要。通過無生命和有生命的自然的聯繫創造一個健康的情感世界，動物可以很好地傳達這一點。然而，這些解釋方法並沒有結合起來形成一個連貫的整體理論，到目前為止，對於動物對人類的有益影響，還需要更多的理論解釋。

即使我們保持沉默，我們仍然在交流。我們的姿勢、手勢和面部表情總是表達一些東西——不管我們是否想要。非語言交流無疑是較老的交流方式。它也以各種形式存在於動物界。非語言交流：凝視行為／表情／姿勢和身體運動（手勢）／觸摸（觸覺）／空間距離（人際空間）以及聲樂特徵（語調、說話速度、停頓等）

交流是動物治療工作的核心。法國哲學家Michel de Montaigne被認為是現代動物心理學的先驅。他指出了非語言交流的可能性以及人與動物之間相關的社會關係。[9] Nancy C. Jordan（2003b）報告說，事實掌握缺陷的兒童在非

語言智商方面的表現比具有良好事實掌握能力的兒童差，但在語言智商方面則不然。〔10〕空間設施可能是數字表示和數字之間關係的基礎人類解釋非語言行為的能力在生命的最初幾年發展。對於兒童，尤其是會說話的兒童，非語言交流和肢體語言是必不可少的，嬰兒與其環境之間的交流以情感內容為特徵。與語言交流相比，非語言交流很難被隨意影響。特別是兒童和動物被認為具有敏感的直覺，使他們能夠區分人類態度的真實性和虛假性。動物不追求任何自身利益，並且對提供給它的東西，對我們的感受，包括那些「在表面之下」的感受做出真正的反應。它「讀取」人們通過動作和氣味無意識地發出的信息。「動物可以猜測、感受和理解——達到我們人類永遠無法達到的程度」。根據Hediger的說法，動物通常能夠更快地感知情緒並做出相應的反應，因此是更好的觀察者，為了讓動物能夠以信任和無所畏懼的方式與人類建立關係，需要他們清晰的態度和有意識、清晰的表達。人類必須能夠進行模擬交流才能建立聯繫。他需要有「誠實、果斷，最重要的是對自己真實的態度」，這些技能在人際交往方面也很有用。

馬輔助心理治療的理論基礎，除了馬心理學之外，個人淺見認為在心理諮商範疇上的學說都有可能參與其中。本章節我想以這樣的順序做一簡介。首先僅以手邊現有的《馬匹參與的心理治療》（*Psychotherapie mit dem pferd*）這本書做為引子，然後依序是「馬」、「依戀理論」、「認知行為治療」、「格式塔理論」、「榮格理論」、「主體間性理論」、「隱喻理論」概述於後。

「馬」

馬兒在歷史上對人類的社會、軍事、文化和經濟是做出各方面積極的貢獻者。許多強調人馬關係的故事已成為《紐約時報》的暢銷書，例如Anna Sewell的黑美人（Black Beauty）、Margarete Henry的賈斯汀摩根有一匹馬（Justin Had a Morgan）、Sara Gruen的騎馬課（Riding Lessons）、Elizabeth Letts的80美元冠軍（Eighty- Dollar Champion），以及拍成電影的名片例如，黑神駒（Black Beauty）、黑種馬（The Black Stallion）、戰馬（War Horse）、海餅乾（Seabiscut）、國際天鵝絨（International Velvet）、馬語者（又稱輕聲細語

The Horse Whisperer）、伊達爾戈（Hidalgo是2004年的史詩傳記西部片，改編自美國長途騎手Frank Hopkins和他的野馬Hidalgo的傳奇故事。）。另外，直接與馬匹打交道或目睹過治療性騎馬項目的人也寫過他們的經歷。正如Rupert Isaacson的《騎馬男孩》（The Horse Boy）和Temple Grandin's的《翻譯中的動物》（Animals in Translation）。許多有價值的馬人紐帶的變革性影響幫助個人克服了心理健康挑戰。

　　《馬匹參與的心理治療》（*Psychotherapie mit dem pferd*）這本書共有12篇文章我選擇了部分文章向諸者簡要報告，本書是以歐洲尤其是德國在馬輔助心理治療上所呈現的治療樣貌，他們在治療的理論上融合了馬背騎乘與馬背體操，與美加在治療的理論上不同，美國PATH和EAGALA以非騎乘（僅在地面上與馬匹）為治療表現。

對馬匹的自我意識

　　Piaget創造了兒童感覺運動智力一詞。感覺和運動技能之間的聯繫特別重要。感覺運動智能是具有更高抽象性和複雜性的進一步認知和智力構造的基本要求。這意味著其在發育範圍的可能性方面擁有更大的自由度，但在生命的第一年，它取決於穩定的心理社會關係。嬰兒在大約六周的時候能夠保持恆定的緊張程度時，有了新的注意力的可能性，嬰兒現在可以進行眼神交流。在八週的時間裡，能識別出母親的臉或主要的親戚時，會露出微笑，嬰兒也可以尋求或避免眼神接觸，可以與感知到的聲音發生身體共鳴並對情緒做出反應。Kestenberg發現，如果照料者將嬰兒抱得太緊，太鬆或太笨拙，則嬰兒的意向性階段發展就會受到阻礙。

　　馬匹生性平和，當受到攻擊時，它會以閃電般的逃跑行為做出反應。馬與物種互相適應的社會接觸需求是其與人類聯繫的基礎。由於人類飼養馬匹至少有4000年的歷史，不難想像馬匹的發展盡可能地符合人類的需求，這不僅適用於體格，也適用於馬匹的動作、氣質和性格特徵。馬匹的運動在神經生理學基礎上鋪平了道路，馬匹不同步態和速度對個案的影響不同，因此活潑、寬大、平靜的步伐具有鎮靜作用，而快速、短促的步伐則可以激發和刺激，因此力求馬與人的運動節奏最佳匹配是有意義的。

　　躺在馬背上，您可以體驗到膝蓋關節，髖關節或椎骨（椎骨）被釋放並且

人與馬之間的律動一致時的感覺。此時此刻，一種安全感和幸福感開始顯現。在直立運動中保持平衡並獲得姿勢穩定性。姿勢的校正也影響情感區域的變化。拉直身體也意味著拉直自己的內在姿勢。這個過程需要時間和充分的自我意識。這樣可以提高協調和注意力集中，減少恐懼感。Kiphard（1979）將兒童發展描述為一個不斷增加差異化、結構化和組織化的過程，在與環境的密切互動中朝著更加複雜的方向發展。Von WEIZSÄCKER（1940, 1972）使用形狀圓來說明感知和運動如何形成一個圓形功能單元。〔11〕

基於馬匹的深度心理治療

　　個案與他身體之間的關係？他能否成功地表達和傳達他的意志，身體意圖？這裡並不是說可以在一定程度上學習的物理技術，而是物理表達，即一個人的物理存在。只有當一個人不僅可以通過語言和技術，而且可以通過身體表達和感知馬匹的意圖和感受馬匹的極限，馬兒才有機會改變或對環境產生改變的影響。只有當新獲得的信念或知識在物理上被「錨定」時，它才能真正為自我所用。我們認為，馬是此過程的理想夥伴。治療師的觀察和理解方法是一種解釋性的方法：治療師試圖了解個案，馬匹和治療師之間的關係水平上正在發生事情的含義和背景。這種「用第三隻耳朵聆聽」除了「客觀」的單詞內容外，還具有其他理解水平。第二個層次是關係：個案與治療師建立了什麼關係？個案（無意識）對我有什麼願望和問題。個案如何體驗我。個案和馬之間有什麼關係？個案如何體驗這匹馬，對馬匹的期望是什麼？最後是三角關係，個案－馬－心理治療師。這種關係中的平衡是什麼？審視關係層次可以使我們進一步進入詮釋學的理解。我們所說的是無意識的程度，即願望，意圖，情感的阻礙以及由此產生的衝突和結構性缺陷。馬匹心理治療工作的可能性是多種多樣。重點不僅在於騎馬，而是從環境治療的意義上講，修飾馬匹，牽馬，騎馬：對馬匹的獨立處理，使個案與馬匹交流以便能夠與他一起工作。

　　談到馬匹深度心理治療，馬本身對人類的治療效果很小；儘管與馬打交道對身體和靈魂都有明顯的影響。但當心理治療師陪伴並支持這一過程時，人與馬之間的關係才會在心理治療上變得有效，顯然馬匹的深度心理治療離不開心理治療師。這其中心理治療師必須具備的武功應有：合格的心理治療師執業證照、了解馬匹的生理和心理、騎乘的基礎課程以及馬房管理。經過這種方式，

您可以與馬接觸，搜索並嘗試表達自己感受的方法，只有在自己的經驗下，才能了解個案的原貌，並通過支持或詢問來認識並揭示更深層次的聯繫。心理治療師對所發生的情感進行口頭化和識別以及實施方面的幫助有助於個案將自己的感覺識別為自己的一部分。精神分析學家Stavros Mentzos說：「由於焦慮神經症的表徵世界的局限性，焦慮神經症特別依賴於在當前與伴侶或治療師的關係中實現刻板印象的互動。」〔12〕

分析心理治療和身體定向工作結合在一起成為研究重點

分析心理治療的目的是治療患有PTSD診斷（創傷後應激障礙）和綜合性創傷工作（EMDR）的個案，它有三方面的整合：個案身體的自我意識、治療馬以及分析性心理治療。富有想像力的方法和技術，利用受影響者的分離性應對（分離經常作為一種應對創傷和心理壓力的方式出現。當您的思想不堪重負時，分離可能是一種應對方式）和生存策略，並將其用作建設性潛力。「安全的內在場所」和「內在幫助者」的可視化或「符合要求」、帶來夢想形象（自我客體）使個案接觸到他們健康、「良好」的部分和自我修復權力。對馬匹以身體為導向的自我體驗能夠從感覺無意識地行動能支持這一過程。作為一個生物，馬可以滿足非常受傷的關係和相關性的基本需求。在純粹感性的、前語言的層面上，它開啟了感受、同情和調整某種情感的能力，就像在早期的母子關係一樣。只有在這層面上才能進行實際的創傷暴露，以重新整合情緒，認知和身體感覺，這是一個漫長而艱難的過程。馬匹的身體自我意識可以從感覺，滿足非常受傷的個案其人際關係和基本需求。在純粹的感性，它打開了感覺，同情和某種情感協調的能力。然而，最重要的是，馬可以進行身體和情感上的接觸，而不會觸發個案中人與人之間的性接觸威脅。進行的經歷是必不可少的，發展上的，在心理上非常重要的經歷。在生命的最初階段，正如D. Stern所理解的那樣，母親是「自我調節的他人」，是非常全面的軸承。

孩子和母親的自我在很大程度上是相互融合的，在言語自我調節過程中融合在一起的。母親在分娩前和生命的頭幾個月中懷抱自己的孩子——在肚子和手臂上，她在身體，情感和精力上都懷有孩子，她與嬰兒擁有所有基本的情感狀態。她給了他身體上的親密感，依戀感，安全感，因此傳達了最初的基本的自我經驗。在較早的身體和性創傷的情況下，這種經驗是不存在的，它會被嚴

重地扭曲和深深地傷害和動搖。馬匹以溫暖的身體，搖擺的，有力的動作觸動和「滿足」著古老的靈魂空間。作為一個包羅萬象的載體，它「提醒」了我們的身體自我的生命。人和馬之間，存在一個典型的、高度緊張的相互、非語言的關係和互動請求領域，這顯然是合適的。心理系統和生物都是根據C. G. Jung分析心理學的自我調節系統，其中一個是另一種的表達，反之亦然。一方面，自我控制著自我複合體的結構，但是根據C. G. Jung的說法，自我的符號出現在身體的深處。作為個體個性的基礎和起源的自我，包括過去，現在和將來，並作為所有發展背後的突破性原則。

分析心理治療介紹和說明針對創傷後應激障礙患者的治療概念，該過程將分析性心理治療、創傷工作和以身體為導向的自我意識與高頻環境中的治療馬相結合。在案例研究的背景下，闡明了與馬相關的身體體驗、情緒運動以及治療中的認知、知識促進過程之間的聯繫和相互作用。〔13〕

角色結構的基本傾向

Gerda Boyesen開發了生物動力身體心理治療、Wilhelm Reich發現了以身體為導向，在心理學上根深蒂固的治療方法的根源，在他的作品「角色分析」中談到了肌肉和性格是壓抑情緒的無意識和軀體結果。Reich聲稱，精神障礙具有器質性基礎，因此可以體現。Boyesen認為基於生命能量在體內自發流動的原理，這種力量感動人們，激勵人們，讓人充滿活力。在這種情況下，C.G.Jung提出的性慾概念，我們將身體能量理解為構成我們所有經驗和行為基礎的令人愉悅的身心驅動力和生命力。生命能量可以流動的人，對世界，對自己的身體有信任，能夠與他人平等接觸。他能夠在接觸和退縮之間以他的自然節奏振動，也能夠感知自己的內在（意識）並表達適合情況的感受和衝動。

能量通常表現為一種力量、平靜、和平或愉快的感覺，這些過程需要時間，而且還取決於個人的個性結構，角色結構的基本傾向依據生物動力心理學闡述，主要由Reich開發並由Alexander Lowen等人以更加差異化的方式描述的角色結構（字符結構），每種類型在心理和肌肉水平上均表現出特定的防禦方式，從而將其與其他方式區分開。此分類描述了防禦態度的基本趨勢，該趨勢基於人格障礙的精神病學定義，簡述於後：**分裂樣結構**，精神分裂症的人整體功能在思維和感覺上的分裂，即有關人的想法似乎與他的感覺或行為無關。精

神分裂症的角色通常是通過向內撤退，破壞聯繫或失去現實來表現的。自我軟弱，自尊心受到限制，與自己的身體或情緒幾乎沒有接觸。張力、緊繃和僵硬滲透到整個身體，使運動看起來機械和木頭。眼神中有恐懼或防禦，它們有助於避免深度接觸。**口語角色結構**，這種類型已在情感上或實際上（如母親去世）被拋棄，因此對共生關懷的需求在得到滿足之前就被拋棄了。通過過度獨立來彌補這一點，這很容易崩潰。在這種結構中，缺乏對生活的獨立、執著和責備。有一個空缺需要別人來填補。**共生特癥結構**，受這種結構影響的人一旦表現出個性化傾向，就會從照顧者那裡退縮。堅持共生融合，打破個體化，不利於自身的自主性和自我發展。依附、依賴和抱怨的行為，對分離的恐懼盛行。**精神病人格結構**，這種基本傾向的特點是否認感情。另一方面是對權力的渴望和支配他人的慾望，無論是通過操縱和背叛信任，還是通過欺凌或恐嚇他人。這個角色抑制了他需要別人的感覺，並利用他的行為來表現出別人需要他的感覺（也是口頭傾向）。**自戀的性格結構**，有這種結構傾向的人太早、太突然、太羞辱地面對自己的弱點，因為他們的照顧者感到被他們的進步者威脅。在身體上，通常會看到個案較胖。肩膀和胸部弓著身體以符合虛假的自我形象。**自虐性格結構**，在他們的個性化階段，已經體驗到他們的照顧者占主導地位並希望保持控制。表面上，人屈服了，但內心卻在醞釀著巨大的憤怒，眼睛裡有痛苦的表情。甚至是敵意。身體通常肥大，肌肉發達，具有犧牲的作用。這種行為是被動攻擊性的。**剛性結構**，在伊底帕斯情結階段建立客體的恆常性，孩子了解其差異並接近異性父母。後者的反應是拒絕、不確定，最壞的情況是誘惑。這種結構中的人分裂愛和性，或者自己切斷這些感覺。剛性結構通常以相當僵硬的固定和不靈活的冷漠為特徵。情感表達是有限的，驕傲是一種防禦的嘗試。[14]

我們對生物動力身體心理治療的基本治療態度進行了參考和陳述，接下來談一談馬：馬作為合作者，作為治療師也扮演著重要的角色，馬「生物動力學」應該在這一點上簡要概述。馬本身是面向過程的；它不適用於固定程序，而是在各種情況下靈活地提供自己。這樣一來，讓馬遠離人類也可以作為治療過程中對抗的議題。如果個案在精神上或身體上受到影響，馬匹的反應會更加保護，就好像個案是一個年輕人一樣。與馬匹的相遇帶來了不同層面的體驗：被牽著的孩子氣，獨立駕駛和帶領馬匹的成年人，以及與這種動物進行非語言

接觸的身體和情感層面。馬不會為理想的目標而奮鬥（例如改變個案），而是關心維持自己的幸福。它遵循內心的衝動，獨立、公開、真誠地對待人們。此外，人們往往會自發地將表明投射或移情的特徵和行為歸因於馬。這匹馬以其物理性和存在以及其歷史象徵意義，邀請您這樣做。很明顯的，一個擅長身體心理治療的治療師和一匹準備與人合作的馬共同創造了一個以成長為導向的環境，在其中可以體驗感官和情感上的變化，並且可以整合新事物。「我們以開放的心態工作」。這其中有很多道理，尤其是在與治療師和馬一起工作的時候，這些馬貼近治療師，讓個案靠近並讓他們感動。真誠的相遇和治療關係是可能的。一顆開放的心邀請您走上自己的道路，在現實世界中找到它，在精神層面上，也同時與他人保持聯繫。

《馬匹參與的心理治療》一書中，讀者可能已經意識到在心理治療中與馬一起工作的報告，馬匹的參與導致更直接地接觸個案的身體深度。然而，在心理治療的理解和行動過程中作為導向的理論是不同的。基本上可以從三個主要方面來看：（1）因果關係的觀點：驅動力在視野中脫穎而出。在人格發展過程中，古老驅動力和影響的命運，無論是積極的還是消極的，都表明了健康和無序行為的條件。每個人都有對充實生活的強烈渴望。治療的起點由此產生。（2）確定性的觀點：這是關於內在意象的發展，從創造的可能性（例如原型）通過在人類成熟過程中個人遭遇中的積極或消極的實現，發展為更複雜的內在意象，這些意象更能促進生活或更令人不安。再次有一種內在的衝動去體驗一個完整的自我的可能性。治療就是基於這種努力。（3）話題性的觀點：人際關係從一開始就對人類生存至關重要。從Ur–We（你–我們）和感性的生活經驗，他創造了他的自我概念和他人的概念。因此，積極或消極的行為是明顯的，這存在於治療中，以便可以進行糾正和進一步的體驗。

繼19世紀暗示和催眠法的先驅之後，S. Freud, C.G. Jung和A. Adler已經提到了這三個方向。今天的許多心理治療方法都是從專業化、不同的混合以及這些基本方法的相互整合中產生的。在這種方法的開發中，在物理層面上直接包含接觸已經一次又一次地進行。因為任何嚴肅的治療過程總是關於整個人，無論這個過程是從哪個方面開始的，所有的人類狀況都會發揮作用，即使它們從各自的基因理論角度被視為邊緣或背景現象，並且通常被表示為其他術語。所介紹的案例研究的特別之處在於，通過引入馬匹擴大了治療情況。這給直接的物理

層面的體驗提供了一個特殊的機會，心靈最原始的感覺層被觸及，其中心靈的前符號元素被「身體感覺衝動」、「身體感覺圖片」、「接近」和「身體－感覺關係」。它們可以被阻止，而無需防禦無法忍受的阻止訪問的經驗。在所有形式的治療中，隨著原始生命元素的每一次恢復，治療過程的進展都會得到加強，這是一種體驗。最後，我不得不提一個很難說清楚但在小組成員之間的交流中不斷出現的觀察。個案－馬－心理治療師三系統中的一般對應關係大致用認知、遐想、最深移情、心靈感應等術語來描述，這些是不容忽視的。〔15〕

我將「馬匹」放在馬輔助心理治療理論基礎的解釋中是個人的想法，馬匹在馬輔助心理治療的機轉上有如筆者所寫的馬術治療（Hippotherapy）一書中，提到馬術治療的機轉是馬匹天生的步態及律動帶給身體需要復健的人們在物理治療師的指導下進行的復健運動。馬匹天生的本能和個性是馬輔助心理治療機轉的重要成因。

馬匹整個內在和外在的發展是一個個體，有自己的人生故事和訓練，有自己的身體能力，有自己的性格結構和氣質，每匹馬都可以在心理治療過程中以自己的特殊方式作為共同治療師而獲得重要性。馬匹與人類心理治療師通過個人生活和培訓路徑獲得治療技能的情況同時進行協助個案的需求，在誠實、真誠的關係中對個案很重要。整體上看，可以涵蓋「個案」有很多機會找到的廣泛領域一個愉快的、有同情心的人，在積極的轉移和他們的相遇以及親密關係中得到發展。甚至與沒有同情心的治療師打交道，這也可以使他在向真正的關聯和分離發展的現實過程中，找到一個清晰的立場。

治療馬群具有相似的重要性。不僅代表了他們一種特殊治療形式的「媒介」，而且每匹馬都作為一個獨特的個體，有著他們的整個生活史，因而產生的了心理動力學。差異的心理治療意義在保持外部和內部變體盡可能有其「寬度」是很重要的。年齡、性別、顏色和大小是外部特徵，由於個案的經歷或無意識的慾望和對特殊意義及重要性的幻想，大多數的個案都能迅速而深刻地感知到治療馬群的差異。因為從共生融合到個性的發展，任何類型的差異體驗在心理治療過程中都非常重要，因此，作為治療馬，其訓練首先應該包括促進馬匹能力。在進行選擇時，分析現有的馬群，以確定哪些特徵在治療中仍然有缺失。

馬匹的「性別」不僅會投射到母馬和種馬身上，還會投射到騸馬身上，在治療上有一定的缺失。尤其是遭受身體或精神虐待的個案，通常會認同一匹同

性的馬，並將他們作為受害者有意識或無意識地帶給施虐者的所有恐懼、憤怒和攻擊性轉移到異性馬身上。但有時恰恰相反：對異性的積極認同和對同性的消極投射是對犧牲自我的貶低。無論以何種方式治療馬的性別對於個案是具有特定的重要性。因此，必須在一組治療馬中代表兩性。

同樣有意義的是治療馬匹的「顏色」：棕色的馬傳達樸實、母性和支持元素。粟色的馬代表火熱、喜怒無常、活潑大膽。黑色的馬象徵著黑暗元素、危險的無意識、惡魔，這往往以其難以接近的優雅而特別迷人。另一方面，白色的馬代表生命中更高的精神層面。英雄的駿馬和太陽的駿馬都是白馬，是光明與自由的象徵。

馬匹的「運動」在隱喻上的意義：均勻、流暢、擴張的運動可能缺少居中；馬兒看上去似乎有些無聊，好像消失了。但當失去流動時，集中的、封閉的動作會讓人感到波濤洶湧和停滯不前。充滿活力的動態加速與急停、轉彎和跳躍相結合可能會令人恐懼，但也會激發您對自己的「飛躍」的渴望。

馬與人類「接觸」的方式也可能不同。好奇的，大部分是年輕的馬，很容易超越對手的界限。在馬群中，他們顯然經歷過斥責，但在與人接觸中，如果「等級」不分明，就會出現危險的情況。例如，用手餵食可以鼓勵好奇的馬保持距離並鼓勵他們跨越界限。然而，這些並不是通過關係模糊的獎勵（用手餵食）來阻止的，而是通過清晰的觀點來阻止的。經驗豐富的老馬主要與人有過積極的經歷，其特點是保持緘默但友好的接觸。從「我們兩個要一起做一些有趣和快樂的事情」的意義上說，既有積極的攻擊性的一面，但這裡也有一個危險的跨越邊界的過境點。

治療馬匹其外部視覺、心理動力學和原型特徵（在治療過程中在像徵層面上非常重要）之外，基本的「體格」要求也至關重要。它不能有任何結構缺陷或慢性疾病，使其無法愉快地移動。在訓練工作中，治療馬必須通過在曲線和直線上不斷拉直來找到它與個案負荷的內在平衡，以便能夠更好地承受和糾正一些患者的不平衡（治療性馬背騎乘）。正如心理治療被定義為一個過程一樣，從事心理治療工作的馬必須根據其目前的身心發展水平給予關注。通過這種方式，它可以在整個訓練和生命週期中用於心理治療過程，並作為生命不同階段的投射場。由於馬代表治療中個案的關係對象，因此重點必須放在馬與人交往的能力上。為了讓馬匹願意工作，最重要的是，參與治療而不引起「倦

怠」。

　　在心理治療方面建立良好關係的重要性是無可爭議的。馬可以在心理治療方面提供進一步的關係，同時改善或加強治療師與個案之間的關係。與馬匹的個案一起工作的觀察表明，馬匹的廣泛身體接觸以及與馬互動會導致「情感開放」。個案變得更加平易近人，對情緒反應持開放態度，除了動機和關係方面，馬還提供了其他可以開展心理治療工作的起點：「允許親近」，也可以拉開距離，讓馬匹退後背對著你，被領導或承擔責任，「掌權」在你的手中。負責馬匹或將責任委託給馬匹或治療師。這些基本課題，在馬身上被賦予了一個準圖畫的、直接有形的維度。最後，馬匹的鏡像功能得到解決，它可以起到有生命的「生物反饋」的作用。作為一種獵物，馬非常依賴於注意到牧群中緊張或放鬆的微小變化。與人在一起一次又一次地表明，馬會很快「讀懂」人類的緊張、恐懼和攻擊性，它們也會對緊張、恐懼或攻擊做出反應。當人們放鬆並給予他們安全感時，他們也會立即放鬆。可以有針對性地使用鏡像功能，明確個案的內在和外在態度。馬可以顯著豐富和緩解心理治療過程。心理治療師有一個「馬搭檔」，他可以以多事和激勵的方式處理許多主題。

　　馬匹身體大而溫柔的存在，讓孩子們在治療上接觸到他們自己的活力。通常避免身體和情感親近的孩子通常都可以接受來自馬匹的互動。兒童與馬匹的互動的關係對兒童有益，包括關懷轉化、社交和對話、自尊提升、陪伴和情感刺激。馬輔助心理治療的重點不是騎馬，百分之九十的馬輔助心理治療是在地面上進行的。對許多人來說，馬匹俊美能為某些人創造了克服恐懼和建立自信的自然機會。儘管有這些恐懼，與馬並肩工作仍能建立信心，並在應對生活中其他令人害怕和具有挑戰性的情況時提供出色的見識。最重要的是，馬反映了人類肢體語言的技巧，這使它們成為特別有力的使者。如果我們開始將馬與人類融合在一起，那麼我們已經有很多共同點。我們都在尋求舒適和安全，我們都需要在層次結構方面保持清晰。馬可能更簡單的地方是在於他們生活在現在。馬不懷恨在心、他們沒有畫出彼此的失敗；他們可能會經歷單相思，但他們不會因此而悲傷。馬群中的人際關係得到了分類，最重要的是知道其位置的安全性。因此，儘管我們有許多共同點，但我們沒有共同的主要區別是語言。雖然實際上語言是大多數心理治療，諮詢和輔導的基礎，但是當我們與馬進行交流時，我們將需要尋求不同的方式來共同工作。〔16〕

　　我們將親密和分離帶入馬輔助的心理治療。解釋馬如何對人的能量作出反應，以及我們如何利用這種反應來更好地了解自己以及我們在世界上的運作方式。馬引起好奇，對於難以進行言語治療的人群，僅是一匹馬存在就會引起嗡嗡聲–無論是正面的還是負面的，都很難忽略這麼大的動物。馬居住在我們想像中的一層，比我們想像的更接近我們的現實。當我們提到馬匹時，大多數人都不是中立的。他們會在童年時留下騎馬和照顧馬的回憶，或難聞的氣味，被馬踢和咬傷的負面聯想。馬匹可以在心理深度進行工作，從而加快進程並深入問題的核心。[17]

　　作為群居動物，馬有不同的社會觀念，在數千年的共同進化過程中，它們已經轉移到我們人類身上（Schubenz，2002）。他們能夠與（幾個）人建立差異化的關係。不受人類價值標準的束縛，他們以相同的欣賞力對待所有人，無論他們的外表，地位或表現如何。將馬整合到心理治療工作中的理論背景一方是在教育心理治療中使用媒體的概念，另一方面，是動物輔助的心理治療。在致力於將「馬輔助心理治療」確立為統一方法，而且是將其作為各種心理治療手段中特殊媒介的使用從理論上講的把握過程。馬是心理治療關係博弈中的調解人，但馬匹的使用本身並不代表獨立的程序，與心理治療師使用的其他媒體類似。治療性「媒介」的概念也可以很容易地與尊重動物作為獨立人格的態度相吻合。在心理治療中，具有可識別性格的馬不像機器那樣工作。馬對人類的情緒很敏感，特別是對姿勢和非語言行為所傳達的潛意識信息有反應。這可以為精通馬匹的治療師提供有關其患者的基本診斷信息。與心理治療研究中普遍認識到的治療關係的突出重要性類似，所有治療方法的代表都強調了馬匹的關係建立和促進聯繫的功能。通過這種方式，馬可以降低進行接觸的抑制閾值，尤其是在心理治療開始時，它們可以幫助消除不信任感，並且作為未受到社會影響的生物，能夠高度接受新的對話夥伴。[18]

　　隨著對馬匹的了解，可能增強一個人身體感覺的促成因素的持續興趣，馬匹輔助心理治療的作用在心理和精神上演變為一個重要的方法。鑑於馬匹的超強直覺本性，與它直接互動是一種獨特的體驗。Yorke根據捕食者和獵物的類別描述了馬和人類之間的本質區別，因為「人類是捕食者，馬是獵物，儘管經過馴化，仍然需要高度信任。」馬匹的直覺本性已經演變為僅僅是生存的功能。作為對不斷變化的環境的反應，它不斷地適應周圍環境和馬群內的微妙交流。

通過這種方式，人們觀察到馬兒的社會結構中的敏銳溝通技巧和這些結構中的高度適應性行為反應。因此，馬有能力對人類的行為和意圖做出直覺反應，這會導致動物的即時反饋，這種反應為馬輔助心理治療的參與者創造了機會，讓他們在認知和行為上對來自馬匹的暗示做出反應。馬被認為是不帶偏見的，通過擁有這一特徵，馬可能成為增強「自尊感和促進情感表達」的有用媒介。與馬互動可以幫助年輕人探索「感覺、直覺和能量的力量、對自我、自然、關係和溝通的理解。」[19]

　　馬不依賴馬群獲取食物；由於馬兒是「搜尋引擎」，因此它們可以這樣照顧自己；馬匹依靠牧群和牧群領袖來確保安全和舒適。所有動物（包括人類）的所有行為都分為兩類：本能和後天習得。馬兒有七類本能行為，或是在出生時幾乎完全形成的那些行為。它們包括：逃跑（先反應，後思考）、繁殖、好鬥（防禦性和攻擊性行為）、攝取（吃喝）、排除性（從另一端出來的東西）、合群（被一群人吸引）和調查性行為（一旦馬確定某物不會吃掉它，它就會變得非常好奇）。當佔主導地位的馬（阿爾法個體）控制了馬群的資源（食物、水、住所、其他馬）並控制了其他個體的空間和行動時，馬群中的啄食順序就建立了。在與馬一起工作時，了解您自己的行為如何影響您在支配馬匹從屬關係中的位置至關重要。用手餵馬食物會使馬認為他是統治者，因為他控制著人類的行為並從人身上奪走食物。考慮行動和反應很重要；如果馬做出人類反應的動作，馬負責；如果一個人做出了馬反應的動作，則由人負責。人是溝通者，馬是接收者。動物應該遵守給出的命令，但不會做太多其他事情。然而，馬並不是為與人類進行單向交流而建造的被動生物。事實上，它們有自己的動機、慾望和情感，它們可以嘗試與之互動的人交流。所有的馬，無論等級多高，都會感激地接受另一個人的領導，只要領導者表現出他們對控制和保護馬群的承諾。一匹馬接受一個人作為領導者，那個人必須能夠控制馬匹的空間，保持馬群的紀律，並且絕不能通過使他感到恐懼或不適而背叛他的信任。一旦他們接受了個人（馬或人）作為領導者，他們就會表現放鬆心情、順從、聽話和快樂。[20]

　　馬輔助心理治療是一種參與系統，以獲得新形式的知識、技能、態度或價值觀的實踐。它的概念是新的，它只是在20世紀初隨著該領域的發展而出現。人類學家Levi-Strauss認為，神話主題是基於對所有文化中所有人類的普遍關

注。通過了解馬在人類思維中是如何被描繪的，我們可以理解存在於與它們的任何物理交互之外的人馬關係。考慮到人類感知、參與、競爭和共存的各種方式，向馬，非人類動物學習。馬語者之一的Chris Irwin向我們提到當我們努力了解馬行為時，馬可以教給我們很多關於我們自己的知識。Chris Irwin在二十多年與馬匹工作、訓練和觀察中，解釋了為什麼信任和誠實是與馬建立關係的基本要素，以及為什麼表徵馬對世界的感知的敏感性和意識是我們可以使用的品質來豐富我們自己的生活。一匹馬知道你所知道的，在《馬不說謊》一書中，他的信息很明確：馬匹教我們覺察、自信、勇氣和信任的自然能力。〔21〕

依戀理論

依戀理論似乎提供了許多合適的方法來通過理解、知識和相關的行動選擇來解決問題。第一個依戀理論的考慮可以追溯到18世紀。其中，Karl Phillipp Moritz寫了世界歷史上第一部心理小說和第一本心理學雜誌。在他的作品中，他發明了「通過記憶自我啟蒙的概念」，試圖借助反思為自己的人生歷程尋找解釋。這種方法和思想只能在20世紀依戀理論的發展過程中科學地和經驗地發現。1940年代初期，英國兒科醫生、精神病學家和精神分析學家John Bowlby在International Journal of Psycho-Analysis上發表了一篇文章。在此，他首先解決了早期親子分離的不利影響。在隨後的幾年裡，John Bowlby進一步發展了他的方法，並將其表述為「依戀理論」。Mary Ainsworth對這一理論起到了重要的補充作用，該工作檢查了對情緒發展的早期影響，並試圖解釋整個生命中依戀的形成和變化。Mary Main在1980年代中期擴展了依戀行為的分類系統。今天，依戀理論已經在心理學中確立了自己的地位，被認為是關於人類心理發展的最有根據的理論之一，並且通過新的研究和依戀研究的發現不斷得到進一步發展。依戀品質的表現，童年和成年期的依戀表徵，以及依戀行為和依戀表徵在發展過程中的相互關係是研究的核心興趣。此外，它還將依戀表徵、依戀行為和心理適應性之間聯繫起來，並對其進行統計驗證。

Bachi 2012研究探討了依戀理論受益的人群在治療師與馬匹的互動和練習提供反饋機制，同樣與當前的認知行為療法，體驗式格式塔療法和客體關係理

論都是在馬輔助心理治療中被引用為理論或臨床方法。而Esbjorn 2006的研究也表明，人馬互動在馬輔助心理治療中具有重要作用如關係，隱喻，和反饋。在一項考慮依戀理論的研究中，研究人員提出，人們對人和動物的依戀可能有不同的內部工作模式（Endenburg 1995）。相反，另一項研究發現，人與寵物關係中的依戀取向與其在人際關係中的依戀取向之間存在密切的對應關係。然而研究人員得出結論，寵物依戀取向不僅是人際依戀一般模式的延伸，還需要參考人類與寵物紐帶的獨特品質來理解（Zilcha-Mano et al. 2011a, b）。馬輔助心理治療的初始階段可以通過觀察個案與馬、自然環境和治療師之間的關係獲得的信息來豐富治療的評估階段。這包括身體和行為維度、「事實」反應和互動的體驗過程，尤其是第一次接觸馬匹時，是這種治療形式所獨有的。依戀理論的特徵可以通過敘事、話語、想像以及行為表現，然而，馬匹的存在豐富了治療過程，馬作為關係環境中的額外生物，喚起了個案的感受、思想和行為。這些可以用來推進與依戀理論相關的治療過程：通過提供保持環境、鏡像影響、心智化和反思功能以及非語言交流和身體體驗。馬匹在身體上「握住」個案的能力可以促進為個案的代表性和象徵性的精神上的握持，從而用於恢復早期生活依戀中的失敗經歷。而這一特點也是馬輔助心理治療中依戀體驗所獨有的。對 Winnicott來說，提供一個特有環境可以讓「自然」的增長過程重新確立自己的地位。自我支持的抱持環境可以作為治療師內化的一部分，在馬輔助心理治療中，除了治療師的鏡像之外，馬還有一種天生的鏡像情感傾向，這可以通過治療師的口頭處理來促進治療過程；馬反映人的情緒、行為和身體元素的能力是為人馬關係提供基礎的核心特徵之一。在以依戀為導向的框架內關注身體至關重要，因為情緒是身體的一種體驗（Wallin 2007c）。將身體的語言轉化為情感的語言有助於促進情緒的互動調節，使個案能夠將治療師體驗為一個新的依戀對象和一個安全的基礎。〔22〕

　　依戀理論的目的是理解一個人或環境的變化機制。已應用於馬輔助心理治療，以使其在分析和／或解釋心理疾患問題的效用上具有一定的有效性。以整體方式適當解釋和描述馬輔助心理治療過程的主要理論方法之一是依戀理論。它試圖了解人們如何內化人際互動和反應，尤其是在具有情感內容的情況下（例如，感覺受傷、受到威脅、害怕、快樂、被愛）。Bowlby（1969, 1982）將依戀理論描述為一種固有的生物反應和行為（馬和人類之間的關係），用於

滿足人類的基本需求。Bowlby提出了看護者與嬰兒之間的三種依戀類型：安全依戀，迴避依戀和矛盾性依戀。細心和持續的照顧者被認為可以為嬰兒傳達情緒調節和安全感，並促進嬰兒健康的自我發展。注意力和一致性的任何破壞都可能導致迴避或矛盾的依戀，被認為與自我調節，建立關係和自我概念方面的困難有關。根據Mary Ainsworth的說法，屬於「A型：不安全迴避」的孩子在分離情況下沒有表現出任何明顯的依戀行為。作為對分手的回應，他們哭了，幾乎沒有抗議。相反，他們繼續他們的活動，即使他們知道他們的母親失踪了。當他們的母親回來時，他們傾向於拒絕，他們不尋求她的接近，在某些情況下他們甚至避開她。通常，沒有密集的身體接觸。另一方面，被分配到「B型：安全」的孩子在分離情況後表現出明顯的依戀行為。當母親離開房間時，他們以哭泣或追趕母親的方式抗議。當母親回來時，他們表現出明顯的喜悅跡象，有目的地尋求她的親近，想要得到她的安慰。一旦他們收到足夠的東西，他們很快就會回到他們的遊戲中並探索周圍的環境。被歸類為「C型：不安全－矛盾型」的兒童與其他兩種類型的不同之處在於他們表現出不恰當的行為。「它的特點是強烈的、矛盾的、誇張的、戲劇性的依戀行為，夾雜著憤怒。」即使在依戀人物面前，這些孩子也很難脫離和探索周圍的環境。似乎一切都在激活她的依戀系統。與依戀對象分離後，孩子們抗議並大哭。然而，強烈的抗議與其說是一種特別強烈的聯繫的跡象，不如說是一種對失去依戀形象的持續恐懼的跡象。即使母親回來，他們也很難平靜下來，需要較長時間才能再次轉向別的事情。此外，他們尋求與依戀對象的親密關係的特點是矛盾的行為。「當他們被母親抱起時，他們表達了對身體接觸和親近的渴望，同時對母親表現出攻擊性（踢腿、打、推或轉身）。」「D型：雜亂無章」表現出矛盾的行為，尤其是當母親回來時。例如，他們在過程中間中斷了對親近的探索，表現出刻板的行為模式，或者在動作中間僵住了。雖然依戀系統在與母親分離期間被激活，但孩子沒有足夠的行為策略來應對這種情況。例如，當孩子在他們可用的時候表現出對依戀形象的很多迴避，但同時當他們與母親分開時表現出強烈的抗議時，就會表現出這種情況。雜亂無章的依戀行為有很多原因。它們可以是遺傳的、生物的或社會的。「類型D：雜亂無章」可以與其他三種附件類型並行分配。依戀混亂的特點是依戀不安全。[23]

　　1953年Donald Winnicott引入了「過渡對象」（transitional object）一詞來描

述幼兒經常產生強烈、持久依戀毯子、毛絨絨的玩具和布塊。Winnicott認為這樣的過渡對象依戀代表自我發展的一個重要階段，導致建立自我意識。隨後的心理學理論將過渡對象到以下過程：分離－個體化；自我和身體自我的發展；記憶的誕生、原欲客體的恆常性以及象徵、創造力的能力；以及對象關係和同理心的能力。因此過渡對象理論是依戀理論的組成部分，它假設馬匹是處理問題和經驗的要素。馬術輔助成長與學習（EAGALA，2015），雖然未明確說明，但仍將這一概念框架用作課程的核心。馬輔助心理治療的實踐假定馬是與個案建立親密關係，這種關係既像徵性又明確地反映了過去以及個案在精神、情感和身體上所面臨的挑戰。馬通過心理治療師的支持，提供一個安全、有教養、無條件的將馬輔助心理治療解釋為安全接觸的體現。對於處於危險中的青少年來說，觸摸可能具有威脅性、暴力性、痛苦性或完全不存在，而馬則是一種安全的身體接觸。Winnicott提出的新生兒和母親之間的關係，類似於人和馬，因此反映了應該存在的聯繫，並建立了新的基礎。馬夥伴關係的主要組成部分是身體的觸覺和敏感性。馬匹提供了一種安全舒適的方式來探索適當的觸感。

　　依戀理論可用於描述人與人之間紐帶的重要性以及青少年在發展人與馬的關係的依戀與其他人相似。孩子可能會更舒適地與馬結伴。不論通常會邊緣化和排斥青年的障礙，馬匹都有天生的能力在促進學習和心理康復過程中發揮正向的作用。Xenophon是古希臘的軍事領袖擁有精湛的騎術，他教導士兵如何支持他們的戰馬，並指示他的騎兵騎術要「清晰而堅定」。他還提醒說：「當我們的馬害怕時，我們應該緩慢而耐心地引導他們找到他們害怕的對象，表明它沒有什麼可怕的，尤其是像他這樣勇敢的馬；但如果這樣做失敗了，你就自己親身去觸摸對馬兒來說如此可怕的物體，並溫柔地引導馬兒直接接近它們的害怕」。Xenophon的支持性建議關於如何在可怕的情況下引導馬匹，反映了心理治療師所使用的賦權框架。在馬輔助心理治療的過程，心理治療師經常伸出手並「觸摸……看起來很可怕的……物體」，以幫助個案度過難關。馬匹提供了一種非威脅性、非評判性、令人放心的形式、非語言交流和安慰，從而有助於打破孤獨無助和社交退縮的惡性循環（Burgon 2014）。兒童可能會發現與馬建立關係比與另一個人建立關係更容易和更舒服，特別是如果他們是虐待的受害者或其他人是威脅並成為危險的來源。馬對於遭受創傷和痛苦的人來說，是一種潛在的重要工具，因為它們有能力提供健康的依戀體驗並獲得同理心。

語言依戀體驗通過語言和對話逐漸融入意識。語言連貫性的差異揭示了不同類型的安全和不安全依戀表徵。安全依戀的語言連貫性反映在語言中，通過記憶及其處理，通過清楚自己的動機和意圖，以及通過使對他人的同情和同情變得清晰的觀點和計劃。在純粹的情感層面上，這種可能的連貫性在兒童早期就已經很明顯了，例如成為有意識和可交流的內在工作模式。相比之下，語言的不連貫性表明對感覺缺乏記憶和時間分化，以及普遍缺乏「元認知自我控制」。Bowlby指出了孩子與父母之間的衝突經歷，孩子自己的經歷有時甚至經常與父母親所說的不相符。在一篇關於「孩子們被迫壓抑的經歷和感受」（Bowlby，1995，第95頁）的文章中，他詳細討論了這個很少涉及的話題。今天仍然缺乏對這種不兼容性的系統調查。Bowlby曾將此歸因於古典精神分析傳統，該傳統專注於個人幻想而不是現實生活經歷。另一方面，實際上很難對這個主題進行系統研究，因為需要更長的觀察時間。

潛在的創傷性性侵犯經常對兒童的記憶產生更明顯影響（van der Kolk，1998）。Bowlby引用了孩子從所有親密關係中退出的這種創傷性父母行為，包括睡眠障礙、自殺念頭、內心空虛感、厭惡和性冷淡、極度焦慮和過度警惕。這也包括父母隱含的諷刺，例如當他們告訴孩子的……但無論如何孩子都不會相信他時（Bowlby, 1995a, p. 100）。記憶研究員Jennifer Freyd發現，當兒童受到依戀對象的虐待或性虐待時，本身就深深地烙印在記憶中，但正是這種依戀形象的「背叛」，一個人在自己的身體中經歷，但必須冒著被完全拒絕的風險承認，才是至關重要的。因此，這種對受保護兒童的背叛將導致創傷性遺忘的深度以及與之相關的隨後的精神障礙（Freyd，1996）在依戀理論的框架內，這導致以下觀點：通過沉默、謊言、詆毀、否認、虛假陳述、濫用兒童信任的依戀人物的威脅，真實經歷與其意義之間的任何差異，可以阻止兒童對這些真實經歷的內部連貫處理的發展。然後感覺沒有相應的現實，也沒有「有意義的」解釋，真實的事件和經歷仍然是矛盾的內在形象。直到你討論了依戀理論的中心主題，如拒絕、分離、失落和相關的感覺，如憤怒、絕望、恐懼、悲傷、內疚、羞恥、嫉妒、厭惡、希望、驕傲、感激、愛、同理心和其他親密關係中的感覺可以說話，結合經驗變得有意識和可以交流。只要這些感覺被壓制和扭曲，並且沒有語言表達，信息、經驗和感覺就會被排除在有意識的感知之外。從這個角度來看，與其說是「壓抑」感情的問題，不如說是缺乏語言可用性的

問題。因此，某些主要是不愉快的經歷和感覺沒有語言——敘事對應，因為正如心理語言學家Katherine Nelson所相信的那樣，沒有與現實的聯繫，一個孩子只能形成部分或扭曲的表徵，當父母從他們的談話中排除某些話題時，孩子們就無法建立關於他們的語言表徵。從依戀理論的角度來看，情感體驗有意義的語境只有在它們成為語言表徵系統的一部分時才能獲得（Klaus E. Grossmann & Karin Grossmann，2001）。

Mary Ainsworth介紹的方法範式中捕捉到了從安全基礎進行探索的這一原則來看，一個人對依戀的需求與他們對食物、探索、性和生育的需求一樣基本。行為系統——面部表情、聲音、手勢、動作——被分配給這些基本需求中的每一個活躍。典型的個人依戀行為是哭泣、大喊、依附、跟隨和被拋棄時的抗議。他們的發展在出生後立即開始，並在必要時用於建立與依戀對象的親密關係。由此，Bowlby首先談到了與母親的依戀關係等級。母親的拒絕也會激起孩子的憤怒，雖然在感到不安全時不會向母親表現出來，但有時會在家庭安全時突然表達出來。這些經歷被內化為期望，並為不安全的依戀組織提供了情感基礎。

Bowlby提出的五項治療任務最清楚地表明了依戀、探索和語言整合對當前心理調整過程的突出重要性：（1）治療師必須是安全的根據，（2）鼓勵對個案在與現實特殊人關係中的無意識偏見進行心理探索，（3）個案應檢查自己與治療師的關係，（4）個案可以將他目前的看法、期望、感受和行為與他在童年和青春期從父母那裡反復聽到的事件、情況和故事進行比較，（5）這應該更容易看到由於痛苦的經歷，舊模型可能一直不適合患者的現在和未來。一般來說，這當然不僅適用於治療師，而且尤其適用於成長中的兒童和青少年的教育工作者。John Bowlby提出的依戀理論結合了行為學、發展心理學、系統和精神分析的知識和思維。「在她的假設中，她處理了對兒童情感發展的基本早期影響，並試圖闡明整個人類生命過程中個體之間強烈情感紐帶的形成和變化」。又Bowlby說，依戀系統代表了一個相對獨立的、基因錨定的動機系統，其中依戀被認為是主要需求。親密感以及滿足這種需求所帶來的放鬆和親密感來影響依戀的發展，與生俱來的結合行為是由基因預先決定的，並且可以在其社會紐帶構成其社會結構基礎的所有哺乳動物中找到。

大量研究表明，依戀理論的許多方面都可以轉移到人與動物的關係中。這

樣做的先決條件是你的證據歸於動物。它代表了在另一個人身上感知「你」的能力，甚至是在動物身上考慮了人類和動物之間存在關係的可能性。它是感知方式或情感關注是否客觀地反映了被稱為「你」的伴侶的性質，這不是決定性的，而是主觀確定性這種關係是一種夥伴關係。Katcher和Beck指出，許多人與他們自己的動物視為朋友（Stallones et al. 1988）、家庭成員（Voith 1985；Cain 1983）或兒童玩具（Wallendorf／Belk 1987）。人類和動物之間的情感關係的特點是親密以及撫摸、梳理和聯合活動的頻率。只有考慮到人類和動物對關注、親密和社會互動的需求，才能發展結合。在動物輔助治療的背景下，動物是否可以代表依戀理論意義上的「安全基地」或「避風港」，尚未得到證實。然而，在心理治療中存在理論上的考慮，即正是治療師承擔了這些功能。[24]

認知行為理論

認知理論是建立在這樣一個前提之上的：一個人的思想控制著他的行為、個性，在某種程度上控制著他的環境。這是一個與行為理論形成鮮明對比的心理學領域，行為理論指出個人的行為與其物理環境之間存在相互關係。一些心理學家將這兩種理論結合起來形成了所謂的認知行為理論。行為是內在思想的直接結果，是可以控制的。該理論聲稱，如果一個人學會如何識別和糾正破壞性傾向，思維過程和模式就可以改變。例如，一個人的個性和身分可以通過思想表現來重塑。事實上，有些人甚至會說，整個生活環境和結果都可以通過思維過程直接控制。根據認知理論，鼓勵和解釋思維模式的一種方法已被證明對認知療法有反應。[25] 又說：認知行為理論描述了認知（知道）在確定和預測個人行為模式中的作用。這個理論是由Aaron Beck提出的，其旨是個體傾向於形成影響他們表現的行為的自我概念。這些概念可以是積極的也可以是消極的，並且會受到一個人的環境的影響，進一步解釋了使用認知三元組的人類行為和學習。Epictetus說「人們不是被事物所困擾，而是被他們對事物的看法所困擾。」這是認知行為理論的精髓。認知是指思考。認知行為理論討論認知如何塑造行為。認知行為理論還有第三個組成部分——感覺。認知行為理論解釋了思想、感受和行為如何相互作用，認知行為理論主要關注某些想法如何導致

某些感覺，進而導致某些行為反應。依理論，思想是可變的，通過改變思想，我們可以改變我們的感受，最終改變我們的行為。它也可以反向工作。改變我們的行為也會導致我們的感受以及最終的思考方式發生變化。儘管感覺不能被直接操縱，但可以通過改變我們的思想和行為來間接改變它。認知是大腦內部發生的所有事情，包括感知、思考、記憶、注意力、語言、解決問題和學習。認知的發現幫助我們了解人們的思維方式，包括人們如何獲取和存儲記憶。通過更多地了解這些過程是如何運作的，心理學家可以開發出新的方法來幫助有認知問題的人。

「馬語者」（馬語者是非常敏感的馴馬師，他掌握了馬匹非語言的交流並能做出正確的反應。他也可以幫助馬兒克服內心受到的創傷和被困住的恐懼）。治療的目標正在發揮領導作用，馬由領頭母馬或領頭種馬行使，這需要清晰的肢體語言和自信的舉止。作為治療課程的一部分，清晰的非語言交流，個人真實性，社交技能得到鼓勵，馬和人際關係可以發現明顯的相似之處。為什麼馬在心理治療的應用中──尤其是在行為導向的心理治療形式扮演者重要角色？馬匹本能行為的自我反思是重要基礎，馬服務、調解、能夠通過它對人的實際情緒狀態的良好感覺，從而以非評判的方式揭示伴侶的情感世界、給個案非語言的傳達力量。馬為師，馬匹的魅力令人印象深刻。選擇馬匹的另一個重要原因，馬為治療伴侶代表了這種動物的馴服性，馬具有可馴化的特性，對人深情。警覺和敏感是馬兒另一個值得一提的優勢。而感官訓練是馬輔助心理治療另一個額外的考慮因素，因為與馬密切身體接觸也可以做到身體溫暖和安全感，為擁抱和愛撫階段留出了空間（Hartje，2009）。德國作家Rudolph G. Binding中肯地說：馬用於心理治療中的首選有個簡潔的原因：「馬是你的鏡子、它永遠不會讓你受寵若驚。馬反映了你的氣質、反映了你的波動、永遠不要對馬生氣、你還不如擔心你的鏡子。」[26]

信任是人類更深層次互動的基礎。在心理治療中，個案對治療師的信任表明治療關係是多麼穩定──這也意味著雙方相互理解。在人馬關係中，信任也是可以在相關技術和文獻中找到的詞，認知信任作為心理穩定基礎的重要性。如果這種「原始」信任不能在童年時期發展起來，那麼問題就出現了，認知信任的發展是否可以在馬輔助心理治療的幫助下「成熟」？Alfred Adler（1972）說，「靈魂生命的發展與運動有關，而充滿靈魂的一切事物的進步

都取決於有機體的這種自由流動性。」如此，牽引出馬輔助心理治療，它是一種獨特、創新、有效的心理治療方法，馬匹有顯著的元素——力量、優雅、脆弱和願意與另一個伙伴相處，融合起來形成了心理治療，查究心理學的廣度和深度，發展明顯的馬輔助心理治療理論和實踐，探索個案在語言前、非語言和語言經驗水平上的內心世界和人際關係。認知行為治療（Cognitive Behavioral Therapy CBT）是最常見和研究最充分的心理治療形式之一。它是兩種治療方法的組合，認知和行為療法。認知療法的重點是對自己的想法、態度和期望形成一個清晰的概念。目標是揭示和改變錯誤和令人痛苦的信念。認知療法幫助人們學會用更現實、危害更小的想法來代替這些思維模式。認知行為療法基於幾個核心原則，包括：（1）心理問題部分基於錯誤或無益的思維方式，（2）心理問題部分基於無益行為的習得模式，（3）患有心理問題的人可以學習更好的應對方法，從而緩解症狀，提高生活效率。認知行為治療通常涉及改變思維模式的努力。認知行為療法是一種指導性的、以當下為中心的方法。其中回顧幾種不同的治療取向：最突出的是Albert Ellis的理性情緒行為療法（Rational Emotional Behavior Therapy REBT）、Aaron Beck的認知療法（cognitive therapy）和Donald Meichcnbaum的認知行為療法。所有這些方法都有一個共同的信念，即功能障礙的根源是來自個案認知過程中的障礙（即錯誤思維）的結果。Donald Meichcnbaum認為：「如果想要改變有治療意圖的個案行為，個案就必須改變心理調解過程，有意識地並學會改變很大程度上不合理的自我對話：「內心言語」，以便在受控的「內心對話」的幫助下處理壓力、恐懼等生活問題。」

認知行為治療馬匹的存在：馬匹的存在可以讓人感到安慰，並幫助個案在治療期間保持腳踏實地。個案可以通過與馬匹互動來練習不同類型的社交技能和正念技能。一個努力與同齡人相處的小孩可能會被教導識別不同的馬匹肢體語言的線索及其含義。有助於促進個案的社交技能和自我監控技能的發展，以注意到人們的相似線索並了解他或她的行為如何影響某人的行為或反應。個案通過與馬匹識別不同的活動目標並觀察他們的反應和馬在活動期間的行為反應來學習練習自我監控策略。重要的是行為治療師不要過於專注於任務，以至於錯過了馬對個案的反應。馬接近個案以建立相互關係，並且不能將自己視為個案的「老師」。由於這種基本的哲學差異，治療師可能會發現將REBT與REPC整

合起來更加困難。預計個案在理解和解釋與馬的互動時可能會使用相同的適應不良的信念和消極的思維模式。因此，治療師可以探索和挑戰這些思維模式，因為它們發生在個案和馬之間的當下。不同認知行為理論的治療師將在治療中使用不同的方式來識別、處理和挑戰這些信念。治療師可能會選擇幫助個案識別核心信念以及相關的自動思維和認知扭曲。治療師可以根據個案對馬兒的經驗，幫助個案探索和修改負面圖式（Beck & Dozois，2011）。此外，治療師可以將個案在與馬會面時的體驗的意義擴大到個案目前在會面之外發生的問題。在使用角色扮演干預時，個案可能會發現與馬匹一起練習角色扮演的新技能對個案行為的改善更容易。

格式塔理論

　　Fritz Perls（1893-1970）是完形療法（格式塔理論）的創始人，他的妻子Laura Posner對格式塔理論同樣有貢獻。這理論假設人們以整體和模式感知世界包括了自己。從各個元素形成一個有組織的、有意義的圖像，一個「格式塔」。我們形成的形象可能不同。什麼是前景，什麼是背景？Perls將格式塔心理學的思想轉化為體驗式心理治療。格式塔方法尚有其他重要的來源，如是場論（Kurt Lewin）、感知心理學（Wolfgang Kölher）、現象學（Maurice Merleau-Ponty）和人類學（Martin Buber）。格式塔來自難以翻譯的德語動詞「gestalten」，意思是「形成一個有意義的整體」。「句子」和「結構」的概念也與此有關，「修復」和「治愈」也是如此。然而，Fritz和Laura Perls將格式塔的這一概念視為他們治療的基本原理。格式塔療法是一種體驗性、實驗性和存在主義的心理療法。體驗性特徵是格式塔理論的最大特點。體驗方法中的「體驗」這個術語代表了整個隱含意義，它們可以說是存儲在身體意識中，直到它們可以引起注意。

　　格式塔治療工作已被證明可有效治療各種問題，例如焦慮、壓力、成癮、緊張和抑鬱，無論是作為長期治療還是通過多次治療。在個人遇到困難時，格式塔為人們提供了一個安全、支持性的空間來探索困難的感受，了解個人關係的潛在模式並開始做出實際的改變。

格式塔理論提供了一種「存在方式」，一種生活哲學，以及一種理論和治療方法。它的特點有五個主要思想，即：

1、此時此地的意識體驗

2、治療師和個案共同創造的存在體現的對話相遇

3、整體方法（體現、認知情感、人際關係、社會和精神維度），關係綜合心理治療：實踐中的過程和理論。

4、一個人被視為與他們的「場域」交織在一起的語境視角——這個場域是自我與他人、個人與公共、有機體與環境之間相互聯繫的網絡。

5、有機體與環境的接觸發生變化和成長的觀點。

格式塔理論提供了一種思考個人（或團體／組織）在我們開發和參與環境時可能經歷的順序和過程的方式。

一個顯示完形完成的簡單示例是飢餓的體驗：

感覺：我們的胃在咆哮；我們有一種飢餓的感覺

意識：我們意識到我們很餓

動員：我們想著吃什麼，去尋找

行動：我們選擇並準備我們想要的食物

最後聯繫：我們吃

滿意：我們很享受這頓飯，感覺很飽

戒斷：我們——現在——飽足，既不餓也不吃也沒有不舒服的飽足。

格式塔心理治療綜合了三種哲學或「格式塔的支柱」——現象學（現象學由Edmund Husserl和Martin Heidegger於19世紀初發展起來，認為現實由對象和事件組成，他們稱之為「現象」，代表了我們對現實的有意識的感知）、場論（場域理論研究個人與「場域」即環境之間的交互模式。它是完形療法的一部分）和對話（對話關係是治療師需要將他們的整個自我帶到關係接觸中以滿足個案的地方）。現象學是一門幫助人們擺脫通常的思維方式的學科，以便他們能夠理解實際感知和感受的內容。個案的現象學經驗是他們當前或歷史的背景，被稱為「基礎」。根據他們的經驗，一個元素將成為形象化的——「形象」。場論支撐著個案的整體觀點。存在三種相互關聯：（1）體驗場、（2）

關係場、（3）更廣闊的領域。該領域將不斷變化，因此諮詢師需要靈活地關注什麼是形象化的，以及在三個領域之間穿梭，以了解個案如何理解這些體驗。心理治療師需要完全在場、理解、驗證和真實，並在此過程中實踐以下要素：在場、確認、包容和開放式溝通。

格式塔治療馬匹的存在

馬為人提供深遠的機遇、自我意識、聯繫和關係，馬匹教會我愛我的敏感性，將其視為一種力量，將我的感受作為關於我的經歷的信息，並回過頭來做出關於感覺是非的決定。馬可以在許多人中引起強烈的印象和情感，深切的嚮往，投射，轉移和深刻的體現體驗。正如Freeman所說，「馬活在格式塔的本質中」Kohanov和McElroy（2007）在《馬兒的方式》中提出，我們可以探索馬所體現的非語言，非掠奪性，增強的感官和超感官的智慧。格式塔馬心理治療師與馬匹之間有著持久的關係，並且非常了解馬匹的氣質，歷史，實力和局限性，以及馬群的動態。工作是體現性的，感官的，正念和接觸性的，並且處理過程支持反思性思考和理解內部狀態（感覺、慾望、需求、接觸方式）以及如何組織經驗。每天與馬在一起仍然是一種榮耀，也是持續成長的機會。

馬，魂之鏡：馬對我們的內心狀態有很好的感知並直接反映它。在與馬接觸時，動物的行為是我們內心狀態的反映。同時，馬具有穩定、友好和價值中立的魅力，更容易「照鏡子」。當你和馬一起工作時，你會學到很多關於自己和他人建立關係的方式。

－我如何取得聯繫？肢體語言，口頭的，非口頭的。

－我可以將自己與他人分開嗎？

－我可以衝突嗎？我如何處理衝突？

－我可以和我的對手交往嗎？

馬匹和與你的接觸往往是打開靈魂隱藏空間之門的鑰匙。在感恩、專注的氛圍中，您將獲得對自己、靈感和直覺的信心。在格式塔療法中與馬一起工作時，我們將直覺、敏感性和意識引導到我們自己的能量與馬的能量連接並發生交換的水平。結果，我們以一種與以往完全不同的方式感知自己和環境。我們感覺自己更多，再次學習從我們的真實存在中進行交流。當我們有幸和馬在一

起時，可以接觸到我們的靈魂。一種幸福的方式。

通過自己的身體表達自己，而馬會本能地與我們產生共鳴。內在和外在態度之間的聯繫可以在與馬非語言交流中感受到和體驗，從而可以感知內在主題。馬匹的行為很直觀，絕對誠實和直接接觸。他們沒有任何期望，也沒有設定任何條件。通過這種方式，他們開闢了一個信任可以增長的空間，並且可以感受到自己的溝通和關係模式。具體情況為尋找和嘗試新路徑提供了機會。在這樣的道路上，馬是同伴和導師，他們支持您擴大自己的運動範圍（在最廣泛的意義上），以便走上自己的道路並尋找機會行走。

榮格理論

Jung（榮格）認為馬體現了人類最深刻的神話原型之一。神與凡人和動物形象的融合似乎是為了利用希臘半人馬凱龍星的力量，這可能代表了人類、馬和治療之間的第一個有意識的聯繫。Jung認為在原始社會中，人們與環境的聯繫可能更為密切，「意識、情感和本能之間衝突的證據較少」因為馬不會偽裝；它們直接而自發地做出反應，因此它們就像鏡子一樣，通過觀察馬匹的反應來幫助人們承認他們的行為的影響。與馬一起互動可能是一種啟發性的體驗，因為「從動物身上，我們無法掩飾自己的感受。它們對表面之下的東西做出反應，即我們的內部參考框架」（Johnson，2001）。也有人指出，「馬提供清晰、即時和簡單反饋的能力是馬輔助心理治療最強大的特徵之一」。

Jung將同步性定義為……兩個或多個事件的「有意義的巧合」，其中涉及的不是偶然的概率。換句話說，兩個明顯不相關的事件同時發生，並且對經歷它的人具有重要意義。心理原型在同步性中起著重要的作用。同步性可以在任何時間、任何地點以及任何治療方式中顯現。Jung對馬輔助心理治療中同步性的觀點是放在分析心理學之外，同步性通常不被稱為一種治療技術，而同步性的文獻少到驚人的沉默，特別是在馬輔助心理治療方面。馬輔助心理治療中同步性的模糊性導致，同步事件可以被視為純粹的巧合而被忽視，治療師和馬專家無法在進行治療過程中識別它們。這樣一來，個案就會被剝奪個人成長的機會。

Jung也指出同時性和意義附加了同步性原則，意義是同步性不可缺少的衡量標準，而依戀，這種意義是同步性不可或缺的衡量標準。Jung進一步指出，同步性意味著存在兩種心理狀態。兩種不同的心理狀態同時發生。第一種精神狀態被視為正常的、可能的和因果解釋的，而第二精神狀態被視為不能從第一精神狀態因果推斷的關鍵事件。事件X的發生「有」，不會導致事件Y的發展。因此，同步性具有心理自然本體論，因為它是心理物質的自然化，是「精神狀態」可以被視為一種「自然產物」，它可以在不受人類心理干擾的情況下出現，並且神祕不一定發揮作用。

Jung提到相乘和同步不是同步性。同步性僅僅是兩個事件的同時發生，而同步性是心理和自然事件按照線性時間的統一，同步性相同不是投射，投射可以找到投射的原因，而同步性沒有可觀察到的原因。

為了「同步性」的概念，提到了它的各種特徵：

1、非因果

2、時間和空間變得相對

3、與集體無意識的原型有關。同步性起源於精神病原型，這意味著涉及原型的先驗屬性。Jung術語中的「精神病患者」意味著原型具有豐富的性質：它在精神和自然物質維度中被捕獲。在同步性中，原型的這種雙重性質得到體現。因此，物質本身就具有意義，而不僅僅是人類精神

4、這些事件一起發生的巧合在統計上極不可能

5、依賴於情感

6、他們與現象學有著無限的多樣性

7、同步性的核心是時間的流逝

8、非因果關係、重要性和概率（不僅僅是巧合）

榮格理論馬匹的存在

Greg Kersten是在1990年代創造了「馬輔助心理治療」一詞，活動在地面上進行。馬輔助心理治療在馬匹治療領域是獨一無二的，原因如下：首先，它發生在治療團隊的環境中，註冊專業心理治療師和馬專家，通過馬進行聯繫個案的治療活動。治療性的處理可以包含實際解釋。雖然描述是線性的，但實際

上它是循環發生，因此，治療團隊不按照時間順序工作，而是遵循個案的心理過程。Jung認為，同步性推動了個體化，因為它喚醒了人類社會中的象徵性思維。與個案同步性的處理取決於個案的自我結構，幻想、移情、個性、治療需求和同步性對治療干預的象徵意義。因此它仍然是治療師有責任決定是否在治療上與個案的同步性。內心世界中積極信念和當前焦點的每時每刻的鏡像過程，使個人能夠探索普遍的吸引力法則，以及什麼對他們最有效，同時他們面臨著隱喻的日常情況的挑戰。獨特的支持系統，來自馬匹和心理治療師的誠實反饋的形式，可以識別、解決日常障礙和挫折並將其轉化為同步流動和情緒健康的生活。馬與這些科學原理相結合，成為現實生活體驗的催化劑，提高自我意識，解決導致日常生活的盲點和無效習慣的限制性信念。體驗到馬匹如何對我們的情緒和想法做出反應時，情緒和想法通過肢體語言和鏡像神經元在潛意識中傳達，成為即時鏡像。它們確實是最純粹的、非評判性的反饋機制，向我們展示了如何轉變到真理和自由的新水平。如果有人質疑宇宙的同步性和相互聯繫，那麼您可以在這裡親身體驗這種現象。

主體間性理論

「當兩個或兩個以上的思想見面並分享經驗時，共同創造了新事物，並且增長成為可能。當一個主題與一個或幾個其他主題進行交互時，該主題會增加其自身的主觀性，從而影響參與交互的所有主題的體驗。這是主體間性理論。」（Katarina Felicia Lundgren）

各種合作的分析將受益於對合作所需的認知和交流功能的描述。主體間性（心理學理論）的作用是將主體間性分為代表他人的情緒、慾望、注意力、意圖和信念。而類型的合作——互惠利他主義、間接互惠、未來目標和約定的合作是其認知和交流的先決條件。主體間性的論證必須根據其認知能力來判斷不同物種的行為。各種形式的主體間性（又名「心智理論」）對合作的作用通過聯合行動實現互惠互利。與其他動物相比，認知形式的主體間性在於人類發展得很好，這意味著對他人心理的分享和代表。「心態」一詞在這裡不僅包括信念，還包括各種形式的心理狀態，包括情緒、慾望、注意力、焦點和意圖。動

物或兒童是否表現出主體間性的問題並沒有簡單的「是」或「否」答案。人類和動物主體間性的最高級測試是找出它們是否代表其他人相信或知道的東西。

　　信任另一個人可能是一種增強互惠的情感關聯。但在Frank（1988）認為情感可能已經被選擇並因此在基因上植根於一個從事互惠利他主義的物種。儘管如此，非人類物種中互惠利他主義的證據仍存在爭議。有人提出，前瞻性認知的演變與符號交流的演變之間存在密切聯繫。簡而言之，論點是符號語言使得以有效的方式就未來目標進行合作成為可能。符號交流不必涉及任何句法結構——原始語言會做得很好。在互惠利他主義中建立的信任是二元的，即兩個人之間的關係。相反，聲譽是一個新興的社會概念，涉及群體中的每個人。在這一點上，Nowak和Sigmund寫道：「間接互惠位於直接互惠和公共物品之間。一方面，這是兩個玩家之間的遊戲，但它必須在更大的群體中進行。」

　　在理論框架下，我們更容易回答為什麼將馬匹納入心理治療是如此有效。所有主體間性理論的共同點在於，它們描述了在各種關係中發生的基本現象。它描述了我們如何與社交夥伴和／或對象體驗情感互動，以及這些社交情感互動的結果如何影響我們在人際內部和人際交往中的社交情感認知。在馬輔助心理治療中正在發生什麼的問題不會產生一個簡單的答案。這不能歸結為一種解釋，例如由於馬是以逃跑做為防禦的動物，而引起的馬匹的肢體語言閱讀能力或鏡像神經元（系統）理論。

　　嬰兒和母親會發生協調有關的活動，包括手勢行為，身體取向，視覺注意力以及面部和身體表情。這交互作用，包括行為上的相似性和對稱性行動。嬰兒通過強度，時間和形狀表達自己的情緒的語言，而用節奏、聲音、眼神和行為，也是馬匹表達自己的語言。因此主體間的心理治療還強調，情緒的可獲得性是最主要的促進增長的特徵。優秀的治療師必須認識並與服務個案分享情感體驗，以實現增長和改變。相等重要的是，治療師必須表現出對服務個案情感狀態的反應——成為情感狀態的共享——相互影響。一匹馬（及一位出色的治療師）從不試圖「固定」個案，而是接受所有人。一匹健康的馬似乎也接受他自己的感受，不會試圖掩飾自己。在馬中，他的感覺，表現和行為之間存在基本的一致性……溝通。這種溝通的開放常常是一言不發，可能是一種感覺，可以感受到治療中所談論的內容，也可以幫助人們產生新的情感。

　　與馬匹的互動將使個案對自己有更好的了解，並為改變和重新組織自己的

經歷提供可能性。這也將改變他對人際關係的期望和聯繫方式。人類與馬匹的共同點遠多於從情感和社交角度，我們需要特別注意自己的眼睛。我們通過哪些視角看待馬匹及其與人的互動？否則，我們將看不到沒有的相似之處，反得出錯誤的結論，馬是主體，而不是物體。馬與人之間發生的是主體間的交流，一種經驗的共享。主觀性和主體間性是重點，互動發生在主題之間，然後在此空間中共同創建。主體間性構成了溝通，溝通的方式和發展的基礎。它描述了我們如何進行非語言交流，如何使用心理意象，語言如何發展以及隱喻如何塑造我們的交流方式。與馬匹的主體間共享是直接的，也是語言的外部。它可以是一種糾正性的交流經驗，可以幫助個案加深對交流的理解及豐富的情感語言。主體間性始於協調一致的參與，並通過不同的社會情感經歷引導至社會學習，對我們而言發展成有意識的生命非常重要。主體間性助長同情，只有當我們真正看到「另一個」時，我們才可以真正地移情。這適用於各種移情，例如人與人之間以及人與馬之間的移情。我們鼓勵個案在馬輔助心理治療中的擬人化非常重要，我們作為從業者仍要在頭腦中保持特定物種的差異，以保護馬匹的情緒安全。

主體間性是兩個（或多個）主體之間存在的場所／空間。創造就是共享的經驗。這使得兩個（或多個）思想在某些時刻成為一種意識，超越了一個思想，成為一個共同的思想，這就是信任和相互調和可以增長的地方。主體間性理論——個案和馬匹的觀點：個案和馬之間在馬輔助心理治療中發生的事情的許多解釋都停留在——馬是一面鏡子，僅是個案的反映。馬匹作為個案生活中重要的關係彰顯在隱喻的重要性。馬提供了他的主觀，從他的個性來看，是由他在不同情況下和以前所經歷的與人與馬以及其他非人類主體的經歷形成的。你需要「另一個」成為你，值得重複；沒有主體間性就沒有主觀性。主體間性與言語互惠是指所有新生嬰兒，人類和馬匹之間，以及他們與（父母或照顧者）之間的互動，在每個人成長為社會存在中都起著至關重要的作用。這種互動然後擴展到其他關係。每個哺乳動物都是如此，為了生存，每個哺乳動物都依賴於發展這些社會情感技能。

主體間性理論馬匹的存在

　　有意識的溝通表現出靈活性／分享，就是修復當人與馬的思想相遇並分享一個體驗新事物的創造⋯⋯則增長成為可能／馬與行為交流、脈搏、節奏、強度、頻率其表現形式發聲、動作、觸摸、注視、氣味／觀察體驗注意力、情感、態度、興趣和感性知識，可以被閱讀／理解通過對姿勢、動作、手勢的觀察，面部表情、凝視、頭部和身體轉動和非語言發聲。個案和治療馬之間的交流同樣涉及原始的，儘管是非語言的，建立信任的互動，讓人想起嬰兒與母親之間的主體間性。／馬匹的語言通過身體運作⋯⋯因為人類無法通過口語向馬傳達意圖，所以他們也必須使用自己的身體來產生馬可以回應的交流方式。此非語言的人馬對話可能會在沒有意識的情況下發生，並且會被無意識地激發。類似的交流也發生在心理治療期間。雖然心理動力學療法是一種「談話療法」，但「最重要的信息通常以非語言方式傳達」（Hayes & Cruz, 2006, p. 287）。Bowlby觀察到，在我們生命的最初幾年，情感表達和接受是我們唯一的交流方式。

隱喻理論

　　1980年George Lakoff和Mark Johnson寫了一本書《我們賴以生存的隱喻》，因此有了概念隱喻理論（Conceptual metaphor theory CMT）。該理論可以追溯到很長一段時間，並建立在幾個世紀的學術基礎上，這些學術不僅將隱喻作為語言中的一種裝飾手段，而且作為一種用於構建、重組甚至創造現實的概念工具。自從發表以來，已經進行了大量的研究，證實、補充並修改了他們的原始想法。如今，概念隱喻的標準定義是這樣的：概念隱喻是根據另一個經驗（通常是具體的）來理解一個經驗領域（通常是抽象的）。就修辭而言，隱喻是在從某種角度看待一個物體時產生的。隱喻是（實際上）其他事物名稱所有詞的轉移。根據Aristotle's說法，隱喻是「將一個對象的名稱轉移到另一個對象的類比過程」。隱喻作為一種語言現象代表了跨不同學科的研究對象。這項工作涵蓋了語言學、心理語言學和神經科學，並按時間順序處理了「什麼是隱

喻？」、「為什麼會有隱喻？」、「隱喻如何存在」。「隱喻處理？」和「隱喻在哪裡處理？」。這是一種最近且有影響的隱喻理解心理語言學理論。因此，理解和處理隱喻的一個重要方面是對隱喻的熟悉程度

隱喻具有欺騙和驚奇、偏離預期的時刻，但同時也是一種智慧、知識和學習的手段，可與哲學相媲美，它也承認相距甚遠的事物的相似性。在歷史語言學中，隱喻被視為一種基於相似性的意義變化，如：馬（最初只是一種動物）為一件運輸的工具。在心理學中，隱喻被用來描述新的事實或澈底描述其他事實。它們還使得用已知未來表示未知變得更容易。它們有助於以「隱蔽的方式」解決禁忌和冒犯性話題。隱喻填補詞彙空白，讓熟悉的事物煥然一新。隱喻不僅可以以新的視角展示熟悉的事物，而且從根本上為語言使用者戴上了認知眼鏡。

馬輔助心理治療的活動為「真實」生活創造了隱喻。它們使在日常生活、工作、人際關係、團隊、個人態度等中整合或重用它們成為可能。馬匹的治療單元在露天進行，以便將馬和人留在自然環境中。根據需要，可以在圍場或圓形圍欄中與一匹或多匹馬兒一起工作。這些活動包括與馬匹進行的指導性或非指導性練習，具體取決於相關人員的主題。隱喻是馬輔助心理治療的重要組成部分，在治療過程中具有明顯的臨床效用。它可以正式使用（由治療師提交，針對特定的治療結果）或自然使用（由個案作為治療過程中出現的一部分）。治療單元中的一切，馬匹活動的選擇，繩索、韁繩、塔、桿、桶、等設備，障礙物、高度、寬度、距離等的不同方面以及馬匹本身成為潛力隱喻和判斷個案的治療目標。作為一個比喻，馬可以成為個案情感生活的一部分。例如，它們代表從恐懼或抑鬱中解放出來，代表挫折或力量。或者，它們對作為父母、雇主、同志等生活中受影響的人來說變得很重要。通過使用隱喻，個案可以為自己和他自己應對創傷的方式發現新的可能性和解決方案。

雖然隱喻長期以來一直是傳統治療方法的一部分，但不同方向的臨床醫生正在重新發現它們在治療中的用途。隱喻可能很容易識別，但很難「定義」（Orthony 等，1978）。隱喻的每一個定義都反映了一種潛在的理論觀點，這種觀點可能與其他觀點存在差異。

《牛津詞典》將隱喻定義為：「一種修辭格，其中名稱或描述性術語被轉移到某個對象，該對像不同於但類似於適用在它的對象，這個定義暗示了隱

喻的替代觀點，其中使用隱喻表達代替了一些等效的字面表示。隱喻所傳達的意義可以從字面上傳達，但隱喻使語言更加詩情畫意。與心理治療的相關性在於，語言可以作為患者思維的自然意象內容的指標進行檢查。這為臨床醫生在治療期間與患者會合提供了一個出發點。隱喻最著名的觀點認為，隱喻本質上是在字面上完全不同的對象之間的比較或併列。比較隱喻由兩個或多個對象之間的感知相似性組成；它們似乎是濃縮的明喻。Richards表述如下：「……當我們使用一個比喻，我們有兩個不同事物的想法一起活躍，並由一個單詞或短語支持，其含義是它們相互作用的結果。」好的隱喻確實可以導致類比推理。強調隱喻的心理學方法的作者將隱喻思維視為一種創造性活動（Brunner，1957）。一位病人在第一次治療時說，「我不想把裡面的髒東西都暴露出來。」在治療接近尾聲時，她說：「我覺得裡面很乾淨。」使患者隱喻復活的一種方法是創建隱喻領域的工具圖像，治療師可以使用他們自己的圖像，但幫助患者創建圖像通常更有效。隱喻內含的情感——知覺轉換如何陳述，可以在引導圖像期間進行。在患者意象工作的隱喻領域內發生的轉變對他的感知、行為和情感的主要領域產生了影響。引導的隱喻意象可以作為更傳統的治療方法的一個組成部分，例如短期心理動力學治療。引導圖像工作和講故事的例子被證明是整體治療環境中的有效技術。也許隱喻的最大價值在於治療已經發生的創傷。隱喻通過讓患者將注意力轉移到問題本身並專注於隱喻領域，經常在不增加焦慮的情況下解除防禦，從隱喻領域的交流中獲得的情境。〔27〕

　　馬輔助心理治療在90年代後期開發，相當新的治療方式，心理治療是在一個使用馬匹的舞台上進行的，個案有精神障礙、健康問題。理論基礎是經驗性的，並結合了以解決方案為中心的輔導。馬匹的角色可能是團隊成員中最重要的。他們提供群體動態的背景，在大多數情況下與人類社會中的行為平行。馬總是在交流中互動彼此，雖然有時很微妙。馬通過撤退來迅速應對任何風險。這種恐懼可以由像樹葉這樣簡單的東西觸發在風中吹來，然而，馬匹的反應為環境提供了創造的隱喻。Jane Karol（2007）認為馬匹的敏感性和反應性，提供即時反饋。馬可以通過以下的方式向個案做出回應，對個案的信任（歡迎）或不信任（離開）。馬輔助心理治療是體驗的，因此不提供指導，這為個案帶來了挑戰並讓個案參與創造性的解決方案。

隱喻理論馬匹的存在

在馬輔助心理治療中隱喻式溝通結構有四個主要目標領域有助於隱喻：

1、使用隱喻來解釋馬匹的行為

2、使用隱喻來解釋韁繩對馬匹意味著什麼？個案的韁繩在生活中的意涵？

3、使用隱喻來解釋個案在生活經驗中困擾的相關

4、使用隱喻來解釋個案在生活經驗中吸取的教訓。〔28〕

第六章

馬輔助心理治療的模型

這匹馬經歷了所有的考驗，在它的血液中堅持了天堂的甜蜜

——Johannes Jensen

　　所謂模型（心理學範圍）是一個系統或一組可觀察事件的描述或概念，它以合理方式解釋其所有已知屬性，（The Free Dictionary網路字典）。心理學詞典的解釋是：一個概念或信念的表示，無論是通過圖形以圖形方式顯示，甚至只是解釋。模型通常用於各種調查和演示目的，一種學習輔助工具。又解釋：一種預測結果和解釋特定心理過程的心理學理論及用於利用認知和反應特徵的表徵來評估個人的表現。模型旨在代表理論框架或理論可以基於主題的方法。心理學模型百科全書（Lexikon der Psychologie Modell）：模擬提取現實，再現現實。在WIKIPEDIA百科全書描述的更為周全簡述於後：心理學中，區分了不同的「人類模型」。模型概念繼續在學習理論中發揮核心作用；教育心理學也解決了這種學習形式。模型學習或從模型中學習的理論解釋行為是如何產生的，即通過模仿一個人（模型）已經意識到的行為。它播放一個角色，模仿者與模型（父母、老師、教育者等）的關係或模型如何成功地塑造他的行為（在社交場合）或模型顯示出的社會地位。人們可以假設，社會環境中特別複雜的行為鏈是通過模仿學習產生的。基本上，學習研究發現：（1）如果學習者和模型有良好的關係，行為更容易被採納。這種聯繫在教育過程中發揮著重要作用。（2）如果模型本身在各種社會情境中都成功，它的行為就更容易被學習者採用。（3）具有較高社會聲望的模型往往更有效地採用行為。（4）在其社會環境中成功的遺傳行為更有可能被學習者保留。（5）（對模仿者而言）高度重要的觀察和模仿行為比次要的行為更容易被保留。（6）沒有安全感和焦慮的

人更願意採用模型的行為。

　　基於以上對模型的敘述，我想介紹三個領導世界從事馬輔助心理治療、馬促進心理治療的單位，他們在治療中所用的模型。

專家組與馬一起進行心理治療（FAPP）

　　專家組與馬一起進行心理治療Fachgruppe Arbeit mit dem Pferd in der Psychotherapie（FAPP）是由13位各有專業的心理治療師、馬專家所組成的一個對馬輔助心理治療及治療性騎行有興趣，不斷提出理論與實做完全奉獻心力的組合，就像他們說的：Schillernde Vielfalt - liebevolle Kompetenz令人眼花繚亂的多樣性的能力……。

　　這個團隊有一個像大山一樣的初衷想法，當然是「古老的」：在場景中它可以追溯到古老的神話，即具有歷史意義的根源。神話中的「馬是Psychopompos（靈魂的嚮導）」，靈魂引導伴侶。「治療師」（希臘語「therapon」）是「僕人」和「伴侶」；Chiron（凱龍是一位睿智而高尚的半人馬，經常被任命為希臘神話中的年輕英雄。憑藉他的多才多藝和溫和的性格，他可以訓練英雄們從致命的狩獵和射箭藝術到精緻的音樂和治療藝術）。在童話故事中，馬會引導和載人，為人指明通往更好的內部和外部的道路。馬匹的某些特性似乎對人類的心靈具有治癒作用，因此它們在那裡變得越來越重要並非巧合。他們說：在心理治療中，馬會帶引著情緒受傷的人。作為一匹真正的、活生生的治療馬，它以一種樂於助人、可能治癒的方式接觸遇到的個案。自1996年以來這個團隊創造了一個地方，帶著中心問題「馬匹的本性對人類靈魂有什麼影響？」是「情商」、「本能」、「移情」還是「共鳴現象」？將心理治療領域的實踐、教學和研究與馬聯繫起來。這個團隊關注的是記錄、評估和證明馬作為一種額外的、有生命的媒介所具有的高治療價值，即觀察、描述和理論上證實馬對人類心理的影響。 將馬納入心理治療指南程序並不是一種新的治療方法，而是治療環境的開放和擴展，同時保持深度心理學的所有基本原則──精神分析、行為治療或系統性家庭治療實踐。

　　馬匹的生理治療和心理治療工作是根據多年的經驗和大量的個案報告，

是一種高效的治療工具。它可以在身體自我的最基本層面上實現深刻的、治癒的自我和關係體驗。作為一種以身體為導向的干預形式，融入可持續的治療關係，它提供了在受保護的體驗空間內進行整體體驗的可能性。馬在純粹的感官上，前語言水平上，它開啟了感受、移情和一種情感協調的能力，就像在非常早期的母子關係中發生的那樣。主體間接觸的特點是相互把自己放在對方的位置上，我們「讀懂」對方，感受他或她身上發生的事情，逐漸感受他或她。我們通過看到他們的姿勢或動作和面部表情，聽到他們的語調，他們的情感表達以及他們感受到的任何意圖，在我們自己的身體中感受到他人的感受；這發生在直覺上，部分是有意識的，部分是半有意識的，我們也會在幾分之一秒內記錄、保存和處理他對我們答案的反應，從而比較我們的感受。

國際治療騎術專業協會Professional Association of Therapeutic Riding International (PATH Intl.)

　　第二個介紹給大家以馬匹為促進心理治療的團隊是PATH Intl.，它原是1969年便成立的North American Riding for the Handicapped Association（NARHA）北美殘疾人騎術協會，旨在為有特殊需要的人推廣馬術輔助活動和治療。2011年，NARHA正式更名為PATH Intl.。PATH Intl.的使命是為有特殊需要的人促進馬輔助活動和治療的安全性和最佳結果。PATH Intl.的願景：「將成為馬輔助活動和療法以及激發和豐富人類精神馬匹全球權威、資源和倡導者」通過各種各樣的教育資源，PATH Intl.幫助個人啟動和維持成功的計劃。PATH Intl.其所有計劃中推廣十項核心價值觀，這十個核心價值觀包括：

（1）訪問和包容——促進馬輔助活動和治療的多樣性和機會。
（2）同情和關懷——為從事馬輔助活動和治療的人和馬提供安全、理解和道德待遇的文化。
（3）合作與協作——與共享PATH Intl.的人們建立聯繫和合作互惠互利的願景。
（4）教育——與我們的個案分享有價值的知識，以促進他們的成功。
（5）卓越——促進各項事業的質量。

（6）創新——鼓勵和支持創造力、探究和前沿研究。

（7）誠信和問責——確保所有業務都基於道德原則並以透明方式進行。

（8）專業——提升治療的價值和信譽。

（9）服務——為我們的個案提供有效和響應迅速的信息和計劃。

（10）整體主義——在馬輔助活動和治療中促進對身體、思想和精神的認識。http://prasav.org/about-path/

　　PATH Intl.的主要編程重點是為有特殊需要的人提供治療性騎馬和馬術治療；不過他們也推廣馬促進心理治療並有計劃的為心理治療師及馬專家提供培訓和認證。其中包括：馬術療法、駕駛（馬車）、馬背體操和退伍軍人創傷後應激障礙的康復項目。PATH Intl.規劃框架和實踐與世界衛生組織（WHO）在1998年聯合國機構間會議上推廣的概念保持一致。所有PATH Intl.的工作人員包括志願者、個人和中心都應遵遵守道德原則。每個代碼的適用性可能取決於成員的角色和設置。實踐和維護最高標準的道德原則和誠信對於負責任地履行 PATH Intl.提供的義務、活動和服務。筆者摘錄部分做為參考：（1）會員尊重所有個人（人類和馬）的權利、尊嚴和福祉，並促進所有相關人員的福祉。（2）會員應在所有相關人員的馬輔助活動和治療中促進身體、思想和精神的整體意識。（3）會員應尊重每個人的獨特性，並應容忍和回應差異，會員不得基於年齡、性別、種族、國籍、宗教、民族、社會或經濟地位、性取向、健康狀況或殘疾而進行歧視。

馬輔助成長和學習協會
Equine Assisted Growth Learning Association (EAGALA)

　　劇本：當「朱莉」以新的參與者身分加入我們憤怒管理小組時，我已從事EAGALA模型馬輔助心理治療多年了。當她在辦理報到手續時，我問：「是什麼把您帶到我們的馬場？」她說：「好吧，那個女孩看著我的男朋友，所以我用叉子刺在她脖子上。」我的眉毛向上一抬，「哦！好吧……歡迎來到憤怒管理小組。」〔筆者註：以下所有敘述均以Transforming Therapy through Horse

case stories the EAGALA Model in Action（通過馬案例故事轉化治療、在行動中的 EAGALA模型）為劇本，成員均為假名〕

　　EAGALA將探索一種治療模型的各個方面，這些模型結合了馬匹的獨特參與和人類團隊的專業技能，與個案的天生潛力互動，以尋求解決方案。實際上在實踐中讓馬與個案之間的關係不受阻礙地發展往往比紙上談兵出現的困難。EAGALA治療小組的兩個人類成員是一名持證的精神健康從業人員和一名馬科專家，通常來自具有傳統培訓的背景。我們故事的來源，2011年，EAGALA創始人兼首席執行官Lynn Thomas和EAGALA培訓師Mark Lytle共同創建。美國原住民的一句諺語，「講一個故事要花一千個聲音。」經驗豐富的EAGALA促進者很快的了解到，要真正欣賞馬匹在人類與個案中帶來積極變化的多種方式，就需要花一千個故事。

　　EAGALA模式實踐的四個關鍵，關鍵一：二人一組，EAGALA模型採用了一個團隊結構，該團隊結構始終包括馬專家（ES）和心理健康專家（MH）。無論是在EAP還是EAL環境中工作，基於馬模式的內在力量都會造成這種情況，對於個案而言，這種情況可能變得非常個性化和激烈化。關鍵二：焦點起於地面，地面訓練使馬匹在工作中具有更大的能力來接觸其自然本能和傾向，並具有更大的自由來自然地做出反應並成為自己。關鍵三：倫理，倫理守則是使EAGALA模型在治療界可信度的要素。提升我們的道德標準會加重我們所做的工作，EAGALA框架旨在支持個案的工作，它還旨在為協助團隊提供處理可能遇到的任何情況所需的結構，並非每種情況都以高調結束，如果沒有模型的所有部分，許多情況都有可能使EAGALA團隊失去平衡並陷入危機。關鍵四：面向解決方案，EAGALA模型的運作原理是個案始終擁有最佳解決方案。我們創建允許個案找到自己的方式的設置。我們以團隊合作的方式擺脫困境。EAGALA不提供解決方案，也不指導個案如何與馬互動。我們鼓勵他們開發自己的方法，自己的解釋以及自己的問題解決形式。反過來，這使他們能夠掌握這些新技能並將其應用到現實世界中。正如EAGALA手冊所述，目標是讓個案變得更好，而不僅僅是感覺更好。我們再回頭看一下EAGALA模型中SPUDS的觀察框架，書中做了詳細的解釋：SPUD的框架包括四個標準：轉移，模式，獨特方面和差異。轉變 Shift：EAGALA會話中的轉變與馬匹、符號或人類的任何身體或行為變化有關。轉變的例子：不同的地方在一起，但現在分開了。他們（馬匹）站著不動，但

現在他們在動。門是打開的，然後關閉了。個案在牆外，但現在站在舞台中央。會話中的每個班次（無論多小）都與運動相關。跟蹤運動至關重要，因為運動表明變化。無論是哪種形式，變更都是個案和團隊的目標。一點一點地轉移，個案從他或她陷入或陷入困境的任何狀態進一步發展。模式Patterns：與轉變指示移動一樣，在個案上課期間顯示的模式通常表示個案行為背後的更深層含義。當相同的行為發生3次或更多次時，將指示一個模式。主要關注觀察環境中的馬匹和其他符號。獨特Unique：對馬或人類來說，不尋常的東西都算作獨特的，就算是在一般的行為中也有獨特。了解您的馬群真正重要的地方是認識自己的馬在何時是獨特的或是牠的行為不合時宜的，不過首先得知道什麼是正常的。牠還確保在那一刻在整個馬場的背景或背景中應該注意到的各種情況。像是在二林（自序中提到），過動的孩子在馬背上可能做出踢馬、招馬、打馬的動作，而馬在此過程中完全不受影響，這就是一個獨特的時刻。差異Discrepancie：差異是個案中提到的不一致時刻，當個案說一件事，而他或她的非言語行為卻說的是另一種時。注意差異是幫助個案從預先意識轉變為意識的關鍵。他們匹配嗎？在幫助個案學會意識到其外部行為無法與他們的言語相符的情況時，個案可以使自己越過產生不一致的障礙，防禦機制和自言自語。通過意識，他們可以自我調整以將言語和非言語交流結合在一起以創造變化。

第七章

馬輔助心理治療的適應症

焦慮的心使剛發生的事情顫抖

——中國諺語

　　讓馬參與心理治療工作是基於一個年輕的理論。2009年，在德國的Brandenburg，心理治療師協會認可了進一步以分析為導向的理論概念。實際工作是方法集成的。除了深入的心理學觀點，它還包括人本主義心理學和身體心理治療的練習。對馬輔助心理治療的實證研究表明，它具有深遠且明顯的影響。

　　個別診斷的症狀並非該精神疾病的完全定義，這些精神疾病包括遠此手冊簡介更複雜的認知、情緒、行為及生理上等變化過程。[29]

　　筆者介紹一篇文章，[30] 想把它做為馬輔助心理治療適應症的引言，總覺得它將馬輔助心理治療勾勒出一個可以嚮往的標竿：

　　馬輔助心理治療不應作為嚴重臨床症狀的唯一治療方法。然而，它可以非常有利地影響治療。特別是在受到嚴重創傷的情況下，以便在動物的幫助下更好地達到情緒水平。談到馬輔助心理治療，我認為我們有能力治癒自己。我將人視為一個生物－心理－社會單位。生物＝物理反應（症狀）、心理＝與自己的智力交流，內心的聲音，即我們的想法，我們的信念和由此產生的行為模式、社交＝與環境溝通（與我們的系統－即家庭、俱樂部、雇主、朋友等）這意味著我們同時在多個層面上處理我們所經歷的一切。生物－心理－社會模型的一個重要含義是，無論我們經歷和／或參與疾病（和治癒）的發展，其進展和症狀（或資源）的鞏固總是會影響各個層面。這也適用於疾病的治療和幸福感的建立。因此，健康不是一個靜態的狀態，而是描述了整個人類系統以適合情況的方式在每個層面有效控制壓力的能力（並且始終適應一個人目前的個人

可能性）。在任何情況下都必須重新考慮健康問題。重點是保障我們的基本人類需求。這些是，需要、控制、安全、聯繫、自尊、避免不快樂或獲得快樂。

當我們的一項或多項基本需求被忽視時，疾病就會出現。如果相應的基本需求被另一個人補償，這種忽視可能會「無意」發生。這可能是由於不堪重負、功能受限，也可能是由於我們的系統受到一次性衝擊或創傷。一旦我們找到了（顯然）有效的機制，或者如果我們一遍又一遍地經歷某些情況，我們就會制定處理這些經歷的機制。這些機制稍後會在出現類似情況時自動調用。所以我們對自動調節做出反應。但是，如果我們的系統已經習慣了在創傷情況下的有益調節，但這種情況不再存在怎麼辦？或者當情況的處理停滯不前（例如在創傷的情況下）？然後我們的調節（或在創傷的情況下，我們的「癒合」）機制被打斷或不再根據當前的生活狀況工作。基本需求不再滿足，疾病會發展。這意味著治療的長期目標是發展和促進這種調節技能，以不斷滿足自己的基本需求，從而能夠參與適當的社會生活。根據這些發現，得出的結論是：每一次「干擾」都是我們系統的創造性行為，以有意義的方式滿足我們的基本需求、每種治療都只從個人資源開始。

每個個案都可以學習激活他們的自癒能力。在馬作為共同治療師的幫助下，可以發現機械化的行為模式，並檢查和更新它們的意義，馬反映隱藏的感情和不一致的行為。您可以從肢體語言（例如呼吸和肌肉張力）中識別出這一點。訓練對自己身體的正念和對他人的影響。每個個案都被視為一個個體。他的個人需求得到解決，個人能力在根據他的需求量身定制的治療中得到提升。通過馬輔助心理治療，個案應該有自尊增強，促進聯繫和控制滿足的愉快體驗。與自然生物馬匹的職業提供了所有感官的整體體驗，並有機會體驗真正的關係建立。

第一階段用於提供和收集信息並與馬會面。討論了以前可能的經歷、需求、恐懼、期望和願望。與此同時，建立信任階段發生了。個案按照自己的節奏敞開心扉，並建立對馬匹和治療師的信任。只有當這種關係對個案來說似乎安全時，他才能在情感上敞開心扉並開始進一步的治療。由於這不是有意識的行為，也不能強迫，所以治療的第一階段通常是治療中最困難和最漫長的部分。馬輔助心理治療包括觀察馬匹、接觸牧場、照顧馬匹、引導和被引導、衝刺和跳躍到自由騎馬，還包括沒有馬匹的治療干預。根據正在處理的水平（身體－心理－

社會），使用相應的個性化治療干預，使個案能夠與馬有聯繫、增強自尊、控制滿意和愉快的體驗。在身體層面（例如在馬背上），這可以是，例如，補救／補救鍛鍊或使用生物能量方法的身體鍛鍊或來自馬術的鍛鍊。在心理情感層面，治療部分的重點可以放在放鬆技巧、增強自信和自我意識、自我感知和他人感知、設定界限和提高溝通技巧等方面。最重要的課程目標始終是改善患者當前的情緒狀態。這裡很明顯，在治療開始時預定的固定計劃是不可能的。根據個案當前的需求單獨設計每節課，他們才能敞開心扉，學會感知、交流和親切地接受他們的需求、恐懼、限制和情緒。當每位個案已經達到足夠的穩定性、個人康復和自我意識時，才能一起制定治療計劃和「問題」，治療才能在水平中進行，相應的個案可以根據自己的需要獨立、安全地制定治療過程。讀完這篇文章[30]我們不難想到馬輔助心理治療適應症的「譜系」眾多，依DSM-5精神疾病診斷與統計查找[31]，共列有22大項的診斷準則及編碼，其中每一項內，都有不只一個的診斷準則及編碼也就是說有上百個精神疾病。考慮許久，筆者選擇了在學術文獻上多有研究報告及實證的適應症略作簡述。

自閉症譜系障礙Autism Spectrum Disorder (ASD)

　　自閉症譜系障礙（ASD）是由大腦差異引起的發育障礙。一些患有ASD的人有已知的差異，例如遺傳狀況。其他原因尚不清楚。科學家們認為，導致ASD的多種原因共同作用以改變人們最常見的發展方式。關於這些原因以及它們如何影響ASD患者，我們還有很多需要了解。ASD患者的行為、交流、互動和學習方式可能與大多數其他人不同。他們的外表通常與一般兒童沒有什麼不一樣。ASD患者的能力差異很大。例如，一些患有ASD的人可能具有高級的對話技巧，而另一些人可能是非語言的。一些患有ASD的人在日常生活中需要很多幫助；其他人可以在幾乎沒有支持的情況下工作和生活。[32]又自閉症是與生俱來的。自閉症意味著你思考和體驗世界的方式與大多數的人不同。並且有不同的優勢和困難。例如，自閉症的某些特徵（您的想法、感覺和行為）會使您難以在社交場合表達自己，但您也可能對您感興趣的話題特別有見識和熱情。自閉症是高度可變的——「譜」這個詞是指不同的人對自閉症的不同體驗。自閉症

被認為是一個譜系，因為每個自閉症患者的情況都不同——一些自閉症患者可能需要比其他人更多的支持才能過上他們想要過的生活。自閉症影響您的方式會隨著您的成長和發展以及體驗不同的環境而改變。

自閉症譜系障礙的診斷，社交溝通障礙可能包括：

· 減少與他人分享興趣

· 難以欣賞自己和他人的情緒

· 厭惡保持眼神交流

· 缺乏使用非語言手勢的熟練程度

· 生硬或腳本化的演講

· 從字面上解釋抽象概念

· 難以交到朋友或留住他們

限制利益和重複行為可能包括：

· 行為不靈活，極難應對變化

· 過度關注利己主題而排斥他人

· 期望其他人對這些主題同樣感興趣

· 難以容忍常規和新體驗的變化

· 感覺超敏感，例如，厭惡嘈雜的噪音

· 陳規定型動作，例如拍手、搖擺、旋轉

· 以非常特別的方式安排東西，通常是玩具

對於自閉症雖然尚沒有「治癒」的方法，但有幾種有效的干預措施可以改善兒童的功能：

應用行為分析Applied Behavior Analysis（ABA）

它涉及對兒童功能挑戰的系統研究，用於製定結構化的行為計劃，以提高他們的適應能力並減少不當行為。社交技能培訓，在團體或個人環境中進行，這種干預有助於自閉症兒童提高他們駕馭社交場合的能力。言語和語言治療，它可以改善孩子的言語模式和對語言的理解。職業治療，這解決了日常生活活動的適應性技能缺陷，以及手寫問題。家長管理培訓，家長學習應對問題

行為和鼓勵孩子採取適當行為的有效方法。家長支持小組幫助家長應對撫養自閉症兒童的壓力源。特殊教育服務，根據學校提供的個人教育計劃，適應他們的社交溝通障礙、興趣受限和重複行為，自閉症兒童可以在學業上發揮最大潛力。這包括為非常年幼的孩子開設的特殊日間課程，以解決語言、社交和生活技能問題。治療同時發生的疾病，自閉症兒童比沒有自閉症的同年齡人更常經歷失眠焦慮和抑鬱，他們也更經常患有多動症。自閉症兒童可能有智力障礙，這需要得到解決。這些情況的影響可以通過適當的服務來減少，包括上述所有服務，以及心理治療和／或藥物治療。藥物治療，兒童精神科醫生可以評估共病，抑鬱、焦慮和衝動，如果適當的藥物會有所幫助。

　　應用行為分析使用基於證據的行為原則來幫助個案實現他們的目標。應用行為分析專注於對個案具有社會意義的目標。牧場的氛圍中，ABA致力於實現與牧場和馬匹相關的目標，並將一般生活目標推廣到不斷變化的環境中。應用行為分析是一種最常與自閉症譜系障礙相關的治療選擇，但有實證研究支持多種診斷。應用行為分析是一種結構化的基於證據的方法，它應用了學習和動機理論。專注於改善社交／情感發展中的行為、改善溝通、注意力任務以及日常適應性學習技能。這種技術已經成為教授新技能和改變或影響積極行為結果的最成功的方法。馬輔助學習為參與者提供了與馬及其環境自然互動的機會，以實現可以增加對廣泛主題或自我發現的知識的目標。與應用行為分析相結合的馬輔助練習提供了一個獨特的體驗式學習機會，該機會遵循評估、規劃和記錄的過程。馬輔助心理治療是一種特殊形式使用馬匹作為治療工具的心理治療。馬在行為反應和社會結構方面具有與人類相似的幾個特徵，因此為個案提供了一面鏡子，讓他們在獨特且無威脅的環境中獲得洞察力。與馬相處可以克服自閉症個案的心理障礙並建立關係可以提高信心、人際關係技巧和解決問題的能力。馬輔助心理治療旨在解決自尊和個人信心、溝通和人際交往的有效性，信任、界限和限制設置以及群體凝聚力。對於兒童，馬輔助心理治療具有遊戲治療和體驗式學習的所有好處。這種類型的治療為孩子提供了識別和理解個人情緒、培養同理心、建立責任感、學會解決問題。與馬匹一起工作，馬支持並鼓勵情感的識別和表達。圍繞馬匹的反思行為的概念計劃干預或活動。根據心理治療師的評估，針對個人及其需求量身定制干預措施。戶外環境會讓人意識到自己的身體並刺激感官，接近馬，孩子體驗他們在環境中相對於其他人的位

置，知道如何融入這個世界。用自己的語氣和肢體語言鼓勵馬匹移動。行為分析治療是自閉症研究最多的干預措施之一。早期強化行為分析治療已被證明是對患有自閉症的幼兒非常有效的方法而馬輔助心理治療的目標是促進個案的身體、情感、認知和社會發展。在對自閉症兒童的社會心理益處包括增加動力、更高的自尊，更好的注意力和學習效果。

注意力不足／過動症
Attention-Deficit/Hyperactivity Disorder（ADHD）

注意力不足／過動症（ADHD）是一種在兒童早期發病的疾病，其特徵是多動、注意力不集中和衝動的症狀，這些症狀會干擾日常和職業功能。DSM-5更新了其針對ADHD的標準，以涵蓋患有該疾病的個體的整個生命週期體驗。ADHD的早期診斷，當早期干預可以產生最大的效果時，在心理學文獻中得到了更多的關注。儘管如此，有些人可能要到成年才得到正確的診斷。新的DSM-5標準旨在提高所有年齡組ADHD診斷的準確性。因此，DSM-5將ADHD從「通常在嬰兒期、兒童期或青春期首次診斷的疾病」重新分類為「神經發育障礙」。全球兒童ADHD患病率估計為5%，大約一半患有兒童多動症的人在成年後仍會出現症狀。

注意力不集中（inattention）的行為表現為執行工作時徘徊，缺乏持續性，有困難於維持專注力，並且常常雜亂無章，而這並不是因為蔑視或缺乏理解。過動（hyperactivity）是指不恰嘗的過多運動活動，（如一個孩子到處奔跑）或是過度坐立不安、拍打身體、或多話。衝動（impulsivity）是指發生在瞬間沒有事先考慮而草率行動並具有高潛在的危害到個人的風險（如未停看聽便衝進街道）。衝動可能反映了對於即時獎勵的渴望或無法延遲滿足。[33]

ADHD的人在溝通、社交和職業功能方面存在困難。腦成像研究發現，涉及高級認知功能（包括執行功能、注意力和感覺運動功能）的大腦區域的低激活相關功能障礙。執行功能涉及組織、調節、控制和計劃。許多患有ADHD的人過著正常的生活，完成了高等教育，並且通常在各種職業中都非常成功。然而，如果不加以治療，他們也可能更加缺乏完成任務的注意力，通過幾種冒險

行為表現出衝動，並且容易出現情緒波動。符合DSM-5多動症標準的人很可能需要某種程度的治療來改善他們的日常功能。在其他情況下，如果不加以治療，一個人跨認知域處理信息的能力可能會受到嚴重損害，以至於導致缺陷，從而損害基本任務，影響一個人的生活質量。例如，他／她可能由於無法按時上班和按時完成工作而無法保住工作。目前，行為療法被廣泛用於幫助患有多動症的人改善多個社交人際關係領域的功能。家庭、照顧者和教育工作者需要學習有效的策略，以了解如何最好地與診斷為ADHD的人進行互動。主要重點需要首先教育患有ADHD的人以更好地了解他們的狀況，並意識到在許多情況下，他們的主要症狀實際上可以證明是他們接近成年時的一種資產。[34]

馬輔助心理治療是促進生理、認知、心理和社會學領域的治療目標。具體而言，心理治療師所需的許多計畫，需要一定程度的靈活性並針對特定個案量身定制干預措施。治療專業人員可以將馬納入五種不同的治療方法：諮詢、職能治療、物理治療、心理治療和語言治療。這些獲得許可的治療專業人員在其特定學科的實踐範圍內工作。它包含馬匹活動和／或馬匹環境。治療目標旨在促進功能性結果，其中可能包括提高參與度、促進生活質量和鼓勵社交互動。馬輔助心理治療被定義為一個互動過程，在該過程中，有執照的心理健康專業人員與或作為具有適當證書的馬專業合作夥伴與合適的馬一起工作，以解決心理健康專業人員和個案設定的心理治療目標。在治療性騎乘的研究顯示特定心理功能有所改善。例如，發現左側雙側中額葉皮層、右側雙側中額葉皮層和左前中央皮層的記憶功能顯著增加。特定核心症狀有所改善，包括多動、衝動和注意力不集中。[35]

Zoë Kessler回憶說：「馬輔助多動症治療迫使我將我的行動與我的意圖保持一致，並散發出我所要求的冷靜自信作為回報。我了解到，馬反映了它們在我們心中所見和在我們腦海中的感受。……『我希望你能聽到自己的聲音。』當我還是孩子的時候，我經常從我媽媽那裡聽到這句話，她沒有分享我的多動症。我以為她瘋了；我的聽力很好。……在我診斷出多動症後的47歲時，我意識到患有注意力缺陷多動障礙的人是很差的自我觀察者。花了40年，我終於知道我媽媽在說什麼。我的言行與我的意圖不一致。在我接受治療之前，這種不匹配對我的人際關係造成了嚴重破壞，讓我感到受傷和困惑。……從那時起，我發現了馬輔助心理治療——它利用馬不可思議的能力來反映他個案的情緒和

態度。當你與一匹馬互動時，你學會觀察並回應他的行為，而不是停留在你的行為模式中。這種治療幫助我了解別人如何看待我，以及如何確保我的言行符合我的意圖。」[36]

憂鬱症（Depressive Disorder）

憂鬱症包括侵擾性情緒失調症、重鬱症、持續性憂鬱症、經前情緒低落症、物質／藥物引發的憂鬱症。為了解決在兒童躁鬱症的過度診斷和治療的潛在問題，一個新的診斷「侵擾性情緒失調症，是關於兒童持續表現易怒情緒和頻繁發作極端失控行為。」[37]

憂鬱不僅僅是幾天感到不開心或厭倦。大多數人都會經歷情緒低落的時期，但當你感到沮喪時，你會持續數週或數月感到悲傷，而不僅僅是幾天。有些人認為憂鬱症是微不足道的，而不是真正的健康狀況。錯了——這是一種具有真實症狀的真實疾病。憂鬱不是軟弱的表現，也不是你可以通過「振作起來」來「擺脫」的東西。憂鬱症是一種常見且嚴重的疾病，會對您的感受、思考方式和行為方式產生負面影響。憂鬱會導致悲傷和／或對您曾經喜歡的活動失去興趣。它會導致各種情緒和身體問題，並會降低您在工作和家庭中的運作能力。親人的去世、失去工作或關係的結束對一個人來說，都是難以忍受的經歷。在這種情況下產生悲傷或悲傷的感覺是正常的。那些經歷過失落的人可能經常將自己描述為「沮喪」。但悲傷不等於憂鬱。悲傷的過程對每個人來說，都是自然而獨特的，並且與憂鬱症有一些相同的特徵。悲傷和憂鬱都可能涉及強烈的悲傷和退出日常活動。對於某些人來說，悲傷和憂鬱可以共存，親人的去世、失業或成為人身攻擊或重大災難的受害者都可能導致憂鬱。當悲傷和憂鬱同時發生時，悲傷比沒有憂鬱的悲傷更嚴重，持續時間更長。好消息是，通過正確的治療和支持，大多數憂鬱症患者可以完全康復。[38]

馬輔助心理治療的目是治療師對患有抑鬱症的青少年在生物心理和社會益處有一系列改善，包括增加自信和自尊，以及減少不良情緒行為。該療法的有效性被認為是由於讓馬參與治療。Winnicott（1971）認為青少年的發展和身體，隨著青春期的到來而發生的心理和社會變化。雖然青少年可能看起來像成

年人，甚至獲得性成熟，重要的是要記住，只有時間和經驗才能為成熟提供必要的成分。他認為在這個時候，青春期的青少年，被要求繼續提供一個支持和便利的環境。

抑鬱症是全球疾病負擔的第三大因素，在美國超過15%的青少年在17至18歲時經歷過抑鬱症。Wittchen、Nelson和Lachner於1988年研究（DSM-IV）：德國，抑鬱症在14至24歲的青少年中的終生患病率為16.8%。

馬輔助心理治療是一種特殊的心理治療形式，使用馬作為治療工具在治療過程中，馬被用作改變以允許個案內部的發展、學習和成長過程。現象學框架致力於創造知識和理解個人對特定現象的生活經驗（Liamputtong，2013）。考慮時從現象學的角度研究數據，人們試圖通過參與者的意識和生活經驗「回歸現象本身」。在馬輔助心理治療中自尊的顯著變化：你看到青少年他們的小身體站得更直了，他們走來走去他們的行為更加自信，並且許多公認的瘋狂行為都消失了，信心和自信的轉變是巨大的，治療師認識到青少年變得更加足智多謀。馬輔助心理治療的體驗特徵使青少年成為一個積極的人。體驗式學習環境是馬輔助心理治療為青少年提供的主要好處之一。為個人提供了發展同理心、理解個人情緒、學習解決問題、培養責任感和在新事業中取得成功的機會。作為一種特殊的心理治療形式，馬輔助心理治療鼓勵青少年參與更多的「動手」方法，並將注意力從心理健康問題轉移到手頭的任務上。動手的方法為青少年提供了清晰的視覺表現，無論是個案自己建構視覺表現，還即時提供大型視覺對象。青少年更容易接受馬匹對特定行為的反應，而不是被成年人告知。同時馬也為治療師提供對意圖和行為的「清晰」解釋，因為馬不能「讀入情境」並隨心所欲地解釋它。根據象徵互動論者的說法，這是因為動物是「非象徵性的」，因為他們不像人類那樣解釋社會互動。那匹馬將直接對青少年的行為、情緒和意圖做出反應，完全被動並且沒有解釋。這種「清晰的解釋」對於治療環境具有特殊的價值。青少年的經歷可以在馬輔助心理治療期間進行並用於在他們的關係中創造有意義的變化以及與治療之外與其他人的互動，也提供了一個獨特的環境，促進正在經歷的青少年的改變抑鬱。由於馬匹的自然反應，青少年能夠確定「他們的行為如何影響馬匹，並且這些結果是立竿見影的」。馬匹的體驗性和誠實的反應為青少年提供了嘗試和「排練」社會學習理論中概述的新行為的機會。將馬作為治療媒介也為治療師提供了對青少年的「清晰」觀

察。馬不像傳統的人類治療師那樣進行複雜的解釋。一匹馬會直接對他們面前的刺激做出反應，而相比之下，人類治療師會分析一種行為。[39]

焦慮症Anxiety Disorders

焦慮症包含了同樣擁有過度恐懼、焦慮及相關行為混亂等特質的障礙症。恐懼（fear）是對於真實的或是已知將要發生的威脅所產生的情緒反應；而焦慮（anxiety）則是預期將會有威脅所產生的情緒反應。很明顯地，這兩者之間有重疊的地方，也有不同之處。焦慮症和成長階段的恐懼或焦慮是不同的。[40]

依障礙的典型起始發作年齡分別簡介焦慮症：

（1）分離焦慮症（Separation Anxiety Disorder SAD）是「與家庭或個人所依附的人分離有關的發育不適當和過度焦慮」孩子在分離期間的痛苦不合適時，才會診斷為SAD，當症狀足夠極端時，這些焦慮可能會導致疾病。但無論你的孩子在與你分開時變得多麼煩躁，分離焦慮症是可以治療的。您可以做很多事情來讓您的孩子感到更安全，並緩解分離的焦慮。

（2）選擇性不語症（Selective Mutism）選擇性緘默症是一種罕見的兒童焦慮症，其中孩子會經歷觸發反應，並且無法在某些情況下或對某些人說話。這不是害羞的一種形式，儘管它可能被認為是極度的膽怯。也不是故意拒絕說話，儘管可能會被這樣理解。症狀和共存狀況可能因人而異，治療方案也可能不同。

（3）特定畏懼症（Specific Phobia）特定恐懼症是對幾乎不構成真正危險但會引起焦慮和迴避的物體或情況的壓倒性和不合理的恐懼。與您在演講或參加考試時可能會感到的短暫焦慮不同，特定恐懼症會持續很長時間，會引起強烈的身體和心理反應，並會影響您在工作、學校或社交環境中正常運作的能力。特定恐懼症是最常見的焦慮症之一，並非所有恐懼症都需要治療。但是，如果某種特定的恐懼症影響了您的日常生活，就應該看醫生了。

（4）社交焦慮症（Social Anxiety Disorder）是包括對一種或多種社交情境

的顯著恐懼或焦慮的基本特徵，在此，個人可能會或可能不會受到他人的審查。暴露於這樣的社交場合幾乎總是會在受影響的個體中引發恐懼或焦慮，並且個體會擔心他們會受到負面評價。這些人經常以強烈的焦慮迴避他們害怕或忍受的社交場合，這會導致社交、職業或其他對社會發揮重要作用的領域受損。

（5）恐慌症（Panic Disorder）是指反復發作的、意外的恐慌發作（例如，心悸、出汗、顫抖），隨後至少有一個月：持續擔心再次發生驚恐發作或驚恐發作的後果（例如心臟病發作），和／或與發作相關的顯著行為改變（例如，因害怕驚恐發作而避免運動或去處）。驚恐發作是一種突然的強烈恐懼或不適感，會在幾分鐘內達到頂峰。它包括壓力性身體和認知症狀以及行為體徵。

（6）特定場所畏懼症（Agoraphobia）是一種精神和行為障礙特別是一種焦慮症，其特徵是在人們認為他們的環境不安全且無法輕鬆逃脫的情況下出現焦慮症狀，這些情況可能包括開放空間、公共交通、購物中心或只是在家外。在這些情況下可能會導致恐慌發作。受影響的人將竭盡全力避免這些情況。在嚴重的情況下，人們可能完全無法離開家園。

（7）廣泛性焦慮症（Generalized Anxiety Disorder GAD）每個人在人生的某個階段都會感到焦慮。例如，您可能對參加考試、體檢或工作面試感到擔心和焦慮。在這樣的時期，感到焦慮是完全正常的。但有些人發現很難控制自己的擔憂。他們的焦慮感更加持續，並且經常會影響他們的日常生活。GAD是一種長期狀況，會導致您對各種情況和問題感到焦慮，而不是對某一特定事件感到焦慮。患有GAD的人大部分時間都感到焦慮，並且常常難以記住他們最後一次感到放鬆是什麼時候。一旦一個焦慮的想法得到解決，另一個關於不同問題的想法可能會出現。

（8）物質／醫藥引發的焦慮症（Substance／Medication-Induced Anxiety Disorder）物質或藥物引起的焦慮症是由酒精、藥物引起的焦慮或驚恐發作的診斷名稱。物質誘發的焦慮症，會導致臨床上顯著的痛苦或功能障礙。不幸的是，許多人用來增強自信心、幫助他們放鬆和

降低抑制力的藥物最容易引起物質引起的焦慮症或驚恐發作。

（9）另一身體病況引起的焦慮症（Anxiety Disorder Due to Another Medical Condition）當一個人因另一種醫療狀況而患有焦慮症時，這種醫療狀況的存在會直接導致所經歷的焦慮。焦慮是主要特徵，可能表現為驚恐發作、強迫行為或廣泛性焦慮。其病史、體格檢查或實驗室檢查結果表明，該障礙是另一種疾病的直接病理生理之後果。

馬輔助心理治療中，重點主要放在這種動物與生俱來的、本能的行為模式和極其精細分化的感覺系統上。除了大自然賦予的這些特性外，馬通過充分的騎術訓練獲得的指揮安全對於治療用途至關重要。在所有形式的訓練中，人們一致認為經典的地面訓練對於成為治療馬的訓練非常重要。領導力培訓在治療過程中發揮著重要作用，並為個案提供了從馬場接收肢體語言共鳴的可能性。馬擔任領導角色的能力，從而意識到自己的行為和感受並控制和抵消這些情緒狀態。該領域的工作基礎是建立人與人之間的關係，而馬需要清晰的肢體語言。與馬身體的接近，建立信任和尊重……，清晰的非語言交流，促進和訓練個人真實性以及社交技能。Monty Roberts（2000）在他的著作《馬知識以及我們人類可以從它們身上學到什麼》中指出，在與馬匹的針對性治療練習和人際關係之間可以發現明顯的相似之處。個案受到馬兒的關注和尊重這一事實已經使他們獲得了被他人認真對待和關注的豐富感覺，並使他們能夠獲得如此重要的認可。馬以專注力為患有焦慮症的個案給了相當大的協助，與這種始終保持警覺和敏感的動物打交道是值得進一步挑戰。馬輔助心理治療中的感官訓練是另一個方面，因為馬通過其蓬鬆的皮毛、鬃毛、尾巴和許多其他身體區域刺激人類的觸覺。

馬為人們提供了表達他們對日常生活的感受和天賦的機會，與馬密切身體接觸也可以做到這一點，傳達身體溫暖和安全的感覺，並為擁抱和愛撫階段留出空間。德國作家Rudolph G. Binding非常簡潔地總結了心理治療工作中首選馬兒的原因：「馬兒是你的鏡子／它永遠不會讓你受寵若驚／它反映了你的氣質／它也反映了你的波動／永遠不要對馬生氣／你還不如擔心你的鏡子。」選擇馬匹還有另一個重要原因是治療伴侶代表了這種動物的馴服性，馬具有可馴化的特性，對人深情，這是用於治療用途的基本要求。研究顯示焦慮評分的變化

在改變焦慮行為方面效果顯著，改變治療效果分析，治療組焦慮行為的程度比對照組減少許多。[41]

創傷後壓力症Posttraumatic Stress Disorder (PTSD)

創傷後壓力症的本質是經歷一件或以上的創傷事件發展特徵性的症狀。創傷後壓力症的臨床表現各有不同，可能基於恐懼的再經驗、情緒及行為症狀為主。創傷事件可以以各種方式再經歷。[42]

創傷後壓力症（PTSD）是一種精神疾病，可能發生在經歷或目睹創傷性事件（如自然災害、嚴重事故、恐怖行為、戰爭／戰鬥或強姦）或受到死亡威脅的人身上、性暴力或嚴重傷害。PTSD可發生於所有人、任何種族、國籍或文化，以及任何年齡。PTSD每年影響大約3.5%的美國成年人，估計每11人中就有一人在其一生中被診斷出患有PTSD。女性患PTSD的可能性是男性的兩倍。創傷後壓力症患者在創傷事件結束後很長時間內都會有與他們的經歷相關的強烈、令人不安的想法和感覺。他們可能會通過倒敘（閃回）或噩夢重溫事件；他們可能會感到悲傷、恐懼或憤怒；他們可能會感到與他人疏遠。患有創傷後壓力症的人可能會避開使他們想起創傷事件的情況或人，並且他們可能會對諸如巨響或意外觸摸之類的普通事物產生強烈的負面反應。創傷後壓力症的診斷需要暴露於令人不安的創傷事件。然而，暴露可能是間接的，而不是第一手的。例如，可能發生在個人了解親密家人或朋友的暴力死亡事件中。它也可能由於反復暴露於可怕的創傷細節而發生，例如警察暴露於虐待兒童案件的細節。[43]

在DSM-5中，PTSD被包括在一個新類別中，「創傷及壓力相關障礙症」（APA，2013年，第265頁）。此分類中包含的所有PTSD症狀群都需要暴露或目睹遭受創傷的事件（例如，實際或威脅的暴力、傷害、死亡和／或實際或威脅的性暴力）。DSM-5中的診斷標準描述了侵入症狀，迴避，認知和情緒的負面變化，喚醒的變化以及反應過度。該手冊指出，必須滿足診斷標準才能進行治療，但也可能會出現部分PTSD。雖然部分PTSD或「亞綜合徵性PTSD」不符合PTSD的全部診斷標準，但如果長時間不進行治療，則可能導致症狀變得慢性並

導致全面發作PTSD，此外，以前的創傷經歷，性別和年齡也是PTSD發展的促成因素。[44]

Held and Owens（2013）闡明，這種自覺的弱點造成了對需要幫助的個人的不尊重的錯誤態度，而虛假的力量或對創傷相關問題的忽視被大肆宣傳。[45]因此，PTSD的複雜性和嚴重性以及合併症，例如抑鬱症，焦慮症，失眠症或藥物濫用，以及與心理健康障礙相關的污名，加劇了該人群中自殺的風險。

馬輔助心理治療或馬輔助活動是一種體驗式治療方式，將其納入治療計劃，以立即處理認知，行為和感覺功能，並促進積極的成長和學習。基本上，馬輔助心理治療旨在促進生活技能，情緒調節和幸福感的發展，以及改善的社會心理功能。它有可能證明，在處理創傷反應時，可以減少對實際創傷的關注，而更多地強調建立聯繫，共情反映，關係互惠和尊重。廣泛地講，將馬和馬輔助活動納入治療計劃直接有助於個案的體驗過程以及隨後的收穫。正如Selby和Smith-Osborne（2013）所說，「馬作為變革推動者參與，以促進生物心理社會發展，增長和教育的進程」。

兒童期性虐待childhood sexual abuse（CSA）的遭遇在社會上很少報導，也未充分研究。如果治療干預不成功，通常會持續到個案的一生。兒童時期的性虐待是一種複雜的生活經歷，而不是診斷或精神疾病。具有CSA病史是兒童期及以後抑鬱症發展的關鍵危險因素。由於嚴重抑鬱症被視為導致社會健康問題的發生率很高，具有抑鬱症狀的CSA病史的個體必須接受有效治療。馬輔助心理治療對所有年齡段的人都有益。研究中出現的關鍵主題表明，馬輔助心理治療在建立信心和自尊、對情況的掌控和對馬匹的同情心方面是有效的。一項研究中對63名兒童進行了馬輔助心理治療，這些兒童經歷了家庭暴力，並被診斷出患有注意力不集中，情緒障礙（包括抑鬱症），PTSD和適應障礙等疾病。從干預前到干預後，所有63名患者的全球功能評估評分均顯著提高。[46]

一項定性研究探討了有不良童年經歷的年輕女性在馬輔助心理治療中恢復力的交流過程。研究結果表明，成年人、同齡人和馬可以幫助青少年：（1）塑造常態，（2）建立新的交流網絡，（3）在突出積極行動的同時使消極情緒合法化，（4）運用替代邏輯以目標為導向的談話，以及（5）培養賦權的身分。考慮了馬輔助治療中的溝通信息和過程，特別是與人類和馬建立關係如何促進患有不良童年經歷的青少年的復原力。[47]

　　馬輔助活動和心理治療是一種治療干預措施，包括在基於證據的治療框架內馬匹的學習活動。是一種越來越多的針對心理健康問題的輔助治療方式，凸顯出許多的關於其對患有創傷後壓力症（創傷後應激障礙）（PTSD）倖存者等人群的有效性的研究報告。一個試點研究中，發現在為期一或兩天的馬輔助心理治療計劃（包括關於馬心理教育、引導馬活動、個人反思和EAAT的小組處理）後，參與者報告了計劃諸如「了解自己」、「精神聯繫」、「信任」和「尊重」等好處。在澳大利亞進行的一項縱向研究發現與伴侶一起參加為期5天的住宿馬輔助心理治療計劃的退伍軍人在抑鬱症和壓力測量方面的得分明顯較低。馬輔助活動和心理治療可能對患有PTSD和相關疾病的退伍軍人有益。馬對人類情緒的鏡像效應可能有助於為退伍軍人提供存在感或自我效能感，這可能有助於建立信心和自尊。鏡像效應還需要控制一個人的壓力和驚嚇反應，而訓練有素的馬匹（身心健康）不會反映壓力、驚嚇或不安。期間與馬相處和觸摸的身體成分可能有助於參與者建立健康的身體自我形象和與自己更積極的聯繫。馬輔助活動和心理治療可能特別有益，因為患有PTSD的人可能有（1）高度警覺（高度的壓力反應）；（2）難以建立意義感；（3）難以保持積極的自我形象。[48] Linda Porter-Wenzlaff在他的文章中寫到「找到她們的聲音：通過馬促進治療在女性虐待倖存者中發展情緒、認知和行為的一致性。」提出的摘要如是說：對受虐待婦女使用馬輔助心理治療需要努力工作和大量資源的匯合。首先，必須有一位具有必要的知識和技能的心理治療師使用馬兒為我們提供的禮物，並且在虐待後的工作中有豐富的經驗和使個案感到舒適。還需要訓練有素和社會化的馬兒能夠為個案處理虐待行為並在有利於工作的自然環境中找到自己的聲音時與個案保持聯繫。最後，需要願意尋求非傳統治療選擇的個案。面對過去的虐待及其揮之不去的影響始終是一段艱難的旅程。對於沒有聲音的女性來說，有勇氣在馬兒的陪伴下踏上這段旅程尤其具有挑戰性。當這一切融合在一起時，結果是協同的和深刻的，所獲得的關係往往可以長期維持。完成這項工作的女性渴望再與她們同行的馬匹繼續保持聯繫並不少見。持續關係中的一致性似乎使他們保持中心地位。該文章的作者不止一次聽到她們的聲音在牧場上響亮而清晰地呼喚馬兒，而馬兒以靠近的馬蹄聲作為回應。[49]

　　EAGALA所涵蓋的課程主題包括：安全性；邊界——如何利用身體來加強邊界，如何保護他人的邊界（即兒童），以及如何知道何時違反了邊界；與自

我，與馬以及與他人的聯繫和交流；自我保健，身體和自我意識，自我形象和自尊心；提供和接受支持，並在一個團隊中而不是孤立地工作；信心，發現人際交往的能力，採取行動，而不是被動地變得果斷；並在尋找表達情感的自由時意識到挑戰。

Wanda Kay Whittlesey-Jerome記錄了一段接受馬輔助心理治療一位個案的日記：

> 今天我要選我的馬。我選擇了紅色的，因為她在周圍閒逛，好像在說「我在這裡——接我。」我覺得她需要關注。梳理她，我感到一種幸福和平靜的解脫感。我告訴她……。我想哭。刷著尾巴，她似乎很高興。為什麼我不能快樂……好吧，我想今天不是——現在還不是我的時間。哎呀，為什麼我想哭？……這太糟糕了——我的心感覺就像有人踩了它然後又放回去了。……我不能停止哭泣。……我覺得一條河想要從我的眼睛裡流出來。這太糟糕了。我在告訴一匹馬我的感受，我哭得很利害。我感到非常痛苦，我不知道如何阻止它。這匹馬看著我，就像「你好——我在這裡等你。」別擔心了。你可以告訴我。你哭的時候我會聽的。……太情緒化了……這匹馬讓我說出了我的感受，她對我充滿了同情這太奇怪了。

另一個個案的實例描述：阿秀（假名）是一位45歲的職業婦女，離異，沒有孩子。在她離婚後的過去兩年裡，一直過著缺乏自信，以及對工作和個人生活的不滿和找不到方向感。阿秀還說她對人失去了信任，並開始避免社交活動。小萱（假名）是一位專業的心理治療師，使用馬輔助心理治療的方法來幫助阿秀重新獲得信心、信任並確定未來的人生目標。

馬場上的第1節課

小萱邀阿秀站在馬場上，專注於進入放鬆狀態，同時等待星星，星星是一匹棕色的母馬，身高155公分，對阿秀的存在沒有任何反應。當阿秀放鬆時，她注意到星星，從馬場的另一端靠近她。慢慢地，就在阿秀和小萱靜靜等待的時候，星星站到了他們伸手可及的地方。然後，小萱讓阿秀看看她是否能找到

與星星聯繫的方法，這樣小萱同意在沒有被人帶路的情況下跟著阿秀在馬場裡轉一圈。小萱先展示了當星星走到她身邊時，輕輕地握著韁繩，走在星星左邊，略與星星的頭頸平行。當小萱停下來的時候星星也停下來。走了一圈以後，換阿秀與星星一齊走，然而，當阿秀站在星星身旁，開始往前走時，星星依舊留在原地。

小萱解釋說，馬會適應我們的真實本性，或「核心自我」。因為它們是獵物，所以當某些東西失去平衡時，它們會立即注意到。因此，他們對人類的情緒非常敏感，也是非語言交流的專家。如果個案表現出不一致，例如以自信的方式行事但內心懷疑自己，馬會發現他們的能量令人困惑並且不想聯繫。

牢記這一點，阿秀再次嘗試，這一次深深地調整到她的真實感受，而不是聽她腦海中的喋喋不休。在她保持著這種意識的同時，星星立即做出了反應，心甘情願地同意和阿秀一起在馬場上走來走去。緊接著，小萱向阿秀展示了如何讓星星抬起她的腳。小萱將注意力順著星星的身體往下移，然後輕輕撫摸了一條後腿，小萱默默地專注於星星抬起她的左後蹄，牠這樣做了。阿秀重複了一遍，起初很掙扎，但最終能夠清晰地集中注意力，星星依次為她抬起了所有四隻腳。

之後，小萱與阿秀討論。阿秀解釋說，她注意到她的腦海裡正在發生一場持續的戰鬥，像是「我無法做到這一點」和「如果這不起作用怎麼辦？」之類的想法。最初阻止她與星星聯繫。在她放棄這些想法並專注於馬匹之後，她能夠「在當下」並保持在實際發生的事情中。她意識到事實是她能做到，而且確實奏效了。這極大地提高了她的信心水平，小萱要求阿秀在接下來的一周內反思她生活中她對自己的想法可能無法反映真相的任何其他領域；克服自我懷疑。

馬場上的第2節課

馬場上的第2節課是與螢火蟲一起進行的，螢火蟲是一匹比小馬大一點的小母馬，但卻是牧群中的女族長。大得多數的馬會服從螢火蟲，不管她的大小，因為她贏得了他們的尊重。

小萱讓阿秀花一些時間在競技場中央為螢火蟲梳理毛髮，清潔皮膚。螢火蟲繫著一根韁繩，但它沒有系在任何東西上。阿秀的任務是讓螢火蟲在梳理完她後保持靜止。起初這很容易──螢火蟲很樂意留下來，她刷了皮膚，梳理了鬃毛和

尾巴，清理了蹄子。然而，在這個過程進行到一半時，小萱開始餵其牠的馬匹吃草，而阿秀發現自己很難將螢火蟲留在她的身邊。「她在你身邊走來走去」小萱注意到，螢火蟲不停地向餵食區走去，有一次短暫地踩到了阿秀的腳上。阿秀意識到她必須堅定並在自己內心找到決心說服螢火蟲留下來直到他們完成工作。起初，阿秀需要用手抓住韁繩提醒螢火蟲保持靜止，但隨著阿秀變得更加專注，她發現她只需要專注於自己想要的東西，螢火蟲就可以保持靜止。

在工作結束時，阿秀決定將吊帶和韁繩一起移除，看看螢火蟲是否會像星星之前一樣與她一起行走。螢火蟲立即回應。在隨後討論中，阿秀說她必須努力保持螢火蟲的注意力，而螢火蟲確實從她身上走過（踩到了她的腳）。小萱解釋說，只有當我們體現出優秀領導者的特質時，馬匹才會願意接受我們的領導，例如尊重、清晰的溝通和自信，螢火蟲自己在馬群中扮演的角色。最初，阿秀掙扎是因為她為阻止螢火蟲與其他馬匹一起餵食而感到內疚。這分散了阿秀的注意力，螢火蟲的注意力也分散了。然而，一旦阿秀決定為螢火蟲留下足夠的食物（事實上，螢火蟲還收到了一個蘋果，她最喜歡的款待）並且他們正在做的事情更重要，螢火蟲就回應了阿秀。阿秀將此與她在工作場所互動的人聯繫起來。她能夠看到，如果她在溝通中更加堅定，她可能會獲得她所尋求的尊重。小萱稱讚阿秀能夠獲得螢火蟲的尊重，並建議她下次在工作時以這段經歷引以為鑑。獲得尊重。

馬場上的第3節課

威士忌是下一位與阿秀合作的馬匹，牠是牧群中的強大的成員，並且知道如何明智地使用自己的力量。為了在這方面向他學習，阿秀需要將她的能量水平與威士忌的能量水平相匹配，她覺得這很難。在過去的兩年裡，阿秀失去了動力，她不再覺得自己有能力控制自己的生活。這導致了低能量水平，她描述了有時幾乎看不見的感覺。小萱覺得這匹自信的大馬在這方面會教阿秀一些東西。

小萱建議阿秀，希望像星星和螢火蟲之前所做的那樣讓威士忌和她一起走，他照做了。然後小萱又建議阿秀與威士忌進一步互動，並讓他在她身邊小跑。小萱通過在馬場上慢跑來證明這一點，威士忌在她旁邊小跑。然而，當阿秀接手時，威士忌怎麼也沒有動做，只是在她身後慢慢遊走。她嘗試了很多次，但威士忌繼續落後。小萱又問阿秀，威士忌的行為是否讓她想起了什麼。

阿秀意識到這代表了她在生活中的步伐，用很少的精力和感覺好像她什麼也沒有。她覺得威士忌正在向她展示這一點。她還認為，她無法獲得讓威士忌更快移動所需的更高水平的能量。小萱感覺到，雖然這節課為阿秀提供了一定程度的洞察力，但它仍未完成。她問阿秀是否會再次嘗試讓威士忌動起來，但這次只專注於走幾步。將最初的目標分解為更小的目標，讓阿秀不會感到不知所措。這一次她開始奔跑，威士忌終於在她身邊小跑了幾步。雖筋疲力盡但有了新的理解，阿秀和小萱都同意課程已經完成。阿秀現在意識到她需要做些什麼才能重新開始掌控自己的生活。

馬場上的第4節課

　　阿秀的最後一節課是和寶藏一起。作為一匹小馬駒，寶藏被遺棄，不得不自謀生路，數月後才獲救。小萱想知道這是否與阿秀最近離婚的經歷以及她隨後對自己和他人失去信任有關。

　　阿秀發現讓寶藏在梳妝時保持靜止或在她身邊走並不像螢火蟲那樣容易。寶藏學會了優先考慮自己的幸福，並且高度自力更生。為了獲得寶藏的合作，阿秀意識到她必須學會更加重視自己。阿秀向小萱解釋說，她習慣於對每個人都很好，通常是自願的，因為她擔心如果不這樣做，她會被認為是自私自立的人。小萱表示，寶藏代表了阿秀經歷「離婚和他人失去信任」的部分，接受她自己的這一部分是很重要的。阿秀同意接受自己的不完美會讓她也能容忍別人的缺點，她承認她的幸福最終是她自己的責任。通過寶藏的合作，阿秀了解到，堅定而尊重地要求自己的需求得到滿足比她在個人和職業交往中一直採取的道歉方式更有效。當阿秀能夠尊重自己的需求時，寶藏心甘情願地回應了她的要求。阿秀告訴小萱，她現在認識到，這是她對自己判斷力的信任，而不是對他人的信任。

總結

　　阿秀的馬輔助心理治療課程集中在以下幾個問題上：通過學習相信自己和自己的判斷來重新獲得對他人的信任。學習如何通過清晰的溝通、自信和決心來獲得他人的尊重。通過挑戰看到自己真正有能力的自我對話，有益的信念來學習相信自己。

　　馬輔助心理治療，在每週與馬匹進行的四次馬場上的課程，課程中幫助阿秀識別並解決了這些問題。由於治療是體驗性的，阿秀能夠很快看到她生活中發生的不適合她的事情，以及她是如何做出貢獻的。她與馬匹的互動經驗為她提供了新的參考點，可以在她生活的其他領域借鑒，並在通常會導致她陷入自我懷疑和抑鬱的情況下，為她提供了更廣泛的選擇範圍。阿秀表示，在她參加課程的四個星期裡，她所在工作場所的人們已經開始注意到她的積極變化，例如在討論中做出了更大的貢獻。阿秀很高興她被注意到了，因為她之前曾經說，她感覺自己是隱形的。她說，當她第一次開始接受馬輔助心理治療課程時有點懷疑，但很快就看到了這種方法的有效性以及它在短時間內給她帶來的更多洞察力。現在，每當她不願發表意見或開始對被別人忽視感到不滿時，她發現自己只需想想星星、螢火蟲、威士忌或寶藏，就能感受到她的信心上升並重新獲得控制感。

　　在四次課程結束時，阿秀說她在工作中獲得了更多的投入，並再次與人們進行社交互動。她認識到她對自己體驗世界的方式有多大的控制權，她特別感謝這寶貴的教訓，即不必總是「好」，把別人的需要放在自己的前面。馬輔助心理治療讓阿秀體驗到與離婚前不同的生活。自尊現在對她來說，是一個重要的價值觀，她從馬匹經驗中獲得的洞察力讓她有勇氣改變生活習慣。

第二部參考文獻

〔1〕History of Animal-Assisted Interventions by Lieve Meers, Debbie Coultis, and William Ellery Samuels

〔2〕https://www.openaccessgovernment.org/equine-assisted-interventions/99335/

〔3〕https://www.frdi.net/EAA.html

〔4〕https://www.youtube.com/watch?v=fHBwWJ5Ozk4

〔5〕Psycholotherapie mit dem pferd ,page 7

〔6〕https://www.pathintl.org/

〔7〕https://www.grin.com/document/119643

〔8〕The psychological Impact of Companion Animals for Older Adults who Reside Alone

〔9〕Die Auswirkungen hundgestützer Therapie auf [⋯] autistische Kinder – eine Leseprobe

〔10〕Using Kindergarten Number Sense to Predict Calculation Fluency in Second Grade Maria N. Locuniak and Nancy C. Jordan

〔11〕Psychotherapie mit dem pferd馬匹參與的心理治療書P. 10-19 Selbsterfahrung auf dem Pferd by Barbara Klüwer

〔12〕Psychotherapie mit dem pferd馬匹參與的心理治療書P. 39-51從被攜帶到對話

〔13〕Posttraumatischem Belastungssyndrom創傷後應激綜合徵

〔14〕Psychotherapie mit dem pferd馬匹參與的心理治療書P. 82-83

〔15〕Psychotherapie mit dem pferd馬匹參與的心理治療書P. 180-182

〔16〕Equine-Assisted Psychotherapy and Coaching P. 25

〔17〕Equine-Assisted Psychotherapy and Coaching P. 45

〔18〕Psychotherapie mit dem Medium Pferd: Theoretische Überlegungen und exemplarische Darstellung des psychotherapeutischen Vorgehens in der Arbeit mit dem Pferd.

〔19〕Horse as Healer: An Examination of Equine Assisted Learning in the Healing of

First Nations Youth from Solvent Abuse

〔20〕 Horse Psychology & the Language of Horses By Julie Goodnight

〔21〕 EQUINE ASSISTED LEARNING: SYMBOLIC VALUE OF HORSE AS UNDERLYING PATTERN IN HUMAN THINKING

〔22〕 Application of Attachment Theory to Equine-Facilitated Psychotherapy Keren Bachi

〔23〕 Heimerziehung und Bindungstheorie. Zusammenhängerkennene

〔24〕 Das eingeschränkte Leben Folgen mangelnder und traumatischer Bindungserfahrungen Klaus E. Grossmann und Karin Grossmann

〔25〕 What Is Cognitive Theory? Helen Akers February 12, 2022

〔26〕 Evaluierung einer pferdegestützten psychologischen Therapie im Rahmen einer stationären psychosomatischen Rehabilitation Sarah B. Mitteregger, Ursula Eichberger & Josef W. Egger 2017

〔27〕 The Use of Metaphors in Psychotherapy

〔28〕 An Arena for Success: Metaphor Utilization in Equine-Assisted Psychotherapy

〔29〕 DSM-5精神疾病診斷與統計 p.19

〔30〕 https://www.melanie-smaka.de/pferdegestuetzte-psychotherapie.html

〔31〕 DSM-5精神疾病診斷與統計 P. 50

〔32〕 https://www.cdc.gov/ncbddd/autism/facts.html

〔33〕 DSM-5精神疾病診斷與統計 P. 61

〔34〕 https://www.theravive.com/therapedia/attention--deficit-hyperactivity-disorder-　dsm--5-314.01

〔35〕 Equine-Assisted Services for Children with Attention-Deficit/Hyperactivity Disorder: A Systematic Review

〔36〕 https://www.additudemag.com/author/zoe-kessler/

〔37〕 DSM-5精神疾病診斷與統計 P. 155

〔38〕 Prevalence of mental disorders and psychosocial impairments in adolescents and young adults

〔39〕 Equine-Assisted Psychotherapy for adolescents experiencing depression and/or anxiety: A therapist's perspective

〔40〕DSM-5精神疾病診斷與統計 P. 189

〔41〕Evaluierung einer pferdegestützten psychologischen Therapie im Rahmen einer stationären psychosomatischen Rehabilitation Sarah B. Mitteregger,

〔42〕DSM-5精神疾病診斷與統計 P. 274

〔43〕https://www.psychiatry.org/patients-families/ptsd/what-is-ptsd

〔44〕Investigating the Efficacy of Equine Assisted Therapy for Military Veterans With Posttraumatic Stress Symptomology

〔45〕Stigmas and attitudes toward seeking mental health treatment in a sample of veterans and active duty service members

〔46〕Equine-assisted psychotherapy: a mental health promotion/intervention modality for children who have experienced intra-family violence

〔47〕Communicating Resilience among Adolescents with Adverse Childhood Experiences (ACEs) through Equine Assisted Psychotherapy (EAP) Elizabeth A. Craig Leanne Nieforth &Cynthia Rosenfeld

〔48〕Acceptability of an adjunct equine-assisted activities and therapies program for veterans with posttraumatic stress disorder and/or traumatic brain injury

〔49〕Finding Their Voice: Developing Emotional, Cognitive, and Behavioral Congruence in Female Abuse Survivors through Equine Facilitated Therapy Linda Porter-Wenzlaff

第三部

治療師

天上的風在馬耳朵之間吹來

——阿拉伯諺語

馬輔助心理治療Equine Assisted Psychotherapy（EAP）是一種經過驗證的體驗式治療。EAP已與其他體驗式治療形式進行了比較，例如遊戲療法、冒險療法和藝術療法。然而，EAP添加了一種獨特的生物——馬——它是閱讀肢體語言、意圖和情感的大師。馬匹的完整和誠實的反饋是使EAP如此強大的特殊成分。EAP中的一個常見問題是「馬在做什麼？」在EAP中，個案與馬互動，然後處理與馬專家和心理健康專家的互動。個案從馬匹那裡得到即時和誠實的反饋，使他們能夠學習新的行為並在馬場內外實現他們的目標。雖然個案有時間反思他們學到的東西，但EAP不是「談話療法」。相反，主要反饋是由馬匹提供的。馬自然行為和特徵增加了個案的自我意識並最終導致行為的改變。馬輔助心理治療已被證明是一種有效且簡短的治療方式。

馬輔助心理治療中，馬也被賦予了「治療夥伴」的地位，這一事實是最近才出現的，不過現正變得越來越成熟。對於人類和動物來說，這是一次具有挑戰性的合作，得到了個案的積極反饋。在治療用途中，我們說「馬是動力的來源」。動機是為個案帶來改變的第一個基本組成部分。包括馬，需要擴展二元心理治療環境以包括三元工作。在三個角色的會合中，個案可以與心理治療師和／或馬專家見面。因此，在人際交往中受到干擾的個案有可能首先更多地轉向馬治療師，然後心理治療師慢慢介入。許多個案也需要心理治療師的保障轉向馬。在這裡可以加強與治療師的關係。心理治療方面建立良好關係的重要性是無可爭議的——馬可以在心理治療方面提供進一步的關係，同時改善或加強

治療師和個案之間的關係。個案與馬一起工作，與馬廣泛身體接觸以及與馬的互動會導致「情感開放」。個案變得更加平易近人，對情緒反應持開放態度，允許進行原本看似不可能的對話。馬還提供了可以開展心理治療工作的起點：允許親近，也可以拉開距離，讓馬退步地背著你，「掌權」在你的手中。負責馬匹或將責任委託給馬匹或治療師。這些是在許多疾病的情況下必須處理的基本主題，並且在馬身上被賦予了一個準圖畫的、直接有形的維度。

行為學家Frans de Waal.說「我認為同理心屬於與哺乳動物血統一樣古老的遺產。同理心使用超過一億年歷史的大腦區域。很久以前，這種能力就隨著運動模仿和情緒傳染而出現，之後進化一層又一層地進行，直到我們的祖先不僅能感受到其他人的感受，而且還了解他們可能想要或需要的東西。」

同步性塑造了魚和鳥的群落行為和群體行為，作為一種運動模擬，是「最原始的協調形式和社會行為的最深層根源。」最初在靈長類動物中發現的鏡像神經元是同步性的生物學基礎。同步－本身－與感覺無關。這些只會在下一個層次上傳播，即情緒傳染。從這個發展而來的採取情緒化觀點的階段之後是心智化階段，通過自我反省獲得對自己心理狀態的額外可能性。

在治療語境中，我們經常不得不處理個案已經無意識地壓抑和分裂的感覺。雖然這些感覺，與公開表達的感覺相比，不是立即清晰易讀的，但治療師最多只能以反移情的方式感知它們。當個案／治療師二元組的主體間領域擴展到包括馬及其特定知覺時，這在類比交流領域可能要精細得多，治療師除了她自己的反移情知覺之外，還有馬在他遇到病人時作為確認、補充或糾正為可用。治療師在病人的感覺或從馬的反應中識別出來的東西可以通過適當的干預回流到治療過程中。這使患者能夠識別自己被壓抑的感覺。

馬輔助心理治療的質量保證首先需要合格的繼續教育，其中心理治療師對馬共情共振潛力的敏感性得到訓練和改進。在這裡，應該鼓勵他們根據現有的心理治療的概念中以及各自的馬術經驗，將工作與馬結合起來。鑑於對馬輔助心理治療的需求不斷增長，特別是考慮到創傷障礙患者不斷增長的需求。個案、馬匹和心理治療師之間高度複雜、持久有效的非語言關係互動需要精密的觀察。利用視頻的研究，我們關注的治療夥伴的主觀內在觀點可以通過客觀參數來豐富。通過這種方式，我們可以獲得了更多關於馬移情能力及其對心理治療師陪伴的人其心靈深度治療作用的信息。

第八章

再看馬兒

　　　　馬沒有帶來任何經驗，因此反饋沒有失真。

　　陽光下沒有比馬兒更高貴的動物：它被認為是美麗、優雅和力量的縮影。在希臘神話中，它被認為是眾神最喜歡的動物，根據阿拉伯人的說法，它是「火與風」的產物。自從人類坐在馬鞍上發現了地球上的幸福以來，馬兒的瘋狂就一直沒有結束。[1]

　　儘管不斷有跨學科呼籲為人類與非人類動物關係的更對稱觀點提供公平的競爭環境，但將人類和動物生活世界劃分為不同類別的經驗和研究的框架和格式繼續阻礙馬與人互動的語言和交流的努力。馬與人的聯繫可以從很多方面來理解。馬和人類如何從心理－精神框架中走到一起，然後考慮神經生物學對健康和福祉的影響。Daniel Stern的精神分析工作探索了「聯繫」的概念。他在心理治療關係中解決了這個問題，在當前時刻將這種聯繫擴展到馬與人的關係。Daniel Stern假設連接始於當下：構成我們經驗世界的小瞬間事件，是關係的基本組成部分。這些時刻進入意識並在兩個有情眾生之間共享。在這一刻，馬與人之間不斷的共創對話，當下的諸多方面正是在這個精神空間中，在接觸的那一刻，兩個種間都受到了心理、精神和身體層面的影響。牧場戲謔描述和分析了幽默譏諷和異想天開的口頭交流，因為它們的作用是發展一種精心設計又富有想像力的同志情誼。馬人之間的人格、相互關係和社區建設。牧場戲謔，作為一種知識和共享的隱語，不僅是一種調侃動物的方式，而且在實踐中，也開發了馬作為演員和夥伴的潛力，形成一種精心設計和高度親密的合作意識。

　　如何理解馬匹細微差別和對細微差別的關注（技能、知識、任務）？什麼樣的工作或勞動會引起這種關注？了解特定馬匹的細微差別取決於每匹馬兒的

個性以及每匹馬與特定人的關係。「檢查」馬匹的任務依賴於嵌入在人和馬之間的主體間關係中的技能和知識。專注於無法口頭交流的動物的身體和情感需求是馬專家的關鍵。情感技能使馬專家能夠觀察並從與馬細微身體和情感互動中汲取意義。對優良馬匹的擬人化理解可能有助於在馬與人之間建立一種相互感，並可能為馬專家提供一種管理平等騎馬互動的方法。活動中馬匹的語言也可能對如何發展和理解種間關係具有重要意義。如果要存在一個重視和優先考慮馬生命和福利的環境，就必須考慮馬匹的思想概念。

馬匹具有特定活動因素的五個基本指標：

1、恐懼、不知所措和不願直接向治療師口頭解釋自己和他們的情況列為將馬納入治療的主要原因，馬使用肢體語言進行交流。與馬相遇不需要任何冗長的解釋，然而，理解發生了，治療師由此敏感地感知相遇，伴隨，保護，如果有必要的評論，也許還發起並有時將事件翻譯成文字。

2、與馬一起工作意味著在實踐與個案真實世界之間的受保護過渡空間中與治療師一起採取模範行動和分享經驗。在這種情況下，過渡空間的概念與Donald Winnicott的「中間空間」並不完全相同——但它與之相關。個案和治療師一起離開練習室，進入外面的世界，不是進入個案的世界，而是進入馬匹的世界，它的馬廄，它的位置。在這個過渡空間中，個案的內心主題可以、可能並且將會出現和排列——已經在真實的外部環境中，但仍然受到治療關係的保護。在治療情境中，馬一方面是具有所有物種典型特徵和行為的真實存在，就像治療師一樣，它成為各種投射的載體——部分可與過渡對象的動畫相媲美。個案對馬感覺有時可能會直接指向治療師，而治療師可能無法以她想要的方式為個案提供和接近。個案也可能更容易將這些感受和需求投射到馬身上。個案與馬之間的關係處於現實與幻想之間的門檻上，這意味著關於依戀安全的內化觀念可以轉移到馬身上。

3、打開練習室的密室，將馬作為一個活生生的第三方，對治療關係產生重大影響，甚至使其首先發生。一些個案將馬視為治療的橋樑。與馬匹的關係，不受與人／父母的困難甚至有時是創傷性關係的影響，本身就被視為治癒。

4、馬在散步時的搖擺運動，通常與同步呼吸甚至心率有關，與很早就被牽著的基本身體體驗有關。馬搖擺運動與被攜帶的早期基本身體體驗有關。馬感動人，外部的身體運動也感動我們內心，釋放情緒、阻塞和僵硬——有時還伴隨著眼淚和沈重的哭泣。身體上的接觸——溫柔而充滿愛意或粗暴和暴力——也會在情感上影響我們，導致信任或恐懼，在嚴重創傷的情況下也會導致分離。心身平靜似乎可以增強人們對調節困難、負面情緒（如恐懼、悲傷或憤怒）的能力的信心。它有助於處理高度情緒化的情況，例如創傷經歷和最初以分離方式處理的經歷。治療師可能使用騎馬——尤其是在創傷處理過程中——來防止分離或支持情感調節。似乎通過將身體姿勢和動作與馬同步，不僅情緒的波動和對人際關係的極大開放是齊頭並進的，而且與自己的內心世界建立更通透的關係成為可能。與另一個生物的情感聯繫——尤其是與身體接觸相關的——打開了一個人自己的情緒和一個人的自我，這些情緒可能已經被壓抑了很長時間或處於無意識狀態。

5、馬和人之間的深厚聯繫經常被體驗和感覺為一種非常特別的，幾乎是神祕的。馬匹的共振現像很容易觀察，但難以測量或操作。CG Jung使用「參與神祕」一詞來連接無意識中的分析夥伴。「參與神祕」的民族學理論描述了一種特殊的情感聯繫。馬在治療情況下的本能意識有時也與他們互動的人的無意識有關。

與馬一起工作可以幫助人們發現和克服不健康的模式和行為。這是因為馬作為非語言交流者，會通過自己的反應立即給出關於動作和肢體語言的反饋。馬特別敏感，能夠反映情緒和行為。我們通過觀察馬在做什麼來了解我們的人類個案正在發生什麼。將馬輔助心理治療應用於治療受創傷的個體，包括特別是戰鬥退伍軍人和急救人員，是一項新的重要發展。暴露於創傷性事件會在喚醒系統中產生巨大的劇變。因多重創傷、持續時間延長的創傷或個人造成的創傷而中斷的系統是依戀系統。這導致了許多現在被認為是複雜創傷的症狀，其中一些是與家人和朋友的關係受損、普遍的社會退縮以及失去先前維持的信念等。在馬附近工作似乎對應對這些挑戰非常有幫助。這有幾個原因：

1、馬活在當下。他們對現實和意圖做出反應。與他們互動可以教導正念，這可以成為恢復此時此地生活的窗口。

2、馬很活躍。與他們一起工作需要運動和接地，這會減少喚醒和分離。正念、紮根、運動和在當下工作都增加了個人體驗現在而不是回應創傷性過去的能力。

3、馬是群居動物。他們天生的好奇心和頑皮性格有時如此強大，以至於取代了他們對食物的興趣。被邀請與他們互動可以克服孤立並支持人們對新奇事物的興趣。這有助於重新激活頭腦中的額葉，提高思考能力。

4、馬是非評判性的。他們接受人和其他馬兒的本來面目，沒有偏見或歧視。

5、馬群生活。他們為非掠奪性群體行為建模，並可以教人們如何在沒有暴力的情況下進行互動。

6、馬能夠感知陌生人的情緒「喜悅」和「憤怒」。馬能夠區分消極情緒和積極情緒之間的人類面部表情。研究表明，當馬進入所謂的危險情況時，它們會根據領導者的心率來調整自己的方向，並相應地調整自己的行為。

7、通過與馬匹一起工作，個案也體驗到了自我效能感並建立了自信心。此外，馬會幫助人們變得真實，即外表行為與內心世界和諧相處，並為他們指明道路。與馬一起工作也將提高自我反省的能力。與馬一起工作認識到了自己的恐懼，並找到了克服它們的方法。

8、環境因素也會在馬輔助訓練中發揮作用，有一個與馬互動的「安全空間」很重要。創造這個空間將屬於馬專家的任務。平衡的馬匹對於感到安全也很重要，馬有機會從與人的干預中恢復過來並有足夠的空間滿足他們的需要。

9、當人類識別出他的模式並與馬一起發展穩定的關係時，與馬的關係可以成為一種糾正體驗。一個人對馬匹的處理可以反映他／她如何對待自己。馬多次被視為一面動態的鏡子，人們可以通過它進行對話。

10、一匹精力充沛的馬幫助人類自由。

11、馬不會給人類留下印象，人類無法或很難修改，而馬是始終保持對變化和發展的開放態度，以便公正地對它們做出反應。還提到馬沒有帶來任何經驗，因此反饋沒有失真。

12、對馬匹的責任感和尊重，這為自己工作創造了高水平的動力，並利用馬匹的反饋進行開發。這種療法的效果可能比與治療師打交道時更

強。這匹馬不會因為它的工作而得到任何補償，這當然是人類治療師的常見做法。它或多或少地自願宣布願意支持人類。因此，個案可能會覺得他虧欠了這匹馬。對這匹馬表現出極大的感激之情，個案或許希望他們擁有自己的馬，他們希望在未來與這些馬建立更好的關係。

13、與馬一起工作對自我認知和外表的影響最大。和馬一起工作有助於找到你的「真實」，馬真實性是培養了清晰的內在態度和健康的自信，以及區分和保護自己界限的能力

14、與馬一起工作增強了一些受試者的自信心，並賦予他們一種自我效能感。在文獻中，這種效應與「影響馬」有關，並被馬匹的身體質量放大。

15、與馬一起工作會幫助他們認識到他們真正的外部影響。可以看到自我認知的不同。與馬關係的體驗再次發揮了作用，因為這種體驗可以轉移到人際關係中。

並非每匹馬都可以用作治療馬，或者只能在有限的範圍內使用。不合適的馬對個案來說可能是危險的或者馬本身遭受心理傷害。人與馬之間正確的「匹配」對於人類發展是十分重要。馬有不同的個性，具有不同的特徵，不同的馬其性格所帶來的體驗在質量上也有所不同。這意味著如果人們沒有遇到一匹個性適合人們需求的馬，那麼治療的潛力就會被浪費掉。因此治療中優化馬匹的使用是很重要的。

多年來，跨物種交流的可能性讓人們著迷。馬顯然可以了解某些提示的含義以及如何做出反應。隨著馬匹對馬術選手的經驗和信任的增加，提示會變得非常微妙。馬在人類使用環境中表現出的行為在不同的情況中的比較：第一、馬接觸所涉及的人馬互動，如人駕馭馬。第二、馬與人類的相互作用與馬自然的活動，有類似的行為，但這種類似的行為不會發生在人類對馬匹的行為中，例如咬。第三、自然中的活動包含在馬行為程序中，但不存在於人類或馬起源的人馬互動中，例如哺乳。第四、人與馬互動中沒有自然傾向而發生的活動，例如騎馬。這說明了影響人與馬之間關係的不同類別的行為。行為主義者在馬術運動或人類對馬習得行為的對話，騎手與愛馬人士的雙方主張壁壘分明。所以筆者已覺察「自然馬術」是否因這原故而誕生。牢記這一句話，對誰都好「馬不是磨損時需要更換的運動器材」。

第九章

蛻變，馬專家

蝴蝶很美，但從蛹中出來並展開翅膀的過程卻像地獄一樣痛苦

——Jeanette LeBlanc

馬專家任務的重要性。首先，馬專家的任務是同情地認識到個案的需求並相應地設置馬輔助，即選擇合適的馬匹和相應的練習。重點主要是人馬之間的配合。馬專家應該在這兩個領域都具備紮實的專業知識。他必須精通人類心理學領域，並充分研究馬匹的行為，以便能夠提供一個安全的框架。缺乏知識或經驗可能是危險的。馬專家還將在使馬體驗變得發揮重要作用，馬專家的主要任務都被視為馬與人之間的「翻譯」將馬肢體語言翻譯成人類可以理解的口頭語言。在干預期間，馬專家還將支持反思以促進對情況的理解以及在此過程中提出具體問題，從而鼓勵反思。在與馬一起工作時，馬專家研究了他們的行為背景。

馬專家在工作中擔當了重要角色。他充當翻譯，使馬匹的肢體語言反應為人類所理解。他支持反思以充分發揮干預的潛力並指導某些練習。他通過提問和支持過程來伴隨練習。雖然有他的工作是牢記人和馬的需求，並為雙方創造一個安全的環境。為了確保這一點，馬專家對人和馬有足夠的專業知識是多麼重要。

那麼任何人都可以申請成為馬專家（導師）嗎？原則上是的，因為根據Eagala的理念，在傳授知識時，承諾是最重要的。但儘管如此，我們還是在馬專家被分配工作之前要好好謹慎評估他們的能力。但請放心，Eagala的錄取過程並非不可能，不過要求很高。只是這樣你才能最終獲得最好的馬專家（導師）的認可。當然，每個科目都需要不同的技能，但這是我們在每位馬專家

（導師）身上尋找的四種品質：（1）再次集中處理一門或多門科目的動機，如有必要，甚至為了能夠更好地回答問題而獲得額外的知識（2）解釋能力——因為知識本身並不能成為一個好的馬專家（導師）。你必須能夠同情學生，才能真正傳達一些東西（3）輔導取決於協議，因此每一個馬輔助治療中心的馬專家（導師）必須絕對可靠（4）專業能力——歸根結底，如果馬專家（導師）不能為學生提供任何附加價值，那也無濟於事，所以專業能力對每一個馬輔助治療中心來說，都非常重要。多年經驗？不，我們的馬專家（導師）不一定需要有輔導經驗。在我們看來，性格是決定一個人能否成為馬專家（導師）的主要因素。由於我們的馬專家（導師）都很年輕，所以更像是在朋友之間學習，在已經有相當觀點的朋友之間學習。但是為了能夠保證你的馬專家（導師）真的能幫到你，我們在內部對每個馬專家（導師）進行口試，看他是否能夠解釋複雜的問題。

　　馬輔助心理治療對馬專家的要求是多種多樣的，必須事先仔細考慮。首先，必須給出基本的治療專業。從我們的角度來看，這對於滿足這項工作的治療要求是絕對必要的。任何敢於接觸馬輔助心理治療的人都應該有幾年的馬經驗，並準備不斷擴展和加深他們的知識。處理中的絕對安全，就動物的絕對安全而言，是用於治療的基礎。馬專家必須清楚地看到馬的情緒，以確保做出充分的反應。這假定，在第一次治療開始之前，馬專家必須與馬共度一段時間，並且雙方都建立了信任基礎，無論馬是自己的還是「借來的」。每個馬專家都必須能夠根據他的治療工作來訓練他的馬。這包括驚嚇訓練、手頭體操、弓步和馬鞍以及可能與治療相關的遊戲。特別是使用馬給日常工作帶來的變化不容小覷。

　　時間因素要大得多。常規實踐中已知的不間斷療法不能用馬來實施。畢竟，對於動物，除了孩子和治療師之外，還有第三個因素在起作用，它有時吃得更慢，或比平時更餓，或者比前一天需要更多的時間才能離開圍場。而且因為每匹馬在治療後或作為治療的一部分都必須得到照顧，所以馬專家應該在下班後留出緩衝時間。如果您沒有十匹馬供您使用，或者您不想讓每匹馬多次工作，那麼每天可以接受個體治療的兒童數量也會減少。一種可能的選擇是建立不同的小組或結合精簡的馬輔助心理治療。無論哪種方式，都需要豐富的想法和組織能力，除了增加工作時間之外，還必須考慮到馬自然需要補償工作。任何認為治療很忙並且受到足夠挑戰的人都是錯誤的。與馬專家的日常訓練是必

須的。並且會佔用大量時間。任何與馬一起工作的人都應該了解馬匹的需求，是否可以創造空間來滿足馬匹。無論如何，將馬放在沒有社交聯繫和放牧的盒子裡是有問題的，但是使用一匹基本需求未得到滿足的馬作為治療夥伴，這是關於心理和身體健康的，沒有任何意義，也不符合馬輔助心理治療的基本理念。除了時間因素外，還有空間因素需要考慮。當然還有金融方面的。養馬是一個不可低估的成本因素。這不僅意味著容易計算的穩定租金，還包括獸醫費用、鐵匠費、保險費、設備費、飼料費和汽油費。還必須考慮騎馬或進一步訓練馬匹，就像對馬專家的進一步訓練一樣。如果你想從事馬輔助工作，你必須仔細考慮你想給你的馬匹做多少工作，它是否能滿足要求，如果馬匹受傷變得瘸了你會怎麼做。您是否有自己的幾匹馬，或者是否可以在馬廐中「借用」其他合適的馬？有了動物輔助工作的所有積極方面，提前考慮每個人願意以犧牲財務狀況為代價對馬及其需求做出讓步的程度仍然很重要

學習馬：尊重馬是強大而復雜的動物。如果你不花時間正確地尊重馬，你不應該試圖成為一個馬語者。這意味著把馬兒的需要放在你自己的慾望之前。你必須能夠尊重馬兒的情緒和慾望。這是一種態度，它會影響你與馬的每一次互動。與馬共度時光，學習對馬兒的尊重。馬語者在1900年代中期震驚了馬術訓練界。人們很難接受與馬一起工作會如此艱巨。因為人們對馬不是很了解，以前的馴馬方法是野蠻的、虐待的。馬語者是對這種過時且無知的馴馬方式的溫和回應。

在歐美學習成為馬專家或馬語者有以下的可能性：
1、了解馬是如何工作和思考的。研究馬匹的觀點和馬對生命中最重要的東西的看法。研究馬匹的感官是如何工作的。知道他們看不到你的視野中的地方，這些盲點會讓馬緊張。馬認知和視覺經常被低估。他們的盲點在他們的正前方和正後方。馬是群居動物，它們尋求領導者和領導者的認可。馬是獵物，它們很容易受到驚嚇，它們的主要自然防禦是逃跑。與馬匹的交流非常複雜。
2、考慮獲得專門的兩年或四年制學位。許多大學都有旨在幫助人們與馬一起工作的計劃。請諮詢當地的兩年制和四年制大學，了解他們提供哪些類型的課程。研究強調馬訓練的計劃。一些學校還提供馬訓練、

小馬起跑和馬術證書，您可以在一兩年內獲得這些證書。如果您已經是一位經驗豐富的馴馬師，請考慮獲得商業學位。商業學位可以幫助您了解如何管理和發展您的業務。

3、尋找老師，以幫助您學習如何成為馬語者。學徒制可以讓您跟隨作為馬語者工作的人並從他或她的經驗中學習。檢查您所在地區的馬語者，看看是否有任何學徒可用。請記住，學徒期可能會或可能不會支付你薪水。您可能會因為您的幫助而獲得少量津貼，或者您可能正在工作以換取您獲得的知識和經驗。

4、加入俱樂部。農場或馬匹俱樂部，可以讓您有機會與馬匹一起工作。聯繫您附近的當地農業俱樂部和組織，了解您是否可以加入。很多時候，您也可以詢問志願服務機會。這些小組是獲得經驗的好方法。騎馬俱樂部也是接觸馬匹的好方法。

5、與馬進行一項運動。有許多與馬有關的運動。馬球、賽馬、牛仔競技表演和特技比賽都是與馬匹互動的競爭方式。有時學校，如大學，會有這些俱樂部或團體。在其他情況下，可能需要在網上進行一些研究才能找到一個與馬一起運動的當地團體。

與馬一起工作：

1、餵馬。你必須從某個地方開始。這是與馬一起工作的簡單第一次嘗試。像蘋果、胡蘿蔔和燕麥等食物。確保你給馬正確的飼料！餵馬方糖只是作為一種享受。這種互動將幫助您了解馬，建立聯繫。

2、清潔馬。買一個馬美容工具包並好好照顧它。輕輕地將你的手滑下馬的身體，讓他知道他可以信任你。這個動作是理解和發展與馬的緊密聯繫的關鍵部分。這應該是一種習慣。在這匹馬被馴服到足以讓你撫摸和梳理他之後，不要指望直接跳上去騎。你需要先讓馬信任你。確保在騎馬之後也進行清理。這樣你就可以全面了解動物了。如果可能買一匹屬於自己的馬。馬所有權可能是將您對馬的奉獻精神提升到一個新水平的重要組成部分。馬會要求你一直和你一起工作。馬每天都需要照顧。通過這種不斷的奉獻，您將了解您的動物的交流方式。你會想看看動物的家庭生活，與牠互動，並在購買前帶他去看獸醫。

3、花時間在馬周圍。請記住，過度活躍的馬或野馬可能很危險。在它對你的存在感到滿意之前不要離馬太近，這樣做可能會破壞你已經贏得的信任，並可能危及你的安全。如果您沒有接受過適當的訓練，請不要試圖讓受驚的馬平靜下來。接近馬匹時要小心，因為從後面接近馬匹時可能會很緊張。雖然他們的後腿可能很有力量具有危險，但他們的前腿或更具有危險。在馬匹在圍場時觀察它們。和馬站在一起，輕輕地和他說話。看看馬如何與其他人和馬互動。

4、聽馬，注意馬發出的聲音，以及牠們的含義。還要密切注意牠的肢體語言。如果你足夠細心，它可能會告訴你只有「馬語者」才能理解的事情。很快，你可能會理解這匹馬，牠也會理解你。這樣做的目的是建立一種交流。注意馬會屈服，良好的咀嚼和舔舐是馬準備好順從的標誌。

5、告訴你的馬你是領導者。馬會閱讀肢體語言並使用肢體語言來表達自己。馬也會讀懂你的肢體語言，以確定你是否負責。像擠滿你的空間或咀嚼你的襯衫這樣的小事可能表明馬不認為你是領導者。教你的馬，你負責是很重要的。如果馬在您的私人空間中，您可以使用輕柔的壓力來糾正馬。例如，如果你的馬在你刷馬的時候侵犯了你的空間，那麼就靠在他的身邊，直到他回到他之前站立的地方。

6、學習如何「加入」一匹馬。與馬聯合是Monty Roberts開發的一種特殊訓練方法，它使用圈乘來限制馬匹。當馬被限制時，馴馬師站在中間並使用手部動作和／或鞭子或引導線的移動，使馬繞圈跑。馴馬師所給的口令或手勢使馬匹速度慢下來，漸漸等待馬靠近。這種介紹稱為「加入」。這種訓練方法似乎非常有效，但某些獸醫科學研究人員提醒說，這種方法可能會給馬匹帶來創傷。因為馬作為群居動物，正在與圍欄中的人身上尋求慰藉。然後在馬「加入」訓練時轉變為接受。當牧群不想讓馬成為其中的一部分或懲罰牠時，這與牧群使用的方法與圈乘相同，加入的馬會被嚇跑到牧群空間的邊緣。這是潛在的創傷。

由於自然馬術的聯想，再介紹一下馬語者：
你是否正在努力訓練一匹不守規矩的馬，而你圈子裡有人推薦了馬語者？

那是什麼呀？它是某種物體，還是一個巫師？儘管這個詞聽起來很神祕，但你不必尋找具有魔法能力的人。那麼，什麼是馬語者呢？簡而言之，它是一位馴馬師，他使用現代馬心理學來評估馬匹動機並解決馬匹的需求和願望。事實上，馬語者也被稱為天生的馬術訓練師。讓我們了解更多關於馬語者的信息。馬語者是使用馬語技術創造人獸合作的良好基礎的專家。與流行的看法相反，馬語者與安靜的談話無關，更多的是與觀察和非語言交流。馬語者的主要目的是通過使用適當的肢體語言與馬建立聯繫。最終目標是使訓練更容易或幫助馬克服創傷。馬語者有兩個重要的角色，訓練年輕的小馬，尤其是為比賽目的而飼養的馬，以及幫助所有年齡段的馬克服創傷。許多馬主甚至騎師都認為年輕的馬很容易訓練。然而，不當的培訓會導致行為錯誤，一旦根深蒂固，就很難糾正。這些行為問題可能包括：（1）對人類和其他馬匹的攻擊性、（2）恐懼和恐懼症、（3）飲食失調、（4）性行為問題。

在非語言交流的幫助下，馬語者可以訓練幼馬，同時防止不良行為的發展。同樣，馬語者也可以幫助糾正以前訓練過的馬某些不適當的行為。為此，馬語者通常使用積極的強化技術以及適當的肢體語言。馬語者在幫助馬克服創傷中的作用，除了訓練之外，天生的馬術訓練師還可以幫助馬匹克服創傷。例如，如果一匹馬在發生事故後拒絕馬鞍或對人類或其他動物產生攻擊性，馬語者可以從馬匹的角度理解問題，並採用可以幫助馬克服焦慮並重新信任人的訓練技巧。如果創傷是由不適當的訓練引起的。例如，由於懲罰或負強化，專業的馬語者也可以幫助改善馬與其主人或常規訓練者之間的關係。在身體創傷的情況下，馬語者與獸醫師密切合作，在康復過程中幫助馬。馬語者識別的典型馬信息，馬語者可以解讀馬匹的肢體語言，以確定動物的問題所在。

訓練有素的專業人員可以識別的一些事情：疾病和疼痛：馬匹的肢體語言是動物可能生病或感到疼痛的第一個指標。一匹生病的馬不僅會從牧群中脫離，而且還可能表現出固守一角而獨自忍受疾病。例如，一匹感到胃痛的馬可能會咬它的腹部或躺下幾分鐘後才能再次站起來。痛苦的馬也會低著頭，保持僵硬的姿勢，盯著一個固定的點。壓力和焦慮：感到壓力或焦慮的馬也會表現出特定的行為。第一個指標是僵硬的姿勢，眼睛睜得大大的，鼻孔張開，耳朵朝前，尾巴高高。馬也可能不由自主的舔或咀嚼。抑鬱症：與壓力和焦慮不同，抑鬱症是另一種可以影響所有年齡段馬匹的精神疾病。一匹沮喪的馬通常

會保持固定的姿勢，身體重心前移，頸部與地面平行。大多數抑鬱的馬喜歡面對牆壁或其他障礙物，通常會忽略人和其他馬。不滿：像人一樣，馬可能不喜歡某些事情，包括梳理毛髮或上馬鞍。大多數馬通過擺動尾巴和搖頭來表達他們的不滿。在這些情況下，負強化會導致更嚴重的行為問題。雖然馬語者可以注意到馬匹的不滿，但他們也可以弄清楚馬兒甚麼時候高興。馬使用面部表情來傳達他們的積極情緒，包括所謂的「馬微笑」，他們在半閉眼睛的同時伸展上唇。

　　馬語者如何建立信任？無論是訓練幼馬，還是幫助受虐待或受傷的馬克服創傷，馬語者都會使用多種技術與他們訓練的馬匹建立信任：適當的肢體語言：如果你害怕或咄咄逼人，馬在你身邊永遠不會感到舒服。當第一次接近一匹馬時，專業馴馬師會使用順從的肢體語言並避免直接的目光接觸。保持眼睛和頭低低的將有助於馬明白你不是威脅。適當的心態：就像你的肢體語言一樣，你的心態很重要。冷靜而自信地接近馬匹。如果在訓練過程中事情變得太令人沮喪，建議在再次接近馬匹之前走開並冷靜下來。一致性：無論活動在哪裡，馬語者都使用相同的方法。最大的錯誤之一是在給馬鞍時以一種方式對待馬，而在引導它梳理毛髮或餵食時以另一種方式對待馬。如果你想建立信任，你應該總是以同樣的方式接近馬。設定界限：雖然你應該在接近馬匹時表現出順從的行為，但你仍然應該設定界限。定義一個清晰的個人空間並在馬侵入您的空間時立即糾正牠。只有在被邀請時才允許馬進入您的個人空間。正強化：訓練馬需很大的耐心，但你不應該懲罰馬匹。與其懲罰不良行為，不如鼓勵具有正面強化作用的良好行為，例如款待或拍拍。情感支持：馬語者的秘訣是冷靜應對任何情況。對某些人而言馬是可怕的動物，因此您必須能夠以最大的冷靜處理任何情況。只要您能夠傳遞信心，您的馬就會放鬆並信任您。

　　如何成為馬語者？如果你想擁抱馬兒，了解馬匹語言，你可以做的是：盡可能多了解馬：馬語者是把馬所需求放在首位的訓練師。因此，（1）除了個人學習，您還應該參加課程，成為馴馬師學徒，或獲得專業的馴馬師文憑。（2）開始與馬一起工作：在開始訓練馬之前，您應該熟悉馬兒和環境。最簡單的開始方法是餵馬。您不僅可以熟悉它們，而且馬匹也會習慣您。接下來，學習如何梳理和照顧馬匹。梳理毛髮是了解和發展與馬匹的關係的關鍵部分。（3）學習如何與馬溝通：了解馬行為只是成為馬語者的第一步；您還應該學

習如何使用您的肢體語言與馬進行有效溝通。學習如何接近一匹馬，如何與它交談，以及使用什麼方法進行有效的訓練。做到這一點的唯一方法是觀察和向專業的馬語者學習。

馬語者是一個真正的職業嗎？雖然馬語者沒有出現在任何職業列表中，但馬語者是專門研究馬匹心理和交流的訓練師。因此，馬匹的竊竊私語是真實存在的。馬語者一詞從何而來？這可以追溯到十九世紀的術語。這個名字之所以流行，是因為丹尼爾‧沙利文（Daniel Sullivan）一位愛爾蘭天生的馬術訓練師，他以恢復遭受虐待或創傷的馬匹的能力而聞名。誰是最好的自然馬術教練？很難說誰是最好的自然馬術訓練師，但在最著名的馬術教練中，我們可以提到Pat Parelli、Buck Brannaman、Monty Roberts、Carl Hester和Stacy Westfall。馬語者是能夠理解馬行為和糾正不良行為的重要人物。也稱為自然馬術訓練師，馬語者經常與年輕、不守規矩的馬或遭受虐待或創傷的馬一起工作。通過使用肢體語言和馬心理學，這些訓練師設法教育小馬，在康復過程中幫助馬匹，甚至治癒心理健康問題，包括壓力、焦慮、抑鬱和恐懼症。成為馬語者可能具有挑戰性，但如果你熱愛馬並夢想成為一名馴馬師，那麼學習馬語者技巧無疑將幫助你獲得成功。

馬語者不使用殘忍和野蠻的技術。行為分析師可能不是騎馬者，所以馬匹竊竊私語勝過打破馬匹的勝利似乎只是一種有趣的好奇心。然而，馬語者不僅僅是一種好奇心，因為技術與行為理論完全一致，特別是「習得性無助」所涉及的原則，積極強化的優勢優於厭惡控制、超時等技術的使用、特定物種防禦反應的重要性（以及其他對學習的生物學限制）、將語言解釋為行為以及行為在交流中的功能性作用。斷馬，與習得性無助在人類的術語中，馬是一個非常簡單的靈魂，因此任何用於教他的方法都必須簡化為最簡單的術語。一旦你鞭打一匹馬，你就消除了它的學習能力。

經過廣泛的培訓，訓練一匹馬接受馬鞍和騎士，需要三週的時間！似乎沒有人意識到問題在於訓練方法而不是馬。然而，作為一種經驗現象，其效果已經確立：暴露於不可避免的厭惡事件會導致後續任務的學習率降低。從本質上講，傳統的斷馬是對不可避免的厭惡刺激的不斷應用。當被視為廣泛暴露於非偶然的厭惡事件的產物時，斷馬的相對失敗是可能而明白的。馬匹的低語和勝利積極強化開始新的馬第一條規則，是沒有痛苦。訓練員不會擊打、踢、猛

拉、拉、綁或約束。如果你被迫使用一些約束，它應該是最溫和的，你的感覺，必須傳達給馬。向馬建議你寧願他這樣做，而不是你必須這樣做。習得性無助可能是對馬匹訓練相對失敗的恰當描述，但它不能解釋馬語者的相對有效性，成功的原因可能是使用的技術是基於正強化的。馬使用一種可預測、可辨別且有效的語言，不需要翻譯。像任何形式的交流一樣，需要一些努力才能掌握。對語言的行為分析仍然是行為理論中最有趣的組成部分之一。Skinner（1957）的分析中認為，最重要的是語言行為的觀點。語言就是行為，與其他形式的行為一樣，語言受其後果的控制。語言行為的後果是在一個語言社區內定義的，在該社區中，成員說相同的語言並提供一組共同的意外事件。Skinner描述了各種意外情況，例如命令、機智和語言鏈。Roberts的訓練方法是基於他認識到馬有一種行為語言。馬行為和訓練者的行為作為對二元組中的另一個成員的強化和區分刺激。因此，並不特別需要調用特定於語言行為的行話。此外，馬許多行為可能是本能的，因此對後果的敏感性低於傳統的語言行為。值得注意的是，同樣的方法已應用於人群行為干預。例如，結構化教學已成功應用於自閉症的治療。結構化教學「基於自閉症患者存在行為困難的假設，因為環境和教學技術不是基於他們的個性化需求」，並且「旨在通過創造有意義的自閉症患者能夠理解和成功的環境」（Mesibov, Schopler, & Hearsey, 1994, p. 207）。結構教學創造了一個自閉症患者可以理解並成功的有意義的環境，Roberts技術創造了一個馬可以「理解」並成功的有意義的環境（或語言社區）。[3]

　　馬輔助心理治療中，馬專家通常是個案的任務與馬一起完成各種練習，然後與馬專家一起反映。這可以在馬專家取決於追求各種目標的運動組合。在馬專家環境中，馬作為人類行為的鏡子和催化劑。馬專家的總體目標是使用不同的方法和變體將人或群體帶到某個自我選擇的目標上（Greif and Rauen 2017）。實現這一目標往往需要改變個案的態度和行為。作為差異化自我的起點反思，執教中的馬也能帶來行為上的改變。為了在理論和經驗上建立的心理構造的背景下探索馬專家一般自我效能的期望，是基於自己的能力去面對未知的、困難的情況的主觀信念。自我效能被認為是其中的核心組成部分，因為理論，思維、動機、感覺和行為受個人信念的控制。自我效能的期望可以從自己的經歷中發展出來，成功的經歷被認為是最有力的手段。建立對自我效能的高

期望（Bandura 1994）。自我效能預期的一個起源在於對自己情緒的感知。想增加自我相關的有效性，則壓力的感知和解釋起著核心作用。自我效能高的人表現出高水平的抗壓能力。馬輔助心理治療的馬專家通過對馬理解為與個案一起工作，利用人與馬關係的積極影響，深入了解他自己與他人的互動以及他口頭和非口頭交流的能力，也包括感知和他人的感知，效果和魅力，領導行為或自我效能的期望。人們通常可以假設馬專家中的自我效能期望會提高，馬專家不僅直接正面影響個案的自我效能，同時考慮到長期影響，六個月後仍可以確定自我效能的增加。不僅在馬專家環境中，也在馬輔助心理治療中，期望的自我效能感可以提高。[4]（註：斷馬是鞭打馬匹的意思，它暗示訓練是通過武力或破壞馬匹精神進行的。鞭打馬匹是殘忍的。）

第十章

馬輔助心理治療師

玩耍是孩子的工作，這不是小事

——Alfred Adler

「醫生和病人之間必須有聯繫。患者需要相信他們的醫生。在醫學上，我們稱之為安慰劑效應，毫無疑問，它是真實存在的，而且它的影響，尤其是在精神醫學方面，是非常大的。不過正在測試的結果是：治療的方向完全無關緊要，決定性的因素是治療師。「優秀的治療師在每一種方法上都應充分的了解與應用，」。專業心理治療師的工作基於多種方法，可主要分配給深度心理學、精神分析和行為治療。後一種模式基於生物學習理論，現在很普遍。例如「主體間調解」，心理治療師的活動必須有合理的正當性和可理解性，有用性和倫理，治療應該幫助來訪者擴展他的可能性並在框架內感受他的目標，思考和行為，或最小干預原則，在治療次數和治療持續時間方面的節儉。

臨床心理治療師Markus Gmelch向個案解釋「自我管理」是什麼意思時，他通常使用一個比喻：「想像我，治療師，是一位登山嚮導，是某座山的專家。我會盡力引導你到山頂，但你必須自己去。」不是治療師，是個案負責。他只能通過自己的努力帶來改變。

歐先生在自己蓋了房子之後，突然想到房子的某些部分「出了點問題」。他開始檢查窗戶是否就位，檢查面板、密封件和屋頂瓦片的位置。他的衣服和鞋子必須以某種方式整理或折疊，否則他會被一種難以忍受的焦慮和不安所征服。洗臉、淋浴、刮鬍子、刷牙也必須遵循非常特殊的儀式；在治療強迫症時，突破熟悉的行為模式很重要。這是通過對抗療法來實現的，對抗療法也對所有類型的恐懼症、焦慮症、驚恐發作和類似的精神疾病都可達到預期的效

果。「想像一下，這就是你（治療師舉起一支筆），進一步想像這是你的恐懼和焦慮，影響你和你害怕的想法（治療師拿著粉筆在另一隻手）。每當您試圖逃避恐懼（筆移動）時，恐懼就會追隨您（粉筆隨筆均勻移動）。唯一的辦法應對她的焦慮包括停止（治療師握住筆的手）和面對恐懼（治療師握住筆水平，直接對著粉筆）。」通過這個演示，個案了解到恐懼不是無限的。

如果你問為什麼你們決定成為一名心理治療師？大多數情況下的答案是他們一直強烈需要幫助人們並了解人類心理。[5]

心理治療中最重要的有效因素是適合度。這意味著心理治療師或他使用的方法是否適合個案因每個人而異，也取決於他們的個性。因此，個案對治療師的良好感覺至關重要——換句話說：信任的發展，他對他感到舒服，並意識到他對自己的問題是認真的。治療師如何給他這種感覺，這種安全感，通常很難用語言來描述。

依感覺評估治療師和個案之間的契合度。這是一個非常軟的標準。然而，這並沒有降低它的價值。因為無論治療師多麼優秀，個案對他都感到不舒服——無論出於何種原因——如果他甚至對他沒有同情心，他就不會敞開心扉，治療也不會奏效。因此，讓個案者在實踐中感到舒適也很重要。

心理治療師有義務向個案解釋診斷和治療計劃並徵得他們的同意。如果沒有發生這種強制性解釋，則應考慮更換治療師。為了評估治療的成功與否，治療師和個案一起考慮他們想要在何時達到的目標也是有意義的。

如果個案覺得他正在進步，但治療師卻不認為或沒有感覺到，那怎麼辦？必須清楚地解決這個問題。在某些情況下，這也可能意味著所使用的治療和鍛鍊是不夠的，必須補充進一步的措施，或者必須重新制定目標。有這方面的例子嗎？Peter Stippl說，在我最後一位個案的第五次會議期間，結果顯示他正在服用毒品，像冰毒這樣的危險藥物——我們知道這種物質會導致器質性腦部疾病。然後我清楚地告訴他，除了談話療法，我們還需要專家的支持。當他拒絕時，我告訴他我們不能繼續這樣的治療。誠實的對抗有時在治療中是必不可少的。不僅如此，它還具有治療價值：這些爭議最終向個案表明，治療師真的想幫助他，能夠積極解決意見分歧也是一種有益的體驗——因此，誠實和透明是良好治療的基石。（Stella Hombach 26. Juni 2019）

心理諮商師（心理諮詢師）的職業選擇影響較大的動機包括幫助和理解

他人、探究和治療自己、與來訪者建立信任而親密關係、滿足自戀的需要等。創傷經歷、助人和自助的動機是影響諮詢師職業選擇的特殊因素，起著定向作用。研究者以「心理諮詢帶來的改變」為核心構建了心理諮商師職業生涯模型，研究發現，貫穿心理諮商師職業生涯的是兩條相互交織的線索：自我和他人。心理諮商師的職業生涯伴隨著自我和他人的改變。

「自我」是職業生涯的核心，自我作為主軸，貫穿始終。這個過程中，諮商師自我的五個方面：自我認識、利他傾向、自我發展、利他行為、內在體驗，都發生了變化，而自我堅持則在變化中保持不變。在職業選擇階段，諮商師想要認識自己、獲得成長的願望促使他們進入心理諮詢行業。有人認為這種希望了解自己的想法是一種動力，「希望了解自己和更多人的內心……好奇和對人類內心複雜性的尊重，也是非常重要的前進動力」。

心理諮商師職業生涯過程中發生變化，自我堅持，如對探索人性、對心理學的興趣和注重精神追求的價值觀，在從業前後相對穩定。個體的興趣和價值觀為職業選擇提供方向，並維繫職業發展。Williams等人的研究發現，選擇進入心理諮詢領域，很大程度上是基於個體的興趣、技能和價值觀與該領域較高的契合度。Kottler也提及，對心理諮詢的興趣、利他主義的態度，成長的渴望等因素影響著諮商師的職業選擇，吸引他們進入心理諮詢行業，並在職業發展過程中一直保持激情。心理諮商師的助人傾向和內在需求，在諮詢工作中得到滿足，並在產生積極的心理體驗，如幫助他人帶來的滿足感、看到他人改變帶來的成就感以及自身的價值感等等。研究也發現，諮商師能在工作中發覺、並強化自身的優點，同時不斷地正視和接納自己的不足。他們經過長久地學習以實現專業上的成熟，使工作方式、觀念和行動積極轉變，也有助於維持他們在開展心理諮商工作時的活力和內在力量。[6]

Dr. Peter Kramer在一篇備受爭議的《紐約時報》文章中聲稱，抗抑鬱藥對幾乎所有我們精神上的疾病都有好處，然而，我們並沒有被告知，製藥公司贊助的研究結果沒有顯示藥物的積極作用。大多數旨在治療心理障礙的藥物都不是由心理健康專家開出的，而是由醫生在給處方治療，卻不試圖解決患者的想法或感受。對於導致人們尋求治療的許多問題，心理治療更有效。實證研究，心理治療有效性的估計是它在大約75-80%的時間裡起作用。這是一個相當令人印象深刻的數字。特別是當你考慮到它對你實現長期生活目標的能力所引

起的影響。為了有效，心理治療需要以符合一套明確標準的方式提供。在最近的美國心理學會研討會上，心理學家Bruce Wampold提出心理健康專業人員應有的學養與特質。

1、擁有一套複雜的人際交往能力。有效的心理治療師能夠很好地表達自己。他們善於感知他人的想法和感受。在與個案打交道時，他們表現出熱情和接納、同理心，以及關注他人而不是自己。

　　這對個案意味著什麼：當你談論你正在經歷的事情時，你的治療師似乎有興趣了解你的感受嗎？您的治療師可以用您理解的語言與您交流嗎？您的治療師是否談論您，而不是他或她自己？

2、有能力幫助你，你覺得可以信任治療師。根據Wampold的說法，人們會在50毫秒內確定他們是否可以信任某人。有效治療師的個案相信他們的治療師會有所幫助，因為治療師會通過口頭和非口頭方式傳達他或她是個案可以信任的人。

　　這對你意味著什麼：當你第一次見到這個人時，你的內心共鳴會告訴你什麼？是不是這個人讓你覺得自己可以有很好的工作關係，對這個人的信任不會被背叛？誠然，心理學家的道德規範包含了這樣的條件，即揭露非法或危險意圖必須向警方或社會服務機構等當局報告。然而，即使是這個要求也可以幫助你覺得你可以信任治療師，因為你知道你和你關心的其他人會受到保護。

3、願意與您建立聯盟。良好治療結果的最可靠預測因素之一是個案與他們的治療師合作的感覺。這被稱為治療聯盟。有效的治療師能夠與多種類型的患者建立這些聯盟。

　　這對你意味著什麼：你的治療師是否有興趣通過建立你們雙方都同意的目標來讓你參與進來？儘管治療師顯然是專家，但您是否覺得治療師關心您的治療目標並願意與您一起設定雙方都同意的目標？

4、能夠解釋你的症狀，並能隨著情況的變化調整這種解釋。個案想知道為什麼他們會出現症狀，即使這不是他們第一次尋求治療。專業的治療師能對個案做可以理解的解釋，但他們也願意根據治療展開的方式進行轉變。

這對您意味著什麼：您了解治療師所說的，可能導致您的症狀的原因嗎？解釋不必（也可能不應該）「科學」；它應該是一個基於你自己對你是誰以及你為什麼會有這種感覺的解釋。如果情況發生變化或有關您的症狀的新信息在治療過程中變得明顯，您還應該感到治療師願意靈活處理。

5、致力於製定一致且可接受的治療計劃。治療師會在治療的早期進行評估。在評估之後，他們應該制定治療計劃並與您分享該治療計劃。

這對您意味著什麼：您的治療師是否與您分享他或她對您將接受何種治療的計劃？您不應該對正在發生的事情或原因感到不確定。除非您知道治療計劃是什麼，否則您將冒著不遵守治療師建議的風險，因為您不知道它們為什麼重要。

6、關於治療過程的信心交流。有效的治療師通過向個案傳達治療值得的感覺來讓個案保持治療。治療師讓他們的個案感到安全，因為他們知道治療師知道他們在做什麼以及為什麼。

這對你意味著什麼：如果你感覺到你的治療師在控制——不是你，而是治療過程——你將更有可能取得進步。治療師是否知道他們在做什麼的不確定性會破壞治療過程。顯然，如果您對治療進行的方式不滿意，您應該能夠提出來。然而，一個好的治療師會讓你覺得，你在「好人手中」。

7、關注治療的進展以及與個案的這種興趣的溝通。好的治療師有興趣了解他們的個案對治療的反應。他們表明他們希望他們的個案有所改善。

這對您意味著什麼：鑑於管理式醫療環境中的治療現實，治療越來越難以長期進行。即使您在這種情況下沒有接受治療，您也知道您的治療師在他或她與您聯繫以了解您對所接受治療的感覺時是有效的。這並不意味著您需要在每次會議上都表現出進步，但這確實意味著您的治療師會通過與您一起檢查您的感受，看看您覺得事情是否有效，以表達對您的關注，視情況而定。

8、根據特定個案的特點靈活調整治療。一個好的治療師不會遵循嚴格的治療時間表，對於特定的心理障礙，某些治療方法比其他治療方法更好。然而，治療師需要願意為個案的特定特徵做出調整。

這對您意味著什麼：如果您覺得您的治療師遵循一套規則並且沒有回應您的具體問題，那麼表達這些感受，對您來說是很重要。具體說明什麼對你有用，什麼對你沒用。在某些情況下，您的不適可能與您所處的治療階段有關。不過，讓您的聲音被聽到很重要。

9、對你的改進機會充滿希望和樂觀。希望是一個了不起的動力。感覺某事會奏效通常是成功治療的重要組成部分。然而，一個好的治療師不會抱有不切實際的希望。有效的治療師知道如何在現實主義和希望之間取得平衡。

這對你意味著什麼：一個好的治療師會激勵你認為你可以變得更好。但是，您可能從自己過去的經歷中知道，也許是您與以前的治療師一起經歷過的經歷，您的症狀可能會再次出現。儘管如此，樂觀地接受治療比悲觀地治療要好，如果你的治療師激勵你感到充滿希望，你會從治療中受益更多。

10、對你的文化背景敏感。原則建議治療師根據個案的文化價值觀調整治療。這包括尊重您的背景並了解您的文化或社區中對家庭關係、宗教習俗和適當行為等的態度。

這對您意味著什麼：不用說，有效的治療師不會對您的性別、種族、民族、性取向、宗教或文化背景發表冒犯性的評論。但是，治療師可能不知道作為您生活重要組成部分的特定禁令或傳統。如果發生這種情況，請解釋您為什麼會出現這種情況。您的治療師可能根本不知道這種情況，並且會很高興獲得這些知識。

11、擁有自知之明。一個有效的治療師具有自我意識，能夠將他或她自己的問題與個案的問題區分開來。個案表達的問題導致治療師的情緒反應的情況。對於治療師來說，能夠識別和管理他們對個案向他們提出的問題的反應是很重要的。

這對您意味著什麼：如果您發現您的治療師在談論您的問題時提出了他或她自己的問題，並且您覺得這超出了自我表露的界限，請將其作為一個問題提出。無意識可以對我們所有人（包括治療師）玩有趣的把戲，但最好的人能夠控制他們的反應，即使那些反應接近影響他們的經歷。

12、依賴最好的研究證據。根據APA循證實踐指南行事的治療師隨時了解臨床心理學的最新發展，特別是在他們的專業領域。理想情況下，治療師會改變他們的治療方法以與最新知識保持一致。

　　這對您意味著什麼：現在有許多信息來源可供個案評估他們正在接受的治療。雖然通常不建議個案堅持讓他們的治療師嘗試他們在網上閱讀的新的和未經測試的方法，但查看信譽良好的網站以確保您獲得最新的、經過測試的治療和詢問您的治療師。

13、參與繼續培訓和教育。獲得許可的心理健康專業人員必須參加繼續教育以保持其證書。法律要求他們尋求並完成此培訓。

　　這對您意味著什麼：只要您的治療師擁有當前的執照，您就可以放心，他或她正在獲得相關的教育和培訓經驗。您可以使用網站來確保您的治療師的執照得到維護，並檢查他或她的記錄中是否存在任何違規行為。[7]

Kovel指出：「最好的防止損傷形成治療師的完整性……他必須能夠感覺到另一個人的心靈發生了什麼／他必須能夠適應溝通／他必須做出平衡、合理的判斷，同時保持對自己的感受持開放態度／他必須能夠靈活地適應不斷變化的情況，而不會放棄自己的目標或失去自己的身分／最重要的是，他必須以成熟的方式照顧個案的健康。」

通常，心理治療師聲稱自己是個人主義者。同樣的心理治療師在他們的實際治療風格方面幾乎完全一樣積極地評估自己：治療師經常將自己視為同伴而不是藝術家，也不是技術人員。然而，個案最初通常並不想要一個同伴，而是一個顧問、專家或「能夠解決他們的問題」的專家。Kovel folgendes又指出，「對心理治療師有很多要求：高超的智慧、堅定不移的善良、無法逃避的希望應該結合在一起。只有終生自我反省，才能實現這種理想，在這種理想上，對人類極限和自身極限的了解使你保持謙虛。」[8]

研究表明，治療師也可能具有特定問題的專業知識，有理由相信，即使治療師受到個案特徵（如心理健康問題的類型、情緒或人際交往方式）的影響，有效的治療師會為他們的工作帶來一些獨立於他們所看到個案的東西。首先，一些特徵可能是性格的、與生俱來的或在很長一段時間內發展起來的，並且可能作為選擇接受治療師培訓的候選人的標準。其次，只要這些品質是可訓練和

可修改的，培訓計劃和監督可以針對培養這些品質。第三，僅僅意識到這些有益的特徵可能有助於治療師監控自己，通過反思和刻意練習來提供改善治療結果的品質。我們將治療師的治療特定特徵稱為專業品質，將跨情境品質稱為個人特徵。一些研究使用了以問題為中心的措施，例如關於人際問題的措施，或以力量、資源和功能為導向的措施。治療師作為結果預測指標的特徵包括：專業特色、任務手段、職業態度。研究結果表明，將洞察力和善意視為治療因素並將治療工作視為藝術可以預測有更大的力量改善個案的症狀（Sandell等人）。

　　Anderson及其同事以促進人際交往能力（Facilitative Interpersonal Skills（FIS）評估治療師的語言流暢性和反應能力、情感表達能力、說服力、熱情、積極關注、希望、同理心以及形成和修復聯盟的能力。

　　治療師中更「親和」的內傾（即更自愛的態度）確實預示著個案評定的目標抱怨會減少。同樣，安全的依戀方式、人際痛苦，治療師評定的目標抱怨也會減少。

　　重視質量最高的研究：即由個案對結果進行評分的研究；簡而言之，與個案結果關係最密切的治療師的屬性是專業的，也就是更直接地與進行心理治療的工作有關。在專業的、以任務為導向的特徵中，治療師與工作相關的價值觀、態度和治療理念是治療師使用的干預措施以及他們尋求與個案建立的那種關係的基礎。在長期的心理動力學療法中，將洞察力和善意作為治療因素可能會帶來更好的結果（Sandell，2007年）。研究支持治療師的個人品質如正念（Ryan等，2012）、情商（Rieck &Callahan，2013）和反射功能（Cologon et al.，2017）。一些研究同樣表明，治療師的心理資源有助於彌補他們的心理脆弱性，因為例如，當「神經質」和情商（EI）較高的治療師，比神經質較高但EI較低的治療師，更有專業能力，這是有道理的，這些治療師能夠利用他們對負面情緒的高度敏感，嵌入特質神經質中，作為為個案服務的「心理化」或移情能力。同樣，治療師的高反思功能被發現可以補償他們不安全的依戀，而安全依戀可以補償較低的反思功能以預測更有利的結果（Cologon 2017）。治療師在私人生活中的自評人際品質（人際問題、社交技能和人際關係方式）與心理治療結果幾乎沒有獨立關聯。治療師會根據他們的態度來調整他們的職業風度。[9]

結語

我們習慣於將馬視為高尚、神祕的；但卻很少認為是牠們也能有深刻的智慧體現。牠的思想是屬於自己和不透明的，儘管如此我們仍然可以感覺知道這種思想。／如果你看一匹馬五分鐘，那麼牠寧靜而高貴的靈魂中的一小部分就會紮根在你的體內。

第三部的結語，我想以《馬輔助心理治療和輔導──循證框架》（*Equine-Assisted Psychotherapy and Coaching: An Evidence-Based Framework*）」一書中，筆者在「三個治療師」角色思考後的零散而有意義的片段中，寫出一點心有所感的內容。因為是片段對讀者諸君有些不公平，我盡量表達其中的意思。

《馬輔助心理治療和輔導──循證框架》的第一章講述半人馬行動（Operation Centaur programmes），旨在介紹一個組織，內容提到古希臘半人馬的神話。馬匹以獨特的洞察力回應了我們當下的真實身分。將世界分為好事和壞事是一種我們所有人都傾向於用來控制焦慮的技術。一個好牛仔戴著白帽子而壞牛仔戴著黑帽子的世界可能並不完全正確，但它的簡單吸引人。

從客體到主體：我們如何開始這種關係？過去，技術從征服到合作不等。我們是想要一匹因尊敬而跟隨領導者的馬，還是出於恐懼而追隨者的馬？傳統方法與「自然」方法之間的主要區別在於，這種關係是建立在強制，依從還是信任的基礎上。九十年代出現了新一輪的馬術運動，為我們與馬兒的關係帶來了新的視角。由Robert Redford（1998）主演的著名電影《輕聲細語》（The Horse Whisperer）的成功之後，馬匹溫柔的觀念引入了一場名為自然馬術的運動。

「治療」這個詞可能意味著一系列令人眼花繚亂的事物，從物理治療到心理治療。對於後者，不同類型的心理治療、心理學、諮詢或輔導之間的區別可能會造成誤解，即我們實際上指的是那些過程和活動，以及我們想像治療師具有那些技能、實踐和理論方向的背景。心理治療和輔導之間的區別也非常棘手。儘管心理治療現在已受到嚴格監管，但教練（馬專家）仍然非常分散。雖然人們常說教練向前看，心理治療向後看，但這並不一定是正確或有用的。所

表達的觀點是，心理治療獲取過去的經驗，而教練則著眼於目標設定和實現。當你讀這本書時，我希望很清楚這是一種錯誤的二分法。痛苦可以有多種形式，有時，我們的痛苦可能是無形的，或者是難以形容的。在治療過程中與馬一起工作可以讓您更深入地了解自己。我們不會提供一刀切的解釋，而是傾聽您的意見，觀察我們的馬匹，通過解決問題來建立理解，並創造一個可以讓隱藏的空間，而不是提供一個所有解釋的尺寸。Linda Kohanov的馬輔助治療模型Epona提出了一個非常不同的立場。Epona模型將馬定位為老師。更具體地說，它將馬定位為擁有來自不同地方的智慧，如果我們要了解和改變自己，就需要體驗這種智慧。她將這匹馬定位為一位同理心大師，一位我們應該傾聽以得到治癒的老師。是以馬為鏡的中心主題。

第二章講述真正的馬力（Real Horse Power），是這本書的引擎，旨在基於哲學和理論概念，將語言從笛卡爾理性主體轉變為分裂的自我。我們所屬的團體可以幫助我們建立價值觀，態度和行為。我們都是團體成員（家庭，朋友，工作，性別，種族），我們有機會了解該團體對其成員的期望。因此，孤立地思考自己是沒有道理的，就像在群居環境之外想像一匹馬是沒有道理的。

如果我們開始將人與馬融合在一起，那麼我們已經有很多共同點。我們都在尋求舒適和安全，我們都需要在層次結構方面保持清晰。馬可能更簡單的地方在於他們現在如何生活。馬群中的人際關係得到了分類，最重要的是知道其位置的安全性。因此，儘管我們有許多共同點，但我們沒有共享的一個主要區別是語言。實際上，語言是大多數心理治療，諮詢和輔導的基礎，但是當我們與馬共同進行治療時，我們將需要尋求不同的方式來共同工作。正如您在研究各種概念時將看到的那樣，重點不是提供更精確的答案，而是提供一個框架或立場，任何人都可以通過它更加反思自己對馬人關係的理解，以及這在馬輔助心理治療和輔導中所起的作用。我們正在尋求答案的是「人類可以通過與馬互動了解自己的內容、原因和方式的基本問題」。

治療並不僅僅依賴於語言。將馬作為一種方法論——本質上是一種不同的交流方式——使人們能夠體驗到與沒有語言的另一人的情感聯繫。這可以導致宣洩和許多有用的見解。當您對一匹馬說悄悄話時，參與者可能從未意識到的新水平的非威脅性連接。馬兒在治療和建立情感聯繫方面起著非常重要的作用。如果只有另一匹馬在場的情況下，就會引起諸如以下的反應：「與馬一起

在田野裡使我感到自己被連接了。」「看到那匹馬朝我走來真是太神奇了。」「我覺得自己又是個快樂的孩子。」

在談到馬和治療師的角色之後，我們現在更詳細地討論這個問題。為什麼我們要尋求幫助他人的職業？雖然表面上是一種崇高的追求，但任何有愛心或心理健康能力的人都必須審視自己的想法和感受，這些想法和感受支配著他們的選擇。作為治療師，意識到你自己的過程貢獻被稱為反移情。這是指治療師對個案投射到他們身上的感覺的無意識反應。因此，病人的移情影響了治療師的無意識。弗洛伊德認為，治療師有責任識別和克服反移情，以避免它干擾了成功的治療。在任何治療過程中，都可能有一段時間的沉默，有時是個案為尋找自己的話語而進行的鬥爭，或者是話語在釋放的洪流中翻滾的時候。無論會議的節奏如何，心理治療師都需要專心聆聽。在傾聽的過程中，心理治療師應該擺脫任何先入為主的觀念，接近於一種純粹天真的狀態，一種「不知道」的狀態，以便為可能闡明激發好奇心的問題其見解騰出空間。那馬匹反移情呢？馬對能量有反應。如果你知道去哪裡看，他們的反移情是有目共睹的。通過盡可能地關注馬行為和反應以及個案的行為和反應，我們觀察馬和個案之間發生的事情，而治療師盡可能地將自己從圖片中移除。雖然人們常說：馬「活在當下」，但這顯然並不完全正確。是的，馬往往經常處於當下狀態，但這並不能排除牠們有歷史和記憶的事實。馬在某個地方受到的驚嚇會被記住。在訓練的早期，將肚帶（girth，繫在馬鞍上的帶子，在馬腹上以固定馬鞍）繫得太緊可能會導致馬一生對肚帶感到不安。與人類一樣，過去經歷的可能性可以投射到未來，例如，當馬鞍放在馬背上，馬可能會變得焦慮。對於馬和人類來說，我們害怕的從來不是未來——而總是過去。在移情中觀察到的一個特別有用的現像是投射現象。這通常可以在人們對馬兒的第一句話中觀察到。

第三章講述方法論，旨在：就其方法論而言，馬帶來了許多方面。在我們模型的各個階段之後，它們的作用是讓我們反思安全，促進聯繫，讓我們有機會離開我們被困的地方，並嘗試新的方向。這些中的每一個都允許構建練習以將馬放置在上下文中。治療中的馬對於與不能或不會說話的人打交道很有用，聯繫發生在語言之外，馬軟化了參與者，馬對不同的人象徵著不同的事物，但它也是一個有自己內心世界、感情和關係的主題。他們與我們分開存在，有自己的想法，抗拒控制——即使他們可以選擇與人類合作。我們將親密和分離帶

入馬輔助心理治療和輔導領域。我們解釋了馬對人類能量的反應，以及我們如何利用這種反應來更好地了解我們自己以及我們在這個世界上的運作方式。牠們成為我們希望牠們成為的樣子，同時保持與我們不同的實體。正是這種從完全不同的角度反映我們行為的能力，可以幫助我們促進身心的改變。

沙發（The Couch）是精神分析中最早的技術工具之一。事實上，在古希臘已經存在在二元組中敘述事件時無需目光接觸的斜倚。與普遍的看法相反，弗洛伊德介紹沙發的目的不是為病人，而是為他自己。弗洛伊德不願被人關注很可能是一個偶然且具有紀念意義的發現。弗洛伊德可能採取了一種方法，部分原因是為了他自己的舒適，在不被個案注視的情況下，治療師可能會更自由地克制自己時不時地回應個案，並將注意力轉向他自己的主題。這種方法可以讓個案更深入其洞察力和情感聯繫。沙發作為一種技術，極大地影響了我對馬作為技術的使用。馬也讓我不被人看，更深刻地反思，更深刻地連接情感。正是這項技術使我們能夠將馬用作鏡子。

Fritz Perls將空椅（chair）作為技術，讓我們看到了移動和透視在馬輔助心理治療的重要性。格式塔技術的核心部分是在個案面前放置一把空椅子。任務是讓個案想像某人，無論是他們自己，其他人，還是他們自己的一部分，在這把椅子上，然後對著這張「空」的椅子做手勢或說話，當然現在還不是那麼空。從那個位置，任務是從不同的角度回應你剛才所說的，代表不同的人，或你自己的一部分，或角色。通常，個案可以在椅子之間移動多次以繼續對話。使用空椅技術有助於將人們帶入他們當前經歷的「當下」。當他們用語言表達正在發生的事情時，抽象變得更加具體。當他們扮演另一個人的角色時，他們會深入了解自己和他人的觀點。如果椅子代表您的一部分或內部衝突，您會體驗到自己的不同方面並深入了解您內心的糾結。這種此時此地的理解是空椅技術的最終目標。在馬輔助心理治療和輔導中，馬成為椅子。我們部署這種技術的方法之一是向個案介紹新馬。正如某人說：新加入的馬，比其他馬匹更具生命力。「牠們需要的修飾更少，即使您可能認為自己知道人們的面貌，但現實可能會大不相同。」另一位說：引進的不同馬匹預示著整體情緒的重大變化。「在與其他人建立聯繫之後，我發現很難將信任寄託在新的馬匹上」，「換馬很困難，擔心須重新開始。」但是，通過與其他馬匹進行處理和協作，可以進行很多有價值的學習。「實際上，這沒有我們想像的那麼糟糕」。改變觀點，

通過對馬匹反思來瞥見自己——我們能用空椅技術達到同樣的結果嗎？使用馬作為一種方法可以達到相同的效果，個案不會感到被操縱，他們不會感覺到在一個過程中，他們建立的聯繫和他們所陳述的反思是真實的，並且毫無防備地抓住了他們。

「人作為客體」當然與「人作為主體」有很大不同。隨著這些馬發展出積極的屬性，例如觸摸、尊重空間，允許自己被引導，通過馬匹的主觀性，我們吸取了寶貴的經驗教訓，我們需要挑戰我們持有的內部故事，世界並不是非黑即白。通過與馬匹的接觸來聯繫他們自己的情緒和他們的童年。雖然我們談論當下，而個案實際上對馬做了什麼？個案的思想回到了過去並建立了強大的聯繫。從精神分析的角度而言，如果只看當下而不看根本，那麼我們的干預將不會有幫助。馬匹幫助我們的個案回到更早的地方。

第四章講述以馬為中心旨在觀察：觀察是許多治療干預措施的基石。我們需要進一步研究主體／客體的分裂，以便更好地理解這種觀點上的轉變。我的意思是，所看到的和所看到的之間的關係是相互經歷的，並且客觀觀察的想法是不可能的。

「凝視」是當某人意識到自己可以被他人觀看時所經歷的焦慮狀態。Lacan（1949）認為，這種心理影響是，當受試者意識到自己是一個可見的物體（可能被監視）後，就失去了一定程度的自主權。這個概念與他的鏡子階段理論聯繫在一起。凝視不是一個人擁有或使用的東西；相反，它是某人進入的關係。凝視是力量和知識觀念體係不可或缺的一部分。換句話說，他們被監視的想法會導致人們監控——並可能改變——他們自己的行為。他對凝視的表述意味著人的主體性是通過將主體置於觀察之下的凝視來確定的，從而使主體將自己體驗為被看到的對象。為什麼這一切都是相關的？好吧，它表明它不僅僅是觀察者觀察到的那麼簡單。這是一個固有的主觀過程，任何使它更客觀的嘗試——我會爭辯——的作用是在遭遇中否認敘述的偏頗性。因此，任何試圖在描述馬行為時假設「乾淨的語言」實際上都是徒勞的，因為這否定了我們自己的主觀性。

描述中立、客觀觀察的內在不可能性的一個富有詩意的例子是Lord Tennyson勳爵的作品。夏洛特夫人（The Lady of Shalott）必須不斷地在她的織布機上編織圖像，以避免從窗外看向卡米洛特；如果她這樣做了，據說，一個

可怕的詛咒將落在她身上。取而代之的是，她看著鏡子，鏡子映出繁忙的道路和從她身邊經過的卡米洛特人。反射的圖像被描述為「世界的陰影」，這個比喻清楚地表明它們是直接觀看的糟糕替代品。馬輔助心理治療中的馬相當於夏洛特夫人的鏡子，人們可以在鏡子中看到「世界的影子」——他們自己內心掙扎的投影。但是我們投射到鏡子中的圖像必須在某個時候被回收。這個擁有我們內心曾經無意識的慾望和痛苦潮流的過程可能非常困難。然而，如果我們要讓馬成為一匹馬，與我們分離：如果我們要獲得必要的洞察力，以達到理解的位置，從而達到學習或改變成為可能的地步，就變得有必要了。這裡的詛咒是知識。一旦知道，就再也回不去了。這匹馬讓我們能夠以一種間接的方式和一種個人代理感來接近洞察力和學習，這在語言是交流媒介而治療的干預與以馬為中心的替代療法中是難以匹敵的。

在我們的整個牧群中，我們只有一匹黑馬。很明顯，這匹馬比其他馬更受關注——當然，它是一匹非常漂亮的馬。然而，每當她成為治療群的一員時，她必須攜帶比任何其他馬更多的投射物。她經常被視為男性；大多數時候是危險的、神祕的。馬在我們腦海中的表現方式超出了我們個人的預測。實際上，這裡有「黑馬」的更廣泛的社會和文化表徵，而且這種表徵不是中立的。這個例子中的黑馬變得具有像徵意義，它代表的不僅僅是她本質上的東西——一個活生生的、會呼吸的美麗生物。她還以一種非常具體的方式代表了另一個不是我們角色的「人」。通過專注於對方，我們了解自己。

忽略對方差異的一種方法是讓他們和我們一樣。科學通常拒絕動物具有主觀狀態的概念。任何與動物一起工作或在動物身邊的人都看到動物確實會體驗情緒。正如我們永遠無法真正自信地衡量另一個人的情緒狀態（也許在治療環境中除外），我們也永遠無法確定動物的感受。馬當然可能正在經歷所有這些事情。我們永遠無法真正知道。然而，我們所知道的是，這些是歸因於馬一系列人類情緒，而且這些情緒是由我們的參與者而不是馬經歷的，這似乎很合理。很難大聲說你錯過了什麼。正是將馬擬人化的行為使我們能夠觀察到人類對馬匹的投射。看到對方的真實面目讓我們能夠收回預測；這使我們在關係中是獨立的；反過來又為我們提供了選擇。

如果一個人在沒有語言的情況下思考，就必須有基於感官的思考。基於感覺的思維是真正的思維。Budiansky對動物思維和認知進行了出色的回顧，但他

認為語言是完全意識所必需的。研究清楚地表明動物會思考。我假設在正常人中，基於語言的思維會阻礙更詳細的基於感官的思維。也許語言會阻礙對無意識的進入。做而不說，是馬輔助心理治療和輔導的一個基本素養。

第五章講述互聯性：旨在不同的個體聯繫在一起。為了能夠發展對自我的意識，需要有一個他者的存在，以及一個我們能夠感知意識的他者。我們將自己投射或表達到另一個人身上，通過他們的反應，以及與持續表達的相互作用，我們能夠意識到我們是誰。為了讓我們定義自己，我們需要體驗與他人的相互聯繫。本質上，我們認為自己是誰和我們實際上是誰是有區別的。我們全面認識自己的能力是有限的，因此在我們的心靈中產生了內部差距。這種內部差距有時被稱為缺乏或不完整感。莫比烏斯帶（Mobius strip）的功能是表明：說出來的，因此是有意識的，未說出來的，與無意識的有關。這實際上展示了有意識與無意識的關係，並讓我們了解隱喻在這方面的作用。莫比烏斯帶Mobius strip的想法幫助我們理解事物的連接方式，並使沿著連續體的運動成為可能。它讓我們了解我們所處的位置和方式。它甚至允許我們質疑構建自我意識的界限。

馬場的門是進入和退出的合法途徑。它也是一個容器，其中包含一匹或多匹馬，各種物體以及最終隨著參與者和治療團隊而來的人員。它還具有多種不同的權限：誰進來，何時進來，停留多長時間？治療師將「決定」執行什麼任務。總而言之，有一個物理邊界，一個時間邊界和一個任務邊界。馬必須能夠適應我們的內部世界和外部世界。他們是一匹馬，但它們也是我們的一部分。在心理治療和輔導中，能夠辨別什麼是「我」和什麼是「非我」對情緒健康和幸福感非常重要。為了實現這一目標，建立了許多馬匹輔助的情況，這些情況的作用是允許個人和團體重新獲得其預測，從而獲得更多的清晰度和理解力。

與情感聯繫：對於任何人，尤其是那些解決心理問題的人來說，核心之一就是與自己的情緒聯繫起來。感受情緒的原始性是具有挑戰性的。在接受馬輔助心理治療後，有 77% 的參與者報告說他們對情緒的開放程度有所提高。一個人說：「當我第一次獨自見到這匹馬時，我感到一股巨大的悲傷浪潮席捲了我，」又一個人說：「當我擁抱那匹馬時，我多年來第一次哭了。」〔**10**〕

補充：Jacques Lacan是著名的精神分析學家和哲學家，他用數學符號來說明他的精神分析理論。Lacan使用的拓撲形狀之一的Mobius strip莫比烏斯帶。莫比烏斯帶是只有一個連續面和一個邊的圓形帶。我們不能在不越過邊的情況下從一個面交叉到另一個面，但在莫比烏斯帶上，該表面不會被內外側之間的任何邊界分成兩個區域。當一個物體在它的一個表面上「旅行」時，我們可以看到它的自相矛盾的本質。物體只需要穿過圓兩次就可以回到原來的起點。Lacan使用該條來說明二元對立之間的共存關係。精神分析在歷史上對證明二元對立的矛盾、凝聚和混合性質感興趣。這些對立可以是任何一對具有相反含義的詞，例如內部／外部、愛／恨、好／壞等。與人們傳統上將對立視為分離和不同的「對立面」不同，Lacan更喜歡將它們形象化為莫比烏斯帶上的特徵。Lacan同意著名語言學家Ferdinand de Saussure的觀點，堅持認為，由於我們如何構建我們的語言，對立的任何一方都不能沒有對應的對手而存在。他提出了兩個對立面，分別是莫比烏斯帶的內側和外側，比喻這兩個邊是相互連接和超越的。在當地，在任何一點上，我們都可以看到明顯的內在和外在的一面，這表明了一種明顯的衝突關係。但從全局來看，如果我們看整個模型，我們看不到一側轉向另一側的位置；在這裡，對立只是證明了兩個對立之間的不可分割性。

莫比烏斯帶的模型也增強了二元對立統一和不可分離的想法。莫比烏斯帶和陰陽形狀之間有有趣的相似之處。然而，陰陽模型表明，兩個對立面之間仍然存在邊界，表現為強烈對比的顏色之間的曲線。莫比烏斯帶不僅表明兩個看似相對的邊（內／外）之間從來沒有邊緣，而且它們之間總是有一個漸變的過渡。此外，Lacan使用莫比烏斯帶來說明他關於主體和慾望的理論。他說，一個人的內外是相通的，就像莫比烏斯帶的內外一樣。由於莫比烏斯帶的特殊性，它意味著我們的主體性不再有內部或外部；我們總是既不在我們的身分之內，也不在我們的身分之外。所以問題仍然存在：那麼我們真正的在哪裡？莫比烏斯帶模型的解釋是我們永遠不會在莫比烏斯帶上的某個固定點上。相反，我們總是在莫比烏斯帶上前進，卻不知道我們在哪裡。不知道我們在莫比烏斯帶上的位置並不重要，因為無論我們站在哪裡都沒有區別；我們永遠不知道莫比烏斯帶從一側切換到另一側的確切位置。它呼應了身分流動性的想法——我們從來沒有一個穩定的身分。相反，我們有一個不斷自我認同的過程。莫比烏斯帶模型提供了傳統對立梯度譜的3D模型，提出了在我們的社會中消除二分法的可

能性。例如，通過這個模型，性別特徵不再被歸類為男性或女性。相反，性別認同是一個廣泛的範圍，具有男性和女性的目的。此外，該模型還表明，我們總是通過與周圍環境的互動來重新定義我們的身分。我們總是被構成，並被重新構成。我們總是有機會改變形成我們身分的道路。沒有預定或命運之類的東西，而是我們不斷地沿著自我認同的道路前進。[11]

第三部參考文獻

〔1〕PFERDE IN DER WELTLITERATUR Leder-Einband 448 Seiten

〔2〕Pferdegestützte Psychotherapie: Heilsame Wirkung auf die Seele

〔3〕THE MAN WHO LISTENS TO BEHAVIOR: FOLK WISDOM AND BEHAVIOR ANALYSIS FROM A REAL HORSE WHISPERER VALERI A. FARMER-DOUGAN AND JAMES D. DOUGAN

〔4〕Einfluss von pferdegestützten Coachings auf die Selbstwirksamkeitserwartung

〔5〕Wie wird man ein guter Psychotherapeut?

〔6〕www.sciscanpub.com/journals/tppc https://doi.org/10.35534/tppc.0203009

〔7〕13 Qualities to Look for in an Effective Psychotherapist

〔8〕Sylke Badekow Berufsbiographien von Psychotherapeuten Susan Krauss Whitbourne

〔9〕The professional and personal characteristics of effective psychotherapists: a systematic review

〔10〕Equine-Assisted Psychotherapy and Coaching An Evidence-Based Framework

〔11〕https://chroma.mit.edu/p/lacan-and-his-mobius-strip

第四部

觀察與實踐

讓鐘擺回到坦率和痛苦的現實

——張瑞雄

　　早年的世界裡，觀察可以被描述為一種不偏不倚、不加批判的方法，通過人的行為和言語「捕捉事實。將觀察稱為「描述」，它可以告知我們的知識並發展最佳實踐。很明顯，觀察應該是對所見所聞的準確描述。它應該是情境化的（即應該清楚它發生在哪裡、何時以及為什麼發生），它應該專注於此時此地，「你所看到和聽到的」，不應受制於觀察者的解釋。

　　為什麼要觀察？我們借用Tina Bruce（2005）在幼兒教育理論中所說：僅僅觀察和收集信息是不夠的。她解釋到，必須對觀察結果進行分析和解釋，以幫助治療師評估他們所提供內容的適當性。觀察行為是引導治療師進行評估過程的開始，然後通過反思和有效實踐，最終將其納入他們的活動和環境中。觀察的使用嵌入在早期定義為「有效實踐」的構成中。治療師需要意識到，在不使用觀察的情況下做出有關學習的決定可能會導致不適當的學習機會，從而導致個案脫離接觸。如果沒有觀察，學習體驗將根據治療師認為重要、有趣、或包含所有三個方面的內容來規劃，因此無法滿足環境中個案的需求。收集的信息越多，支持機制和未來的學習就越有效。你對馬肢體語言的了解是成功與馬合作的關鍵，馬不斷的與你和你周圍的人及其他馬匹交談。如果你想了解馬對你說什麼那你要用「眼睛」傾聽。一個單一的身體信號可以有幾種不同的含意，其中包含對個案的隱喻。

　　我們如何觀察？觀察類型有三種：非正式的、個案的和專注的。觀察可以採取多種形式，取決於時間尺度和預期目的。對個案的觀察，是一種非正式

的方法來捕捉發生的時刻。這些通常放在便利貼上，並在發生時捕捉瞬間，解讀個案學習的重要發展。隨著我們接受技術並利用它給我們帶來的好處，例如能夠以視覺格式立即捕捉瞬間以及更容易與馬匹和個案共享信息。任何與馬有關的人都知道：有緊張的日子，放鬆的，快樂的，沮喪的。這主要是由於──人！因為馬反映了我們的行為。如果我們有壓力，他們會緊張地反應。如果我們分心，幾乎沒有任何效果。但是，如果我們放鬆並完全專注於馬匹，我們就會成為一個整體。馬輔助心理治療是利用馬匹的情緒狀態來觸發隱喻和解決個案內心衝突的過程。它不涉及任何騎行。相反，它是基於觀察和與馬匹在地面的互動。[1]

　　觀察和解釋個案與馬匹的行為和技能一直是馬輔助心理治療師專業活動的重要組成部分，並成為近年來專業人士的核心任務之一。通常建議對觀察進行有意義的記錄，但框架計劃本身並未描述具體的實用說明。觀察和記錄任務必須由每位專家單獨解釋，其中包括觀察的設計。我們根據重要和不重要來安排我們感官知覺的豐滿度；我們對某些事物的感知比其他事物更強烈，而我們根本沒有注意到很多事物，即使它肯定是在感知領域。如果你看一個個案在清潔馬匹，你可以看出：個案正在用刷子和汗水刮刀在工作。然而，治療師也可以在更高的層次上了解這種情況，並注意個案進行了哪些個人活動：工具的使用是否恰當、馬兒的臉要怎麼清洗、清潔的順序是否正確。重要的是使觀察單元與直接可觀察的行為保持一致。

　　觀察情境本身是在上演的，因此對個案來說，是可遇見的：治療師完全退出正在發生的事情，保持沉默或提出（結束後）問題，但不與個案進行對話。Bree和Kieselhorst（2011年）的定性研究涉及對個案情況的解釋。在這個過程中，治療師受到知識、經驗、期望、動機和文化因素的影響。他們區分了具體的、經驗導向的和抽象的、有條理的解釋路徑：在具體的、經驗導向的解釋路徑的情況下，治療師將基於經驗的主觀知識與基於情境的知識結合起來。是什麼讓經驗豐富、有執照的心理治療師離開他們久經考驗的練習椅，與他們的個案一起，騎著馬，在任何天氣下進入大自然？在與個案和治療師的動人對話中，Birgit Heintz 在基於深度心理學的擴展環境中提供了關於馬迷人效果的見解。她詳細描述了治療師－馬－個案關係三角中的共振現象和對移情過程的影響。這種對馬輔助心理治療實踐的深入了解對任何人來說，都是必須的。[2]

在完成馬輔助治療後，需要花一點時間來反思和解構這90分鐘內發生的事情。在課程開始時，是一個人，在兩匹馬中治療師選擇了黑妞，一匹黑色的母馬。治療師再次花時間觀察馬在馬場上放鬆的行為。在此期間治療師走近黑妞說「你好」。公平地說，她接受了這一點，但沒多久她走開了。因為當時黑妞還想和另外一匹叫沙漠的馬玩在一起，所以沒有時間陪治療師。有一次，它們兩個移動得太快了，治療師因為不「喜歡」追逐所以沒有跟上去。最後治療師走到馬場的一角，看看是否可以鼓勵他們進入治療師的空間，因為治療師無法進入他們的空間。治療師，試著在他們不看治療師的時候表現出對他們的興趣，然後在他們看的時候轉過身去。不過治療師失敗了，因為黑妞與沙漠有更多的機會在互動。

黑妞舉止可愛，友善且反應迅速，因此我們決定將她選為即將進行中練習的馬。而沙漠被帶回了馬廄。對於這個練習，能量是關鍵。我們需要用我們的能量來鼓勵黑妞進入一個或多個佈置好的區域。如果我們用韁繩帶牠到我們想去的地方。比沒有用韁繩困難得多，我們一直用我們的精神來鼓勵黑妞，不允許使用任何其他形式的鼓勵。這包括用手碰觸黑妞的頭或使用草吸引牠。就我治療師個人而言，我認為那是「作弊」，但它表明了個案的不同，因此對鍛鍊或治療的後續解釋也可能有多麼不同。不過趕緊補充一點，這裡沒有對錯。在馬輔助治療中，你需要全力以赴。有時您可能會發現執行任務很困難。當然，你不必做任何你不想做的事情，但如果您想從治療中獲得最大的收益，那麼建議您盡力而為。就治療師而言，因為接觸馬匹的機會是有限的，所以我喜歡充分利用與他們共同度過的任何時間。

Vicki Yates的想法：「花時間和你的馬一起做非騎馬活動可以為你和馬身體和情感健康帶來巨大的好處。

（1）通過觀察你的馬，你可以學到很多東西。例如，我們可以觀察他們如何就共享空間和相互接觸進行交流，配對紐帶相互培養，如果我們與馬進行類似的活動，我們可以發現我們的馬喜歡被觸摸。有些馬喜歡刮擦，而另一些則喜歡柔軟的觸感。這是所有關於發現你的馬兒甜蜜點。你會知道什麼時候做對了，因為你的馬會給你反饋。在正確的位置，正確的觸摸，你的馬會很高興！修飾甜蜜點可以有很多實際的好處。你可以用它來表達對你的馬兒的感激之情，也可

以作為對任何類型訓練活動的獎勵。

（2）積極強化或答題器訓練是與我們的馬互動的絕佳方式。它可以加快學習速度，因為我們可以非常準確地標記馬何時做了正確的事情。

（3）去散步，與馬同行而不是騎馬為你們的關係增添了不同的維度。您將學會相互信任，這對您和您的馬來說，都是很好的鍛鍊。步行還建立了學校教育環境之外的地面禮儀。

（4）和你的馬一起玩，玩耍是鼓勵馬思考的好方法。馬非常善於處理、解決問題和思考問題。玩耍通過作為合作夥伴練習驚嚇遊戲，您和您的馬將擁有處理可怕情況的工具和策略。

（5）試試你的馬兒敏捷性，您可以將遊戲擴展到馬匹的敏捷性。如果您有空間，請嘗試在您的競技場或圍場中設置不同的挑戰。在www.thehorseagilityclub.com上了解有關馬敏捷性的更多信息。

（6）放鬆一下，馬喜歡彼此放鬆。在我們快節奏的生活中，與馬匹一起放鬆讓我們有機會放慢速度、放鬆身心、擺脫激烈的競爭並與大自然聯繫。這裡成功的關鍵是積極的練習放鬆，馬被輕鬆和平的人所吸引，放鬆可以帶來更高的成就和更好的溝通。

（7）嘗試在線展示，無論您是否騎馬，都有適合您的在線課程。在www.thenonriddenequineassociationuk.org上了解有關非騎馬協會的更多信息。[3]

第十一章

韁繩、蹄跡線、四拍步伐

馬必須從快樂中表現，而不是屈從

——Klaus Balkenhol

　　本章我用這三個名詞是希望它們各代表一個目前最常被提到馬輔助心理治療的單位，簡單用「隱喻」的意象談一談它們對馬輔助心理治療的工作和貢獻。

　　「韁繩」是控制馬匹行進方向所備有一定長度的繩子，連結馬兩側馬口中的口銜利於指引馬匹，包括前進與停止。我希望韁繩的「隱喻」用在「專家小組在心理治療中與馬一起工作」（Fachgruppe Arbeit mit dem Pferd in der Psychotherapie，FAPP）的團體，他們與個案的互動包括了治療性騎乘、馬背體操及不騎馬在地面的交流。

　　「蹄跡線」是在標準馬場中（60米X 20米）馬匹沿著邊線內前行所形成的蹄跡線，是便利基礎馬術學習者方向的引道，我將蹄跡線的「隱喻」用在Professional Association of Therapeutic Horsemanship International（PATH Intl.）國際治療性馬術專業協會（PATH國際）他們對美國退伍軍人給予極大的支持。

　　「四拍步伐」是馬匹步行（走）是一種緩慢、對稱、四拍的步態。它的特點是有四個不同的節拍，每隻蹄子以單獨的間隔著地，獨立於其他蹄子。其順序為：左後－左前－右後－右前。我將四拍步伐的「隱喻」用在Equine Assisted Growth and Learning Association馬輔助成長和學習協會，該組織對個案所有的人馬互動，都在地面進行（不騎馬）。然後再借這一章的篇幅陳述一個與治療相關的概念：完形（格式塔）與馬輔助心理治療。

專家小組在心理治療中與馬一起工作（Fachgruppe Arbeit mit dem Pferd in der Psychotherapie，FAPP）

　　這個團體十分有趣，它是由不同國家專精於馬輔助心理治療的自願者，基於相同的理念，和勤奮的實作，加上細緻的個案研究形成了磐石般的團隊。這個組織與德國治療性騎行 e.V. 董事會Deutsches Kuratorium für Therapeutisches Reiten e.V. 有密切的關係，互動良好。

　　筆者在2000年左右曾三次在德國治療性騎行 e.V. 董事會舉辦的馬術治療研習營學習，記得有一次研習營的某一節課好像是下午第一節是觸摸馬。老師要我們各自選一匹馬，站在馬匹身旁，將手（一隻手）放在馬身上，閉著眼。從那時起約略的嗅到了馬輔助心理治療。離題了，趕快把思緒拉回來。之所以對這個團隊有興趣完全是因為Carl Kluwer先生，在活動中他教授我們許多知識及技能，他是ger ruhr universitats Bochum大學社會心理學名譽教授。

　　2001年10月在Königswinter舉行的成立會議上專業能力的多樣性難以超越：醫生、心理學家和教育工作者，代表從精神分析到最重要的心理治療形式全身治療和身體心理治療方法。第一次會議，該小組為他們自己取名為：「專家小組在心理治療中與馬一起工作」（Fachgruppe Arbeit mit dem Pferd in der Psychotherapie，FAPP）基本的共同目標：「專家組已經為自己設定了擴大實用範圍的目標也在心理治療中與馬一起收集工作描述、反映和發展。她啟用促進交流、相遇與合作不同治療方向的代表。」氣氛是由對馬和對馬的熱愛塑造的。連接每個人的心理治療工作，以及尊重、開放和欣賞作品和彼此的觀點。這些仍然是支持的多年來伴隨著團隊的元素，他們一起成長。

　　我手邊有一本《馬匹參與的心理治療》（*Psychotherapie mit dem pferd*）的書2005年出版（2009年英譯本出版）雖然至今已有點遠，但參考價值依然存在。2017年12月，每個FAPP成員都有共識將延續2005年的書再匯集大家的創作和相互的，批判性的建設性的討論，終於在2018年4月，出版了第2卷《實踐的貢獻》（*Beiträge aus der Praxis*）（未購買）。現將第一本書中的文章（三篇）摘要式的介紹給各位，雖是蜻蜓點水，也希望窺其一、二。

對馬匹的自我意識

　　人類的發展與知覺和運動有內在的聯繫，子宮中的胎兒通過運動來感知姿勢的變化，這可能是母親的運動或姿勢本身的變化。孕婦的搖擺動作也會對未出生的孩子產生鎮靜作用。Piaget創造了兒童感覺運動智力一詞。感覺和運動技能之間的聯繫特別重要。感覺運動智能是具有更高抽象性和複雜性的進一步認知和智力構造的基本要求。嬰兒出生時所處的中樞神經系統和末梢神經系統相對不成熟，這意味著其在發育範圍的可能性方面擁有更大的自由度，但在生命的第一年，它取決於穩定的心理社會關係（KLÜWER，C.1981）嬰兒可以尋求或避免眼神接觸，可以與感知到的聲音發生身體共鳴並對情緒做出反應。在兒童發育過程中，最初必要的身體接觸被眼神接觸所取代，後來逐漸被呼叫接觸所取代。如Piaget一樣，將兒童發展描述為一個不斷增加的分化，結構化和組織化過程，與環境緊密相關，從而達到了更高的複雜性。

　　馬匹的向前運動，背部在馬鞍的位置擺動，每一步都在垂直和水平面內移動以及繞垂直方向旋轉。律動傳遞給馬鞍的個案，使骨盆稍微來回傾斜，臀部左右搖擺，整個身體被抬起和放下，身體圍繞縱軸稍微旋轉。如果馬走路，則轉移到人骨盆帶的運動機制與人走路時的骨盆運動相對應。這與脊柱和肩帶的運動有關。馬不同步態和步伐對個案有不同的影響，因此，寬闊，平靜的步伐具有鎮定作用，而快速，短暫的步伐會身體產生較強的刺激。非常適合幼兒。馬對許多人，特別是兒童的印象深刻，其親切的感情以及對接觸的渴望，也激發了人們希望在馬兒身上嘗試不同事物的動機，這激發了兒童的探索行為，特別是在促進幼兒方面。

　　躺在馬背上，您可以體驗到膝蓋關節，髖關節或椎骨被釋放並且人與馬之間的流動一致時的感覺。此時此刻，一種安全感和幸福感開始顯現。馬是活躍的運動夥伴，對人們的反應敏感而真實。由於具有挑戰性，這匹馬會激發實驗性或前瞻性的解決方案。通過提高運動技能可以穩定人格發展領域，並有可能擴大行動能力。在與馬匹打交道時，清晰的界限和明確的行為舉止顯然會有所幫助。作為治療環境的一部分，存在著處理二元和三元關係的機會。當與馬匹和一群人一起工作時，訓練有素的治療用馬匹可以表明一群人的情緒。

　　使用馬作為自我意識的媒介，提供了獨特的機會，可以與早期的，不再

有意識的經歷建立聯繫，並使人們能夠從記憶，重複，努力中獲得治療。通過被帶走的支持經驗，可以通過感覺與潛意識建立聯繫，並且可以在治療師的幫助下進行覺知。通過改善的自我感知，可以與被壓抑或分離的感覺和情感進行接觸，從而在與馬一起工作時還需要一個受保護的穩定框架。通過騎乘馬，感覺與潛意識的回歸成為可能，並通過必要的注意不間斷地保證對現實的引用。與現實的關係隨著馬匹每一步變得生動活潑，從不單調。（作者：Dr. med. Barbara Klüwer。心理學家、治療性騎術訓練課程顧問）

恐懼與馬匹：在馬幫助下應付和整合恐懼的方式

恐懼是每個健康人都熟悉的，沒有人會感到這種激動人心的突破性情感而覺得自豪或喜悅。恐懼是我們生活的一部分，是我們情感的一部分，就像其他任何感覺一樣。像愛，喜悅，悲傷和憤怒一樣，它可以豐富我們的情感敏感性。恐懼使我們意識到我們的生活不是不言而喻的，而是有限的。它可以激勵我們去做我們在生活中打算做的事情，也可以在我們匆忙完成某件事時起到一種抑制衝動的作用。當我們處於進一步發展階段的邊緣，或者當我們錯過了必要的發展時，恐懼就會出現。

人類可以多種方式遇到馬。他可以看到它在野性的馬馳奔過草原。人與馬之間有不同類型的遭遇和關係，每種都與馬匹的潛力和人類發展水平相對應。騎乘，治療和工作的馬匹，必須學會克服其逃跑反應，通過決定對人的信任比對本能的控制來控制自己的恐懼。這樣，受過訓練的馬匹就成為人們應對恐懼策略的理想榜樣和伴侶。對於人類而言，馬匹已成為社會適應和接近自然之間的紐帶。馬具有極高的感知最細微的大氣振動的能力。很容易將心靈感應能力歸因於馬匹，因為它們會回應人類感官之外的刺激。馬具有直接掌握人的「核心」的能力。他們直接指的是他本人已經失去知覺的原始生命能量，他無法掩飾自己的生命。在眼睛裡看到這個真理常常會同時令人恐懼和解放。這樣，馬和恐懼就成為了意料之外的盟友，因為恐懼也基本上只想提醒我們「脫離了軌道」。這匹馬鼓勵我們找出我們當前的生活主題，個人挑戰以及發展的下一步。

與人與人之間的關係相比，馬為人們提供了更大的發展空間，而人與人之間的關係和期望往往難以糾正。馬會根據自己的方向做出明確而無意識的反應。它的目標是幸福，安全和清晰，它從不希望說教、羞辱，貶值，冒犯或競

爭。與馬一起工作時，健康的真實恐懼水平是非常合適的。馬對人類有不同的危險。此外，與馬相遇顯示出各種個人恐懼，這些恐懼以投射的形式導致對情況的個別，不現實的解釋，並指出了這種特殊恐懼的個人根源。接觸是接近個別馬匹或與馬群混合。理想的地方是分隔的馬場，馬和人可以在其中自由活動，隨意進場或離開。這個接近階段的主題是在群體或個人之間的吸引力和距離，能量和運動的有意識的感覺。治療師必須規定任何人都可以隨時中斷聯繫並離開該地點，這一點很重要。這種開放的聯繫方式可以使您獲得豐富的經驗。但是，焦慮的人很快就對各種選擇感到不知所措。在這種情況下，一個很好的選擇是與馬進行更有條理的接觸，在此期間馬由第二個人控制。馬輕柔而有節奏的運動可以釋放（融化）這種身體防禦姿勢，從而再次釋放自發的運動衝動。這些直接關係到一個人的「核心」，即他的自由生命力，因此將他引向他的「動力源」，從中他找到了重要的能量資源。當我們遇到這樣的一匹馬時，我們就必需發展和保持其能力。前提條件是例如在牧群中生活，以便馬能夠找到自己的位置和生活節奏並發展穩定的社會行為。馬也隨著任務而增長。我們給他們教育，培訓，挑戰性的工作和足夠的報酬。心理治療工作需要與馬匹建立真正的伙伴關係。最終，幫助馬克服恐懼的方法也對馬有用：面對需求並隨著需求的增長而成長。（作者：Monika Mehlem，心理治療師、心理劇培訓、生物動力身體心理療法、馬術治療師）

從進行到對話：介紹一種涉及馬匹基於心理學的深度心理治療

　　一個人不僅可以通過語言和技術，而且可以通過身體表達和感知他們的意圖和感受以及他們的極限，他們才有機會改變或對他們的環境產生改變的影響。當新獲得的信念或知識在物理上「錨定」時，它才真正對自我有用。我認為，馬是此過程的理想夥伴。馬心理治療工作的可能性多種多樣。重點不僅在於騎馬，而且還在於處理馬匹。對於患有嚴重關係障礙的慢性病，精神分裂症患者或兒童和青少年來說，這是一個以有意義和令人愉快的方式應對現實的絕佳機會。馬匹既可以作為自己壓抑的需求，本能或感覺的投射人物，又可以通過自己的方式使個案經常無意識的感覺變得覺知並作出回應。自尊心差的個案可能會體驗到被引導的馬所攜帶的感覺。他可以體驗獲得信任和感到安全。（作者：Barbara Croth：心理學家、心理治療師、德國治療性和教育性騎行培訓）

誠如Carl Klüwer先生所說，這書中的文章是以描述個案治療過程為主軸的陳述，因此我只選了以上三篇。最後我將Carl Klüwer先生在書中的編後語裡，摘要記錄如下：

這本關於馬在心理治療方面工作的報告，讀者可能已經很清楚了，將馬包括在內可以更直接地了解患者的身體深度。但是，在心理治療理解和過程中用於定位的理論是不同的。從本質上可以從三個方面看待這些問題，這是我數十年來在門診和住院設施以及小組工作中與各個方向的專業同事合作遇到的。當然，它們的共同點是治療上的努力。人們總是以他們的內在世界和外在世界為視角。顯然，一個人看起來的方向可能不同。我一次又一次地認識到三個方面：（1）因果關係的觀點：驅動力在視覺領域脫穎而出。在人格發展過程中，過時的正面或負面命運驅動和影響表明了健康和受干擾行為的狀況。每個人都有充實的生活的渴望。由此開始治療的起點。（2）確定性的觀點：這是關於在人類成熟過程中通過人際交往中的積極或消極認識，從創造的可能性（例如原型）中發展內部圖像的過程，從而發展為更複雜的圖像，這些圖像會更加有益於生活。再次有內在的渴望去體驗一個完整自我的可能性。治療就是針對這一努力的。（3）現實的角度：從一開始，人際關係對於人類生存至關重要。從原始的我們和感性的生活經歷，他創建了自己的概念和他人的概念。積極或消極的行為相應地明顯。這集中在治療上，以便可以進行糾正和進一步的體驗。

繼19世紀建議和催眠療法的開創者之後，S.Freud，C.G.提出了心理治療的理論草案。Jung和A. Adler已經提到了這三個方向。我這樣看，今天的眾多心理治療源於這些基本方法的專業化，不同的融合和相互融合。在這種方法的發展中，一次又一次地在物理層面上直接包括了接觸。因為每個嚴重的治療過程始終涉及整個人，所以無論從哪個方面啟動該過程，所有人類狀況都會發揮作用，即使從各自的理論角度將其視為邊緣現象或背景現象，並經常用其他術語來指稱所介紹案例研究的特殊之處在於引入了馬匹而擴大了治療情況。這給了直接的身體體驗機會一個特殊的條件，觸及了精神病患者最原始的感官層面，

其中，精神病患者仍然象徵性的前兆元素近似為「身體感覺衝動」，「身體感覺圖像」和「身體－感情關係」，這樣就可以做到這一點，而不會因防禦無法抗拒的經驗而阻礙治療。並且，在各個治療方面的經驗都表明，隨著原始生命元素的每次恢復，治療過程的進展將得到加強。最後，我不得不提到另一種難以表達的觀點，但這種觀點一直出現在小組成員之間的交流中。病人－馬－治療師的三極系統中的一般對應關係用諸如人體美學，遐想，最深層傳播，心靈感應等術語簡略地描述。這是不容忽視的。[4]

韁繩的結語

　　在馬匹參與的心理治療一書中共有12篇文章，11位作者，作者群分佈在歐洲不同的國度，在他們的背景和專長上有二個共同的特點，一是與精神醫學，心理治療師有關的專業，一是他們都懂馬，也是馬術運動的高手。因為這二個特質，所以個案有在馬背上活動的「治療」。這基礎的培養需要很長的時間，因此重要的推進器是濃厚的興趣和感知。

國際治療性馬術專業協會（Professional Association of Therapeutic Horsemanship International，PATH Intl.）

　　1969年，全球治療性馬術多年來一直在幫助有特殊需要的人實現他們的健康和保健目標。在美國，為了改善該領域而組織起來的必要性被確定，並於1969年11月成立了北美殘疾人騎術協會（The North American Riding for the Handicapped Association，NARHA）。NARHA於2011年更名為國際治療馬術專業協會（Professional Association of Therapeutic Horsemanship International，PATH Intl.），以適應該領域的發展，而PATH Intl.在短短的50年裡，它已發展成為全球公認的馬輔助活動和治療（EAAT）資源。PATH Intl.的使命是促進有特殊需要的個人在EAAT中的安全性和最佳結果。通過為中心認證和教練認證設定最高的安全和卓越標準，並追求創新的計劃和服務，該協會使馬改變生活的力量造福了數十萬人的生命。PATH Intl.建立在半個世紀的堅實成就之上。正在繼續提高其會員和中心參與者的標準，不斷發展、進步的質量水準，同時倡導為其馬合

作夥伴提供最高程度的照顧。今天有20名專業人員，數百名來自全國各地的志願者領袖——包括它的一些早期支持者——幫助運行，經過認證的專業人員和7,943匹馬幫助這一切成為可能。

治療性騎術主要由PATH Intl.在美國開發。這種方法由經過認證的PATH International講師實施具有不同背景，包括但不限於心理治療師。將馬納入心理健康治療的較新方法是馬輔助心理治療（EAP）、馬輔助學習（EAL）、馬促進心理治療（EFP）和馬促進學習（EFL）。在這個綜合性的敘述中，當沒有給出特定的心理健康治療方法或同時使用多種方法時，我們將術語馬輔助治療用作特定研究中的通用術語。這些基於馬匹的心理健康治療方法之間的差異。EAP和EFP解決治療目標（例如治療抑鬱症和創傷）。馬輔助成長和學習協會（EAGALA）開發了EAP和EAL，其中涉及100%的地面（未安裝）活動（EAGALA 2009）。PATH Intl.開發了EFP和EFL，包括馬背上騎行和地面上與馬匹互動的活動。EAP、EAL和EFP方法由兩位專業人員以協作、跨學科的方式提供：心理健康從業者和馬術專家。EFL可以由一名從業者或團隊提供。EFL從業者可能是教師、馬術專家、馬術教練、心理健康從業者（例如臨床社會工作者、輔導員和心理學家）或生活教練。如果騎馬、跳馬或駕駛將成為EFL課程的一部分，則團隊中的一名專業人員需要接受相關培訓和證書。[5]

PATH Intl.課程提供心理健康和馬專家團隊與有創傷後應激症狀（post-traumatic stress disorder，PTSD）的退伍軍人合作。該協議通過馬輔助心理治療為患有PTSD的退伍軍人提供體驗式團體治療培訓。PATH Intl.獲得鮑勃伍德拉夫基金會（BWF）的資助，以支持在線培訓的開發，以利用通過哥倫比亞大學的Man O'War（MOW）項目開發的基於研究的課程。學習者將利用哥倫比亞大學團隊編寫的EAT-PTSD治療手冊，並附有解釋性和演示性視頻內容來學習促進這種治療。課程註冊者還將獲得獨家PATH Intl.會員連接社區，以獲得持續的同行和專家支持。完成本課程後，治療團隊將能夠：

1、展示EAT-PTSD及其發展的知識。

2、對退伍軍人文化和創傷後應激障礙有更深入的了解。

3、了解評估的作用。

4、展示治療團隊角色的能力，包括馬。

5、促進所有八次EAT-PTSD治療。

6、指明參加EAT-PTSD的適當馬匹選擇。

7、採用EAT-PTSD治療指南。

8、了解並解決臨床突發事件和困難情況。

9、展示團體體驗療法的好處以及它與傳統療法的不同之處。

10、治療有PTSD症狀的退伍軍人，使用經證實可減輕症狀的研究方案。

團隊標準：PATH Intl. EAT-PTSD協議需要有執照的心理健康專家和馬術專家來協助。因此，在線培訓必須由一名持牌心理健康專家和一名認證馬術專家組成的團隊進行。

PATH Intl.是一種治療模型，旨在支持在獲得和維持個人健康方面有各種殘疾的退伍軍人。該計劃採用多方面的方法，結合教育、應用和社會心理支持系統，以滿足每位退伍軍人的個性化需求。獲得許可和認證的娛樂治療師（CTRS／L）利用與退伍軍人生活相關的有目的的娛樂策略來實現與健康和保健相關的個人目標，並減少與殘疾相關的繼發性疾病。PATH Intl.模型在世界衛生組織的國際功能分類（International Classification of Functioning ICF）的框架內運作。最後，該模型植根於自我效能理論（Bandura，1986年）。

International Classification of Functioning, Disability and Health國際功能、殘疾和健康分類（ICF）提供了一種對人類進行分類的機制不同健康領域的功能和殘疾（WHO，2002）。ICF與娛樂療法類似，通過身體、社會、認知、情感和環境領域的個人情況來看待健康（Porter & burlingame，2006）。這一優勢強調了健康狀況是非常個人化的，無法完全理解或解決的核心理解在一個單一的結構中。識別障礙和促進者在家庭和社區環境中有效的日常運作是PATH Intl.模型中的一個關鍵治療重點。ICF框架承認一個人的環境和個人情況與獲得和保持健康高度相關。在這個框架內，為PATH Intl. 治療師提供了必要的支架來識別和解決這些健康和幸福的重要元素。納入一個承認環境因素對日常功能的重要性的分類系統是ICF內部的一項重要創新。舉例來說，PATH Intl.干預服務的轉診通常會導致在一年內於退伍軍人的家庭環境中進行8到10次治療。這個服務時間框架是有目的的。環境條件隨季節發生巨大變化，PATH Intl.治療師與退伍軍人一起在這些季節性挑戰過程中努力識別和解決不同的問題由自然環境引起的參與障礙。PATH Intl.治療師針對活動和參與水平進行干預，並解決因退伍軍人自身環境而產生的績效促進因素和障礙。此外，PATH Intl.治療師會解決影響治療結

果的個人情況。ICF提供了一個有價值的框架，可在此基礎上建立治療方法。它是一個框架，將人的環境和其他心理社會因素的重要性提升為關鍵健康和幸福的決定因素。

PATH Intl.模型以個人為中心角色決定他／她自己的健康和幸福。以人為本的護理理念和促進疾病或殘疾的自我管理是PATH Intl.干預的核心。賦予個人以自身利益為導向的健康促進行為是PATH Intl.的指導原則。這種治療方法概念上基於自我效能理論。Bandura's theory自我效能理論提煉其本質，表明「人們相信什麼會影響他們所做的」。從這個有利的角度來看，PATH Intl.了解不僅支持退伍軍人發展技能和能力以取得成功，而且促進灌輸的重要性對自己成功運用所學技能的能力有強烈的自信。在面對疾病時培養強烈的個人效能感，Bandura認為，在試圖提高一個人的自我效能感時，灌輸個人意識是至關重要的。然而，一個信念通常通過個人能動性的成功運用而形成。有信心嘗試新事物經驗是必要的，但還不夠。在整個治療過程中，PATH Intl.治療師承認，如果缺乏先前的技能發展，僅憑對自我效能感是不夠的。這就是為什麼教授退伍軍人功能技能對於個人能動性的長期鍛鍊至關重要的主要原因。PATH Intl.利用Bandura's theory的四種策略來提高他／她的自我效能：（1）為退伍軍人提供機會參與掌握經驗、（2）作為榜樣的來源、（3）通過積極鼓勵所付出的努力和保證執行能力來融入社會說服力，以及（4）提供與個人能力和脆弱性相關的個人生理狀態的判斷和指導。治療師致力於促進兩種類型的結果。一是傳授必要的技能，再者是提高退伍軍人的自我效能感，以便他／她能夠成功地使用這些技能。最後，Bandura's theory是有用的，因為它認識到社會支持系統作為一種額外的代理在發展積極的自我效能感方面的重要性，社會支持有可能緩衝各種壓力源。

PATH Intl.治療師還與退伍軍人的直接社會支持網絡合作。因此，PATH Intl.干預旨在通過發展提高這些關係質量的技能、態度和信念來支持這些關係。PATH Intl.模型是一種積極主動的治療方法，專注於個別退伍軍人的及時干預。轉診途徑多樣，因此與退伍軍人有聯繫的任何醫療保健提供者如果認為需要PATH Intl.都可以發起諮詢。PATH Intl.模型使用整體方法酌情尋求讓任何和所有重要的其他人參與治療範式的治療。PATH Intl.模型是個性化和以人為本的。PATH Intl.治療師在他們的家中和他們選擇的社區內與老手面對面會面了幾個

月。通過這種方式，可以精確地定制服務，以滿足個人及其家人的目標和願望，並且還可以直接解決成功參與的任何環境障礙或促進因素。PATH Intl.模型的這種「實時、真實」方面是模型的關鍵組成部分。 [6]

蹄跡線的結語

　　為個人創造一個安全的地方與馬一起工作並獲得他們的治療益處／提供平靜和自我反省的機會／如果您是一名心理健康從業者或將其納入計劃，您可以將更多的處理納入活動中，但不要超出您的培訓範圍／對你做什麼和不做什麼（治療、諮詢、指導等）設定明確的期望／如果需要，您可以聯繫心理健康專家／保持在您舒適和有資格做的事情的範圍內／確保在每個參與者的攝取量能中。

馬輔助成長和學習協會（Equine Assisted Growth and Learning Association，EAGALA）

　　在這個不斷發展的心理健康實踐領域中，可以結合個人和專業成長和學習方式，馬匹被有意地納入人類治療過程，並為討論的焦點。EAGALA的馬輔助生長和學習協會改進了這種模式，以利用馬匹的先天能力以令人難以置信的方式影響人們。心理健康部分稱為馬輔助心理治療（EAP）。用於個人、專業和企業目的的學習方式稱為馬輔助學習（EAL）。EAGALA治療小組的兩個成員，一是持證的精神健康從業人員和一名馬科專家。EAGALA領導層面臨的挑戰包括尋找一種有效的方法來根植這些原則，這些原則一開始就顯得如此基礎，以便從業人員了解各種複雜性並培養必要的頭腦，以增強其個案的成長，學習和癒合。2011年，EAGALA創始人兼首席執行官Lynn Thomas和EAGALA培訓師Mark Lytle共同創建了一個課程講習班，以利用Mark的自然敘事能力，教授EAGALA模型的核心宗旨。EAGALA模型達到最佳狀態時，我們會創造一個可能改變人們生活的舞台。我們允許個案參與奮鬥並為自己找到答案。我們知道我們的馬在這一過程中扮演重要角色。

　　運動本身的動力是體驗式的，關鍵性的馬輔助心理治療，是體驗治療的原因：運動會影響我們的心理。如果目的治療是創造變化，我們將變化視為運

動，一種個體的身體運動可以成為內部運動的先驅。馬可能具有挑戰性。這匹馬的議程首先包括尋找安全，食物和環境舒適度。當滿足這些需求時，馬適應其他動態。他們變得好奇。他們體驗了有邊界的思想。他們協商等級制度並回應領導。人類必須探索建立這種聯繫並保持一致的方法他或她自己對馬匹的特殊心理和語言的了解。如果人類成功建立了互動以取得回應和連接不會對馬造成威脅，恐懼或不適，這些技能可以會轉移到與人類世界中建立聯繫。人類的人際交往充滿偏見和判斷力；我們使用它們不斷地過濾我們的互動並限定關係，而馬缺乏這些偏見和判斷。對於許多在關係上掙扎的人來說，技巧，這使馬在感情上更安全。EAGALA課程中建立這些技能的人了解到這匹馬會當他們達到自信和平衡時向他們展示合作。當我反省馬場的馬會離開時，當下我是在做什麼？我怎麼引起了馬兒積極的回應？如何實現連接？

　　隱喻是EAGALA模型的基礎。在競技場上，個案識別出的隱喻有助於解鎖潛意識，使個案可以定義，口頭表達，意識到並了解內部問題和動態因素。隱喻幫助個案轉變抽象的概念和感受變成可以觀察，移動，感動，改變。例如，一個人談論他或她的悲傷是一回事，而通過環境中的馬或其他符號來表達悲傷是另一回事，個案現在可以以有形和外部視角的方式解決這些問題。治療師可以技術性的設置隱喻以匹配治療目標。隱喻之所以起作用，是因為它們將個案從單純的與馬有關轉變為具有更深層意義的個案。一旦個案開始為課程中的元素分配角色和含義，我們對馬及其設備的傳統標籤就不再重要了。一旦隱喻出現，重要的是個案賦予的含義。在觀察，處理，澄清和反思的那一刻，治療師不斷邀請個案與馬一起進入體驗，並進入故事情節。這樣，隨著個案變得更加意識到他或她的象徵性世界中不斷發展的故事情節，變化自然就會發生。治療師面臨的挑戰是始終讓服務對象了解其故事及其含義。治療師不能在那裡改變個案的隱喻，也不能以任何方式將治療的議程放在上面。「您的目的不是分析或解釋個案的經歷。而是要為他們提供機會，以最小的『隱喻』來了解他們的象徵感知。」EAGALA模型採用了一個團隊結構，該團隊結構始終包括馬專家an equine specialist（ES）和心理健康專家mentalhealth professional（MH）。

　　SPUD'S與觀察和反映這兩個動作相結合，構成了課程執行的基礎：EAGALA會話中的轉變，**S: Shifts轉變**，與馬匹，其他符號或人類的任何身體或行為變化有關。**P: Patterns模式**，與Shifts指示移動一樣，在個案課期間顯示的模式通

常表示個案行為背後的更深層含義。**U: Unique Aspects獨特的觀點**，對於您的馬匹或人類而言，凡是與眾不同的事物，在其作為馬匹或人類的一般行為中，以及在其特定個性方面，均視為獨特的方面。在這裡，了解您的馬群確實很重要。認識到某個時刻是唯一的超出範圍，首先需要知道什麼是正常的。**D: Discrepancies差異**，差異是人類個案中提到的不一致時刻，當個案說一件事，而他或她的非言語行為又表示出另一件事情時。注意差異是幫助個案從預先意識轉變為意識的關鍵。治療師的反思技巧和方式可能意味著通過我們的外部影響將變化的時刻帶給個案，或者以使個案能夠發現自己的意義，機會或解決方案的方式進行觀察之間的差異來自任何給定的SPUD。EAGALA面向解決方案的模型認識到個案最有效的學習來自於他或她自己的發現。個案需要改變自己的方向。我們如何設置SPUD的反射是關鍵。在EAGALA培訓手冊中有一個重要的說明，描繪了兩個相互重疊的三角形（如圖）。前面的三角形代表「個案－馬」動態。後面的三角形代表「治療團隊－個案」動態。兩個三角形都包括個案。理想情況下，馬－個案三角形將在我們會議的流暢、動態過程中主要保持在最前沿。每次治療團隊介入與個案互動時，無論是口頭還是非語言，個案－馬關係三角形都會滑入背景。治療團隊－個案三角關係越突出，我們離馬輔助心理治療和EAGALA模型就越遠。如果我們真的遵循模型，我們會做出有意識的努力，以擺脫個案的方式，但仍在觀察和呈現，努力了解馬匹向我們展示的內容。我們的解決方案和時間框架遠遠落後於「馬、個案三角」框架。主持人需要接受他們可能不知道對個案有什麼影響或對他們有什麼意義。

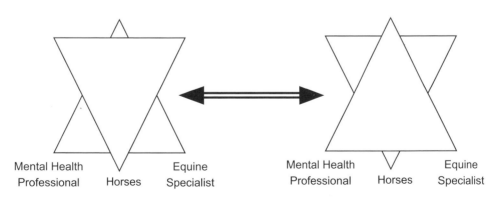

如前所述，馬場中的一切都與生活平行。EAGALA模型的部分功能是個案能夠在外部領域中創建對其內部自我正在發生的事情的象徵性物理表示。馬場空間中的所有事物都有可能成為隱喻，無論是馬，門，鳥，泥土還是木桶都有可觀察到的隱喻。典型的活動通常分為以下四個類別：從個案開始時，輔導員會根據治療或學習目標來組織機會。他們設置了空間和馬匹，以允許個案人開始組裝他或她的象徵性故事。

（1）觀察：看著馬，個案開始在他們看到的東西上投射含義，這反過來又以情感上安全的方式分享了自己和他們的信仰體系的各個方面。花時間觀察提供了一個機會，可以從遙遠的外部視角看待生活的各個方面。

（2）關係：讓個案花時間與馬建立關係，就開始揭示他們所採用的動力以及與他人，事物或他們自己的關係類型。

（3）運動／不運動：運動具有比喻廣泛而強大的應用，並且可以與變化和過渡有關。朝向道具，物體或人移動可以對應於朝向生活中的目標或人移動。遠離某些事物可以表示遠離恐懼或不健康的地方。與馬一起移動或不讓它們移動會帶來許多這些隱喻性的時刻。

（4）創建：在空間中花費時間，建立或創建實物表示（無論是物品還是馬匹）都會產生影響，方法是再次置入個案體內的物理領域動態，否則它們可能是抽象的或難以表達的定義或理解。一旦隱喻性故事開始，治療師的下一個關鍵技能便是支持該故事的流程，以便它在個案和馬匹接受的地方建立和擴展。這並不意味著沒有目標，因為我們致力於實現治療和其他確定的目標。但是，目前以真正形式的EAGALA模型得到了促進，完全依靠馬匹和個案來告知議程。治療師沒有腳本。[7]

四拍步伐的結語

促進成長和學習的馬輔助（EAGALA）干預的價值在專業實踐中越來越得到認可。EAGALA分析進行的觀察、參與者和訪談。揭示了空間在促進發展中的重要性。具體來說，參與者描述了自我反思空間的價值，關係內部和之間空間的重要性，以及空間作為團隊建設場所的重要性。確定了參與者之間從依賴外部

指導到自主決策、增強與馬匹的自發活動和互助的變化。突出了馬輔助學習作為一種新途徑的價值，可以幫助他們繼續與個案合作，幫助培養社會工作專業人士。在現有的研究中，馬輔助的當前領域內治療從業者正在使用許多方法，有些是獨立的，有些是在與正式組織有聯繫，在非常廣泛的範圍內處理各種各樣的問題。馬輔助心理治療浮現了歸屬感、賦權感、以及個案的整體運作能力，這些發現可能支持社會變革通過增強現有知識，發展馬輔助心理治療的基礎並為該領域的其他研究提供參考點。

參考文獻

〔1〕Everything You Need To Know About Observation - and Why We Do It

〔2〕Empathie auf vier Hufen Einblicke in Erleben und Wirkung pferdegestützter Psychotherapie

〔3〕7 Ways to Bond With Your Horse（Without Riding！）

〔4〕Book：Psychotherapie mit dem Pferd

〔5〕Review Narrative synthesis of equine-assisted psychotherapy literature: Current knowledge and future research directions

〔6〕The PATH-Way Home Therapeutic Recreation Journal Vol. XLV, No. 4 pp. 268-285 2011

〔7〕Book: Transforming Therapy Through Horses

第十二章

夢裡懷書

> 獲得智慧和紀律，是為了理解洞察力的話語
>
> ——箴言1：2

　　本章旨在以文獻呈現這本書的基本思想來源。

　　很少有以馬為治療媒介的方法是獨立於其他以馬為治療方法的。不過每種治療類型都有自己的理念。因此，馬輔助治療和學習Equine-Assisted Therapy and Learning（EAT/L）、Equine-Assisted Psychotherapy（EAP）馬輔助心理治療、Hippotherapy馬術治療、馬促進心理治療Equine Facilitated Psychotherapy（EFP）等等，共同或多或少融合二個治療標準化空間結構的趨勢，考慮了融合的特徵與可行性，進而提高獲取整體以馬為治療媒介的效能，幫助個案尋找到適合的服務。我想在本章陳述的是：一、人馬之間感知的觸覺和擁抱。二、格式塔理論的完形學派在EAP的所見。

人馬之間感知的觸覺和擁抱

　　20世紀後期，研究表明，馬可以增強人的口語和肢體語言之間的一致性。治療師主張以人為本的取向，包括格式塔，將已有的視覺及觸摸視為一種允許的技術。

　　嬰兒研究表明，兒童在生命的最初幾個月經歷了大量的成長。這種增長發生在心理的重要結構形成之前。這段時間的創傷可能會迷失在符號表徵中，因為此時它超出了孩子形成表徵的能力。在後來的治療中，這可能只會導致對口

頭解釋的膚淺反應，這需要一定程度的智力理解（Toronto，2002）。基於符號語言的移情與來自身體和早期、前語言經驗的非語言移情之間存在區別。這些早期經歷通常只能通過非語言管道獲得。幼兒期觸摸剝奪的研究結果，它導致通過肢體語言和手勢表達基於身體的適應。如果是這種情況，治療師必須考慮他們在通過語言管道進入語言前或基於身體僵局方面的有效性（Toronto，2002）。我們對存在於我們之外的事物的想法是基於從觸覺接收到的信息，而觸覺是由皮膚介導的。人類可以在沒有視覺、聽覺、味覺或嗅覺的情況下生存，但如果沒有皮膚能夠提供的功能，就無法生存。（Toronto，2002年）（註：參考A clinician's response to physical touch in the psychoanalytic setting）

皮膚向中樞神經系統提供有關環境的信息。除了生理功能外，它還充當使生物體接觸的器官。出生時，觸摸是最發達的感覺，也是嬰兒最依賴的一種感覺。它為外界提供了方向，並產生了有助於自我意識發展的投入。皮膚也具有心理和社會功能，使個人可以在社會世界中互動（Kertay，1993）。觸摸在某種意義上意味著關係，運動以及內外邊界的交匯。可以遠距離體驗聽覺和視覺，但是觸摸需要接觸並暗示親密感（Leder，2008）。有大量研究支持觸摸的積極效果。按摩療法已被證明可以有效地影響血壓，免疫系統功能，抑鬱和焦慮的狀態。發現嬰兒與看護者之間的接觸舒適度會導致情感紐帶，進而影響一個人一生的關係風格。在心理治療環境中，觸摸可用於帶來可觀的治癒效果（Bonitz，2008年）。研究探索治療環境中使用的觸摸的研究：觸摸對個人具有恢復性和組織性作用。它還可以增加小組參與度，邊界意識，身心親密感以及減輕壓力和焦慮感。觸摸也會對嬰兒的生長，呼吸，心律和腦電波產生積極影響。（Sakiyama，2003年）〔這讓筆者想起我們中醫的「把脈」。〕

我們每個人都以四種不同的方式體驗現實。我們的身體是我們通過我們的外表和身體發生的事情來賦予世界意義的一種方式。我們的想法是我們如何識別來自其他人和生活經歷的傳入數據。感覺是我們對人和情況的情緒反應。最後，我們的行為是我們根據周圍的人和我們的經歷做或不做的事情。設置和保持適當的界限非常重要，因為當您評估生活中其他人的言行時，界限將為您的身體、思想、感受和行為提供保護。

研究報告了積極的結果，包括整合、減輕疼痛、提高安全性和立足於當下。一項調查了231名積極參與心理治療的來訪者。69%的人表示，觸摸促進了

信任、開放以及與治療師之間更牢固的聯繫。47%的人表示觸摸增加了自尊。觸摸也被認為是讓他們感到被重視的一個因素，這有助於他們在接受治療時感覺更好。治療師報告說，觸摸可以滿足個案對包容、情感和養育子女的需求，以及反映內容和探索無意識的需求。（Phelan，2009）（註：參考EXPLORING THE USE OF TOUCH IN THE PSYCHOTHERAPEUTIC SETTING: A PHENOMENOLOGICAL REVIEW JAMES E. PHELAN）這些研究中檢查的觸摸類型是多樣化的，包括握手。觸摸手臂，肩膀和脖子；擁抱、扶持、撫摸和拍拍。觸摸有很多潛在的好處，但也有很多潛在的危害。這可以從對個案的性剝削、創傷材料的重演或社會權力動態的強加中看出。例如男性治療師撫摸女性個案，她可能不會感到要向該機構抗議。還有個案誤解觸摸的風險，以及培養依賴的可能性。此外，觸摸可能會削弱治療師容忍來訪者負面移情的能力。

　　一項由470名專業心理學家組成的調查詢問了他們在治療期間的觸摸行為。在治療過程中，幾乎90％從未或很少接觸服務對象。握手是發生某種規律性接觸的唯一形式。儘管文獻中沒有明確的協議，但研究支持在以下時間和以下個案之間進行聯繫。自殺危機，精神病崩潰，悲傷和創傷，焦慮和嚴重抑鬱的服務對象和老人。威爾遜（Wilson，1982）指出，在工作階段和危機時刻，觸摸是最有效的方法，但也適合在終止治療時表達愛意和慶祝。（Durana，1998）（註：The use of touch in psychotherapy: Ethical and clinical guidelines）口頭和非口頭信息之間的不和諧是進入個案心智和移情的重要窗口。這種不和諧也代表治療師可能表現出某種不恰當的肢體語言及行為。如治療師的身體姿勢，無論是昏昏欲睡的表情，交叉著雙臂還是……都可以表達甚至超過精心選擇的單詞。如果治療師的身體和言語不匹配，對於試圖與治療師建立聯繫的服務個案來說，這可能會造成混亂和疏遠。（Greene，2001）

　　馬具有增強人類在口語和肢體語言之間的一致性的能力。他們通過描繪自己對周圍人的反應來做到這一點。這樣，它們就可以充當鏡子，將一個人反射回自己。（Vidrine等，2002）「鏡像」作為治療中的治療工具其潛在好處才剛剛開始探索和記錄。

　　有一項作為探索性的研究，希望將這些主題更普遍地指向「馬促進心理治療EFP」中使用觸摸的功效和潛力。通過匯集13位專業人員的參與，希望可以更充分地回答這些問題：人與馬之間的接觸對馬促進心理治療（EFP）意味著

什麼？

服務對象身體的參與，作為從事心理健康工作25年的人，我發現我們越來越多地逐漸將身體排除在治療方程之外。因此，人體參與治療的唯一途徑實際上就是成為藥物管理的載體。EFP是一種涉及運動和空間物理變化的主動療法，EFP可以輕鬆解決感覺統合問題，EFP可以利用感覺經驗使服務對象重新與自己的身體保持聯繫。我們特別提到了虐待倖存者。臨床醫生指出，馬廄的物理，感官體驗可以稍微激活個案的心理運動系統，增加身體中一點點血清素。（註：血清素影響你身體的每一個部位，從你的情緒到你的運動技能。血清素被認為是一種天然的情緒穩定劑。它是一種有助於睡眠、進食和消化的化學物質。血清素還有助於：減少抑鬱、調節焦慮、治癒傷口、刺激噁心、維持骨骼健康、當您的血清素水平正常時，您會感覺：更快樂、比較平靜、更專注、不那麼焦慮、情緒更穩定。）給他們帶來些許的放鬆和喜悅。尤其是在提到兒童時，四名臨床醫生指出，在室外，移動服務對象的身體並移動位置，有助於治療。

一位臨床醫生注意到她專門為涉及Equine-Human Touch（EHT）的虐待倖存者開發了一種感官鍛鍊。這種循序漸進的分步練習旨在使與對方分離或關閉的個案回到他們的身體，其中包括聞到馬匹的氣味，觸摸個案面部的鬃毛以及用手觸摸馬匹的面部。一位臨床醫生報告說：「參加這項運動的一個人剛剛開始在馬廄裡哭了，我當然去跟她說話，她說這是自被性侵害以來，她第一次能感覺到自己的身體，感覺如此與她保持聯繫對她很有益，這對她來說是一個真正的開放和康復時刻。」騎馬的經驗絕對可以為您提供幫助，尤其是在某些受到醫學折磨的人中。一匹馬的撫摸可以用來喚醒沮喪的個案，或者一個因受傷而關閉自己的人。

馬廄很容易獲得感官刺激，部分是通過觸摸馬來的。一位臨床醫生指出，「當我們與孩子一起工作時，我們將了解他們面臨的挑戰，然後從那裡開始。如果是一個總是過度驚嚇『我不想讓他再尖叫』的孩子，我們會解釋，馬匹叫聲背後的原因，幫助孩子理解原因，為什麼小馬會這樣做，不僅僅是為了驚嚇孩子……這對大多數孩子都有幫助。」另一位臨床醫生指出：「我認為，對於自閉症或有其他感官觸覺問題的孩子來說，注意與馬兒的關係或注意他們喜歡或不喜歡的東西可以幫助他們了解自己喜歡或不喜歡什麼。」通過這種方式，

臨床醫生使用EHT來挑戰、撫慰和教育個案他們自己的感官挑戰和需求。

馬匹身體可以成為一個實驗室來探索什麼樣的觸摸是合適的。一位臨床醫生指出，「這個特別的女孩做得很好，發現我的閹馬不喜歡柔軟的觸感，他喜歡堅硬的觸感。我們探索了這一點，我們怎麼知道他不喜歡它，馬會漸漸離遠去了。當她給馬兒很好的撫摸時，馬是會安頓下來。所以我們研究了那種觸感，觸感的質量如何。」一般而言，馬可以接受的接觸可以擴大到更廣泛的界限討論。一位臨床醫生指出：「有時他們會用力過猛，或者用力清刷馬匹，以至於需要適當或積極的接觸。」第二位臨床醫生指出，來訪者，尤其是自閉症患者可能會拍打或擰馬，「這些人不是通過聯繫方式來接觸您知道的嗎？因此，我覺得有些孩子至少必須學習這一點，然後您希望其餘的孩子能繼續學習。」學會適當地接觸馬匹也可以為同理和界限打開一扇門。和我一起工作的很多人都需要界限，因此觸摸或不觸摸或適當的觸摸是教給他們界限的真正好方法。這是使用馬匹的好方法，因為在某些地方馬也不想被碰觸，因此您要教他們尊重馬，您必須考慮馬也有這種感覺。撫摸一匹馬還可以「幫助他們理解有積極的接觸和痛苦的接觸……他們如何能夠自信而不刻薄。」這對經歷過創傷的個案特別有幫助。正如一位臨床醫生指出的那樣「對於那些經歷過不良觸摸的人來說，它可以幫助他們獲得一種糾正體驗，並能夠區分良好的觸摸和不良的觸摸，能夠設定界限和限制，並控制好觸摸和不良觸摸。觸摸能夠在軀體感官水平上重新喚醒自己，享受良好的觸摸，因為它們已經如此關閉。」

儘管EHT可以在熟練的臨床醫生手中帶來許多好處，但仍需謹慎。臨床醫生指出，「觸摸對不同的人可能意味著不同的事物」，「我認為馬經常是治療師的延伸或隱喻，我認為您必須特別小心兒童或成人對觸摸的理解和方式。」EFP有時復雜而多層次的性質使此警告更加複雜。一位臨床醫生指出：「您不知道，假設您正在工作，並且您有一位恰好是男性的馬術專家，而您有一位女性患者，一個可能迷戀這個傢伙的年輕少女……你甚至不知道觸摸馬可能有完全不同的意義。」雖然觸摸差異化的潛力可以治癒個案，但誤解觸摸有可能削弱治療並導致失調，因此在安排EHT作為干預治療時必須特別小心。

當臨床醫生說EHT是安全的時，他們想到了四個基本概念。（1）EHT是真實，客觀和可信的，（2）EHT是非判斷性的，（3）它沒有社會壓力，並且（4）EHT是非色情接觸。多次重複說「馬不接受他人的意見，以確保安全」。

因此，當一匹馬接近顧客時，這種情感可以比治療師更為真實，因為「這匹馬沒有想得到報酬。」反過來，當服務對象伸出手來觸摸馬時，此手勢也可以視為更真實。

不必擔心他們會感覺到，就像人類可能會感受到接受擁抱的壓力。有了這匹馬，所有的一切都是來自個案的，所以您知道它來自他們的內心和誠意，他們對任何壓力都沒有反應。」這似乎鼓勵了個案與馬之間的誠實，這可能不那麼容易應用於個案、治療師的觸摸。臨床醫生指出：「馬也有另一種感覺，這對於那些自己在邊界上有很大困難的人來說實際上是很有教育意義的。」有時還使用移交技術來展示諸如梳理之類的特定技能。再次建議謹慎，因為這種親密和親密關係可能導致脆弱性，並且「馬匹的活動會引發問題……您永遠不希望孩子在能夠應付可能發生的事情之前被阻止。」這種親密感和身體親密性的觸摸必須由熟練的臨床醫生來進行，並且要對個案做充分的了解、參與和知識。

一位臨床醫生指出：「我認為很多人為了體驗接觸而擁有伴侶動物。」他們的名字是寵物，這使這一理論得到了證實。個案說「這些運動經常發生是因為人們需要觸摸馬」，「因為孩子們喜歡觸摸動物，所以他們也這樣做」，「他們具有某種自我處方的觸覺，並且我們有這種個性化的安排……就像我有一位真正需要無鞍接觸並真正從中受益並要求它的個案一樣。」臨床醫生指出，他們有時會將有些焦慮的個案有些焦慮的馬配對，以便個案能夠放鬆自己的情緒並使他們的馬匹平靜，然後面對他們的焦慮，然後經歷成功的積極循環。

在與馬合作時，臨床醫生注意到他們不僅更多地接觸了個案，個案也接觸了馬，馬也接觸了個案，但他們需要更多地討論接觸。這包括他們與個案之間的接觸，以及馬與個案之間的接觸。臨床醫生記錄了他們為向個案介紹EHT所做的具體練習；「你怎麼會接觸馬？馬如何允許你觸摸？一匹馬怎麼碰你？」和「然後我會教這個人如何向馬介紹自己……然後我會展示馬喜歡被觸摸的地方」或者「我們會討論你什麼時候接近馬和接觸馬以及它們在哪裡喜歡被觸摸……我們會從禮貌的角度來談論觸摸……對馬有禮貌很重要，觸摸是我們對它們有禮貌的方式之一，注意它們喜歡什麼樣的觸摸以及什麼樣的觸摸是馬不喜歡的。」

個案觸摸一匹馬的結果是，他們與那匹馬形成了聯繫。一位臨床醫生指出：「觸摸是與他們聯繫的一部分，觸摸加深關係」或「使關係始終保持良好

狀態」與連接有關，而連接與觸摸有關。接觸可以導致連接，繼而建立聯繫，然後可以實現治療目標所需的改變。臨床醫生說：「我認為，建立關係是治療中產生最大變化的一件事，我覺得他們通過觸摸與馬建立了聯繫，可以加強這種聯繫，也可以為他們正在努力的某些治療目標帶來改變。角色扮演，因為一匹馬實際上是在承載個案，這對個案來說，是一種非常正確的體驗。」她接著指出：「我認為馬匹的身體和父母的身體之間確實存在相關性。」馬與人的尺寸比與母嬰的尺寸比非常相似。因此，如果您回顧許多有關兒童早期發育和發育中斷的真正基本理論，這就是馬在很多時候從很基本的意義上為人服務的方式，「一般來說，人與馬和動物之間存在著非常原始的聯繫。」

一位專業人士指出，在談論一些困難的事情時，服務對象經常會站著撫摸馬。她指出，在那段時間裡，「我認為有一種方法可以放鬆警惕，並在無意識的水平上打開一個窗口，讓愛進入。那種安全感和力量感，很多是不言而喻的。」

EFP具有體驗式治療的所有優勢：「需要動態，具體，交互式技術等，對孩子對此反應良好」，「某些學習類型對於擁有某種可以玩耍的東西，觸覺，視覺，可以看到，移動和觸摸的東西很重要。」EFP的輸入和潛在結構的可變性為臨床醫生提供了更多空間，可根據個案的力量和學習風格來定制課程。

作為大型獵物，馬匹的特徵對EFP至關重要：馬對個案的反應也可以是會話中有價值的輸入來源；「事實是，他們提供了反饋，因為它們太大了，所以很難錯過反饋，也很難忽略反饋。」個案與這匹馬有關係，與一匹馬的關係允許個案給予和接受愛與關懷，正如一位個案所說的「我知道這匹馬」並感覺到與某物的聯繫。心理治療師，尤其是兒童心理治療師，注意到個案希望馬匹喜歡他們，會想知道馬的一周過得如何，並會為馬帶來禮物。一位臨床醫生說：「但是我覺得孩子們感覺像是一種夥伴關係，他們希望被小馬所接受。」臨床醫生通常專注於互惠，知道馬匹適應什麼，個案適應什麼，並堅持在互動中都應受到尊重。一位臨床醫生描述了一匹馬向個案伸出鼻子的瞬間：

> 當一隻擁有所有這些肌肉和骨骼、質地、大小和共鳴的大型美麗動物觸碰到您時，就會發生驚人的情感感覺，因此，您會在情感上感動……您會在不同的波形中感動，看不到它，只能感覺到它。因此，

我們實際上是在治療性背景下開發手指，讓手指超出手指的觸動，觸及您所知的感覺。一匹馬可以伸手觸摸某人。

她這樣做是因為「我認為我們人類發展的一部分是在某種程度上意識到其他人在那裡並且他們有價值觀，他們的思想與我們完全分開，這些孩子從未放慢腳步接踵而至。」一位臨床醫生指出，她是在自己對馬匹的治療中故意模仿的。「我們試圖教給動物一種真正的尊重，我認為這是更好地對待他人的隱喻，同樣，在傳統的一對一治療中，您不一定要擁有這種東西，但是因為我們堅持認為它們尊重某些動物，他們意識到動物具有這種感覺和事物，因此教會他們更好地與所有生物建立聯繫。」

安全地處理馬匹需要設定身體安全的限制。馬－人配對中的每個參與者通常會在他們以非語言方式相互協商空間時展示他們的限制設置風格和邊界體驗。在觀察此過程時，熟練的臨床醫生既可以獲取有關其個案的信息，也可以進行干預以提供見解或建議。一位臨床醫生指出：「這些馬還有其他的觸感，這對於那些在自己的邊界上有很大困難的人來說實際上是很有教育意義的。這是我們建立邊界而不是識別動物，邊緣大腦的方法，並且相對於與動物（尤其是與馬）的邊界，可以進行很多非常有效／情感的學習。」

臨床醫生指出，處理馬匹的新穎性和挑戰性為個案提供了提高自尊和掌握能力的機會，因為他們獲得了新的能力。個案通過掌握新技能提高了自尊心：「我認為對新事物發展技能，知識或興趣會建立他們的自尊，而能量會使人更有能力或更有動力做出積極的改變。」人們經常是因為有馬而有動力，個案自我選擇，因此更有動力進行治療並指出「與他們（馬）在一起很有趣。」但無法確切地說出為什麼人們被馬吸引。「我認為想要圍著馬兒的孩子之所以願意，是因為他們愛動物，但是，所有人都同意，如果個案對馬匹不感興趣或不想與之合作，他們很少會受到壓力（馬不會抱怨）。」

EFP是一種先進療法的想法被分為四個子集。與傳統療法相比，EFP需要更多技能，更高風險，更快地吸引個案，並且同時進行更多的活動。將臨床醫生的技能稱為馬術，臨床技能和知識庫，以將這兩個學科結合在一起。

如果某種情況變得不安全，則可以迅速採取行動，因此臨床醫生必須始終保持警惕，「我需要相信（危險）的可能性一直存在，以便讓我保持警覺，我

覺得我需要保持這種警惕。」風險也可能來自EFP的自然屬性，或騎馬和馬匹意外碰撞。一位臨床醫生注意到，所以我認為一個大錯誤是假設他們對我們的感覺與我們對我們的感覺一樣好，因此，必須認真進行，仔細監控，注意口頭和非語言反饋，因為個案不會意識到這一點。馬經常被用作隱喻，服務個案被某匹馬吸引的事實有時可能是臨床信息。一位臨床醫生說：「大多數情況下，遭受毆打的人會做以下兩件事其一；他們要麼選擇馬廄中最安全的馬匹，要麼選擇馬廄中最具侵略性的馬匹。」這對她來說是多麼的清楚。」另一位臨床醫生指出：「我確實有一些個案，他們可以在一定程度上選擇當天的工作對象，而且您知道很多都涉及他們自己意識到的問題和挑戰。」[1]

馴化馬給人類帶來了巨大的好處，人類反過來餵馬並為它們提供保護，使其避免受到掠食者的侵害。最終，馬成為人類地位和權力的代表。至關重要的是，我們重新連接我們自己的觀察和行為進化歷史，重新連接我們的人性和真正與動物建立更深層次聯繫的能力。馬在我們最近的文化中扮演了重要的角色，Oliver Wendell Holmes曾經說：「對許多人來說，愛、希望和夢想都是馬匹的代名詞。」Ralph Waldo Emerson提請注意與馬匹相處的令人上癮的本質：「騎馬不是一種溫和的愛好，它需要像紙牌遊戲一樣被撿起來或放下。這是一種偉大的激情。它抓住了一個人的全部，一旦這樣做，他將不得不接受他的生活將發生根本性的改變。」通過與動物和自然的聯繫而治癒的一些問題是根深蒂固的情感傷疤，很容易被認為是有問題的，而另一些問題則更膚淺；然而，總體信息很明確，只是動物的存在可以促進所有人的康復。這匹馬經常被視為具有一定程度的魔法和神祕主義，馬輔助干預（EAI）可以很好地利用這些方面。

人馬互動中的馬與傳統的談話治療師不同，馬不會聽人們說的話，它們只是觀察並回應我們行為的微妙之處。馬是動態的、大型的、強大的、具有高度戰鬥反應的社會動物。在馴化環境中，馬兒的生存依賴於人類，但它們保留了其獨特且有時複雜的行為。為了與馬建立有效的伙伴關係，人們需要對馬和他們自己的情感建立信任和尊重。牠們無法掩飾自己的情緒，因為馬會迅速對人類壓抑的情緒做出反應。觀察技能是任何遇到動物或人類的人都可以擁有的最強大的工具。通過放慢速度並用我們所有的感官真正觀察馬與人的互動，我們開始清楚地看到，像馬和人的第一次相遇這樣簡單的事情結合了許多微妙之處。提高認識可以幫助避免潛在的問題，不僅在所有我們與馬夥伴的互動，以

及與馬廄以外的其他生物的互動。通過這種觀察和意識的過程，對他人的信任和尊重可以成為第二天性，通過安靜的互動，人類也可以得到馬匹的信任。信任和尊重往往是現代社會關係中最先缺失的元素，沒有這些元素，以及與馬互動的人的高度意識和敏感性，真正的伙伴關係是不可能實現的。

　　將焦點轉移到人類依戀維度在人馬互動中的作用，一項對500多名騎士和訓練師的研究表明，訓練方法因依戀迴避程度而異，依戀迴避維度越高的訓練方法越傾向於對他們的馬使用基於學習理論的訓練。個案對馬匹的依戀被證明與個案和馬匹的人格類型的相似性相關。Tom Dorrance：馬「為安全而來找我們」。他說，沒有這個，任何事情都不會奏效。最重要的是，我們希望我們的馬和我們在一起感到快樂和安全。馬兒心煩意亂，你／妳開始輕輕撫摸它。對馬來說，是一種安全的體驗，因此需要耐心和「情感承諾」才能在平靜發生之時，讓馬兒放鬆和軟化：馬低著頭，軟化了它的眼睛，放鬆了它的下巴和嘴。然後看了你／妳一眼，此刻它真正享受它所找到的舒適。它已經成為一種介於人與馬之間的平靜體驗。撫摸產生了信心，是一種相互交織的體驗。你／妳需要想像——感受撫摸時那種溫柔、平靜的柔軟——被撫摸。要讓馬兒能夠信任並感受到「你／妳的」冷靜引導。「你／妳需要傾聽牠的聲音，以便能夠消除任何擔憂。撫摸讓你／妳和馬兒一起放鬆。再說一次，耐心是如此重要。（註：Tom Dorrance於2003年6月去世，享年93歲，他的理念被當今許多自然馬術訓練師和臨床醫生所繼承。他是自然馬術（Natural Horsemanship）的先驅。）[2]

　　馬治療干預旨在解決自尊和個人信心、溝通技巧和社會信任，通過將馬作為治療媒介。通過使用無意的信號（例如發聲或面部表情，以及尋求從屬聯繫），人類和馬逐漸提高了交流相互情感狀態的技能。而，身體接觸也構成了互動者之間的情感聯繫渠道，導致有形的行為和生理變化。因此，人類與馬兒的關係一直是由情感參與推動的，這些情感參與始終是他們互動的特徵。

　　一個女人與馬匹經歷可以幫助她重新與身體聯繫，作為自我實現的指南。當一個女人重新連接到她的內在知識來源時，她就會適應自己身體敘述的本能聲音。這是一個高度調節的系統，可以向身體發出動作或休息的信號。馬也是如此，他們表現出的獨立性和智慧。「馬給我們的最大禮物之一是有機會探索建設性的方法來應對危險和管理我們的私人恐懼。」（Midkiff，2001）「馬是

一種尋求聯盟的社會動物。馬匹的社交需求以及女性養育和聯繫的需求使馬成為女性的理想的動物伴侶。」﹝3﹞

過程中出現的身體姿勢和面部表情在社會信息中起核心作用時，主體間協調受到相遇的附屬性質的積極影響。馬能夠記住一個人（人或馬），這要歸功於他們的長期記憶，並在以後通過匹配不同的刺激來識別它。可能是支撐社會行為演變的核心能力；種間識別，可以合理地假設由於這兩個物種的長期共同進化，馬已經發展出識別與它們相互作用的人類的能力。在馬身上，社交修飾被發現會降低修飾者的心跳、在馬身上，與愉快事件相關的情緒的強度低於與不愉快事件相關的情緒，因此加強了積極互動的記憶。動物共享與人類體驗情緒有關的中樞和外周邊神經機制；出於這個原因，他們會積極尋找假設為他們提供愉快體驗的情況，並避免那些可能被認為是負面的情況。因此，動物很可能會經歷類似人類的情緒狀態。治療聯盟Therapeutic Alliance（TA）已被提議作為一個泛理論因素，它解釋了各種具有積極結果的治療，無論方法如何。治療師的個人品質，如誠實、靈活、尊重、熱情、自信、同理心和值得信賴，有助於 TA 的快速和積極發展，以及使用一些技術，如探索、反思、記錄過去的治療成功、促進表達情感，關注個案的體驗。研究指出，動物在治療環境中的作用是塑造或培養人際關係的積極本質。動物充當社會潤滑劑，促進與其他人的社會互動，有助於在患者和治療師之間建立聯繫，使最初的阻力更容易克服，並提供對環境的更安全的感知。假設：馬輔助干預的功效可能在於馬與人類在情感和身體上相互作用的能力，以至於它們最終作為一個獨特的系統共同發揮作用。情感轉移和聯繫以及觸摸和身體接近的互利效果可能代表維持關係的骨幹。﹝4﹞

格式塔理論的完形學派在EAP的所見

A：「完形學派」（在心理學教科書中經常提到的）會在學生中引發的持續好奇心。然而，這種好奇心仍將「懸而未決」，因為主流教科書描述中缺少某些主要內容。所呈現的只是一種描述性的、「沒有根據的」理論，僅列出了知覺組織的某些規律，僅此而已。另一個因素是，在一本給定的心理學教科書

中只涵蓋不超過1-2頁，但它仍然頑固地拒絕完全掩埋在「塵封的歷史書頁」中。Wertheimer（1880 - 1943）、Wolfgang Köhler（1887 - 1967）和Kurt Koffka（1886 - 1941）是完形運動的三位創始人。他們最核心的反對意見是，我們可以通過簡單地理解事物的每個部分及其局部關係和相互作用來理解事物作為一個整體的假設。要理解任何理論，最重要的是閱讀理論家的實際著作。關於格式塔理論，至少有兩件事很突出。首先，與弗洛伊德的理論不同，格式塔理論不是由一位創始人而是由三位創始人發起的。其次，許多資料是用理論家的母語德語寫成的，隨著1933年納粹上台，創始人不得不在他們的理論和實證工作穩步增長的時候逃離德國。因此，不僅在經驗輸出方面，而且在將他們的概念化翻譯成非母語的挑戰方面，都造成了嚴重的中斷。然而，除了語言障礙之外，還有一個頑固的哲學和認識論障礙，使他們無法將他們的現象學基礎傳達給實用主義、功能主義、行為主義的盎格魯北方人。我們的感知並不是由同等權重、隨機、重複的學習過程驅動的。而是，結構所固有的內部動力學會影響我們感知事物的方式。[5]

　　B：從格式塔治療的基礎和馬促進或輔助心理治療領域出現了格式塔式馬輔助心理治療（Gestalt Equine Psychotherapy GEP）。GEP是一種截然不同的治療方法，它是集成格式塔療法，馬訓練和實踐馬輔助心理療法模型，即馬匹為人類提供深遠的機遇自我意識，聯繫和關係。馬幫助人們從不間斷的不斷思考、分析和經驗中脫穎而出，成為當下人們的呼吸、身體、感覺和思維智力的綜合體驗。在與馬匹的關係中，它們反映了馬對人們的回應。馬是美麗，強壯而溫柔的動物。它們既是草食動物，又是牧群動物，它們將感官和感覺意識以及接觸充分性完美地結合在一起。馬可以在許多人中引起強烈的印象和情感，深切的嚮往，投射，轉移和深刻的體現體驗。Duey Freeman（註：落基山脈格式塔式馬研究所院創始人）說，「馬活在格式塔的本質中」，因為它們具有自然的意識，聯繫，一致性和有機體自我調節。這些能力對於許多失去聯繫的人來說，是有效的，因為他們自己的敏銳性和及時的經驗。馬匹會立即收到非判斷性的反饋。格式塔式馬心理治療（GEP）提供了馬－人－治療師的相遇，馬為他們提供了一個獨特的機會來嘗試建立人際關係並經歷真實的接觸。

　　格式塔與馬心理治療是治療師和個案像在探索和成長過程中與馬匹結合的活動。是在安全的馬場內進行。格式塔式馬心理治療師與馬匹之間有著持久

的關係，並且非常了解馬匹的氣質，歷史，實力和局限性，以及馬群的動態。治療師和馬匹之間的關係對於這項工作的有效性至關重要。它建立了真實可信的聯繫，信任關係，並加深了個案和馬匹一起經歷的可能性。與馬匹關係經歷是個案探索，建立紮實而活潑的聯繫的機會，並在當下被引導為具體化的意識。本著探索，安全和支持的精神提供相遇。治療師，個案和馬匹共同創造了一個獨特的機會，可以從此刻體現非語言和言語體驗。格式塔式的馬心理治療建立在意識和接觸理論，現象學，場論，變化的理論以及治療作為關係和實驗觀念的基礎上。它提供了與自然界重新建立聯繫的機會，既可以與馬接觸，又可以與野外／環境進行戶外活動。跨物種的工作促進了對需要與自然世界深入聯繫的「文明」人口的尊重和重新聯繫。格式塔式馬心理治療師需要接受GEP培訓，既要是心理治療師／格式塔治療師，又要是能幹的騎馬者。GEP治療師需要非常了解他們的馬匹，因為這是工作安全的基礎。格式塔式馬心理治療師模擬了紮根和存在的能力，並模擬了與馬的真實關係。GEP流程著重於個案的陳述和需求，以支持個案與馬匹和治療師在那一刻的認識，聯繫和相關經驗。GEP治療師的角色培養個案的具體意識和經驗、正念與反思性思維，與馬和其他關係領域中存在的相似之處有關。在GEP的諮商中，與馬匹的關係可能會激發更多體現的飽滿感。假設大多數核心主題在起源和性質上都是相關的，因此，治療師提供的與馬匹的關係經歷就充分挖掘了這種關係的治癒潛力。〔6〕

（註：作者Meggin Kirby心理健康社會工作者，澳大利亞格式塔式馬心理治療學的創始人。Meggin實踐基於房間的心理治療和基於馬匹的心理治療。）

　　Freitas（2020）將完形療法（GT）和馬輔助療法（EAT）確定為有助於人類與自己和他的經驗接近的兩個可能領域，這將導致他走向健康和人類發展。格式塔療法（GT）具有理論和實踐支持，將人視為處於關係中的存在。體內平衡作為一個系統存在於有機體中。馬輔助治療（EAT）是一種體驗式干預，除了與心理護理相關的其他概念外，它還專注「於活在當下」，讓它流動起來。允許從業者通過與由心理學家調解的馬互動而變得有意識，以促進個人發展。格式塔式馬心理治療是個人與環境之間發生相互作用和關係的環境。對於思想、行動、行為和情感是一種體驗和遭遇的方式。在這種情況下，意識的概念脫穎而出。我們將其概括為從經驗中了解。「與這種動物的歡樂使人們有可能意識到通常在人體內蟄伏的個體力量。」Hesse認為，我們可以從馬身上學到很多東

西，它們具有巨大的能力，可以立即對當下發生的任何經歷做出反應，包括周圍人的想法和感受。馬是多重刺激的相關來源。與這種動物關係最密切的人，通常會經歷一種非常敏感的關係。

　　完形治療（GT）和馬輔助治療（EAT）之間聯繫的第一個方面是以系統方式構想生物與世界之間關係的特殊方式。對於完形治療（GT），人們被視為整體的一部分，個人配置與他們自己的背景相關聯，「整體大於部分的總和」這種表達方式變得流行，我們也以同樣的方式看待，感知並且我們在馬輔助治療（EAT）的背景下運作。一個相互交織的整體的想法，內部連接並同時與外部相互作用。馬生活在當下，當我們和它們在一起時，我們會自然而然地吸收它，以至於我們只意識到，正如一些修行者所說，我們可以永遠呆在那裡。它是領悟——「覺知」——我們同時在三個層面上感知當下你內在和外在發生的事情：身體、精神和情感」。通過意識的鍛鍊，人們擴大了他們對自己的意識以及他們與現實的互動。接觸並不僅僅意味著接觸皮膚，接觸是讓自己感受我們、他人和環境之間發生的事情。提高意識，存在內部阻力運動，但也有支持它的技術方法，重點關注干擾人馬關係的行為跡象。指導如何與我們的成員互動，集中思想、感覺和行動之間的溝通和連貫性。敘述不僅限於口頭內容，而是包含肌肉張力、身體接觸的壓力、聲音的語氣、呼吸的節奏、體溫和呼吸出來的氣味。如果內在語言與外在語言不一致，系統就會雜亂無章，潛意識傳遞信息，思想、感覺和行動就會發生衝突。出於這個原因，心理治療師，對於解釋和激發意識的瞭解就十分重要。雖然相遇是自發的，但情感和個人提高意識的開放是由一位經驗豐富馬輔助治療專業心理學家進行的工作。

　　馬傳遞力量、快樂、存在、學習，它們具有改變的力量，無論是在意識上還是在相遇本身的寧靜中。馬將價值觀傳遞給我們，教我們成為～當人體驗他的「此時此地」時，才有可能達到意識。馬匹「活在當下」。由於這一刻對馬兒來說，是如此自然，我們對牠的參與變得如此重要，以至於牠可以在這次相遇中感染人類。因此，人與馬之間的相遇可以合作，使人類發展他的感知和意識能力。感知的完形理論其重要精神就是「活在當下」。[7]

　　C：格式塔式馬心理治療GEP和人文遊戲治療Humanistic Play Therapy（HPT）之間的連接：完形療法受到存在主義和人文主義心理學的影響，並將自我視為一個持續的過程驅動的概念，它結合了它出現的社會文化背景。這種

將自我視為一個連續過程的觀點還將人文主義的存在主義方法融入到自我整合和體驗的理念中「自我既包含可變的過程，也包含持久的特徵。它不斷變化，對新的相遇重新做出反應。而且還表現出穩定的背景品質，凝聚力和連續性。」我們生活經驗的體現以及我們這樣做的過程，並指向對自己更直觀、更隱含的知識。在這個框架內，HPT和GEP可以被視為同一棵樹的不同分支，共享相同的哲學根源。它們都源於一個在此時此地展開的現象學的、非解釋的、經驗的過程。GEP的治癒關係焦點轉移到個案，馬和治療師之間。HPT和GEP共享I-Thou關聯的概念（Buber，1958），它強調相互聯繫和對話，其特點是真實的會面以及支持和治癒關係的共同創造。[8]

　　D：馬和格式塔輔導：生活技能學習的組合理論上證實馬夥伴格式塔教練在生活技能學習中可能帶來的好處。格式塔教練和馬匹，特別是在馬輔助活動中採用的不同方法的背景下都被提及，因為它們與基於生活技能學習的生活質量的各個方面的改善有關。馬與人類合作，旨在為有身體和心理健康問題或挑戰的個人提供生活技能學習和治療。在這項研究中，主要關注點將放在一個相對較新的科學領域——與馬互動相關的心理社會健康，其中騎馬不是主要或唯一的活動。馬輔助學習、馬輔助治療，其中心理治療師將他們的技能與馬匹的存在相結合，或其他馬輔助活動在獲得核心生活技能的好處，以及隨後的生活質量提高。

　　需要與壓力管理相關的生活技能教育的概念並不是一個新概念。Hays & Eddy提到自信和自我概念是一種緩衝壓力事件消極方面的策略，並告訴我們四個生活技能的重要性：價值觀澄清、決策制定、溝通技巧和應對技巧。「馬輔助治療」（EAT）一詞可以描述與馬一起進行的各種活動，包括出於治療原因而騎馬（馬術療法、治療性騎馬）、用於提高身體能力的治療性跳馬、為沒有能力的殘疾人提供治療性馬車駕駛允許他們進行固定練習、馬術輔助活動以促進心理健康和個人成長、馬術輔助學習、或馬術促進學習以提高自我意識、信心建立和溝通技巧，以及馬輔助體驗式學習或馬促進心理治療。心理治療師在其專業範圍內工作，增加馬匹的投入。涉及與馬互動的所有類型的活動都以某種方式提供心理社會益處。馬輔助活動（EAA）、馬輔助學習（EAL）、馬輔助心理治療（EAP）、可以包括與馬的各種交互，這種交互方式對每種特定情況、使用的方法和提供服務的專家都是獨一無二的。這些互動可以是簡單地

享受馬匹的存在，觀察馬匹行為並反思自己的生活狀況，觀察馬行為作為參與者內心狀態變化的結果，梳理馬匹，與馬一起工作，使用自然馬術方法，帶領馬穿過障礙，與馬一起冥想，或其它。這就是為什麼各種方法的效果往往會重疊的一個原因，同時我們需要記住，在尋找一種解決特定生活技能學習的方法時，應有周全的思考。更重要的是馬本身為生活技能學習帶來的獨特品質，這些品質在其他情況下是無法獲得的。如：馬相對於人類的身體能力會喚起圖像、正念～馬以他們的本質以身作則他們的自然存在狀態是充分體現在當下、他們以非評判的方式互動、使用非語言交流來回應個案的行為時，馬幫助個案了解行為是如何被感知的，並識別和表達感受。

　　馬帶來的與人互動的獨特品質，使個案獲得的好處，在治療和學習環境中與馬夥伴互動，取決於治療目的和使用的方法，自我意識和同理心是馬合作治療或學習直接解決的主要問題。這些也是支持所有其他生活技能領域成功發展的基本技能。溝通和人際交往能力通過與另一個天生具有社會性並跨物種進行非語言交流的生物互動而自然發展。應對情緒和應對壓力的問題通常可以通過提高自我意識和同理心以及添加馬對個案思想、感受和行為一致性的反饋來解決。提高自我意識和同理心、提高溝通和人際交往能力、支持情緒調節以及建立抗壓能力，都為在決策、解決問題、創造性思維和批判性思維方面建立間接成功奠定了堅實的基礎。在治療環境中應用完形原理可以增強有學習障礙和行為障礙兒童的生活技能學習，從而改善各種實際的日常活動（獨立性、運動和認知能力、社交互動）。受格式塔式馬輔助心理治療影響的領域存在多樣性，顯示了格式塔哲學作為一個整體與個案合作的好處。格式塔原則可以與各種類型的輔導相結合，輔導作為一種基於行動的學習體驗，專注於創造與個案的信念、價值觀和動機相一致的積極變化。此外，格式塔輔導通過將它們帶入意識中來專門解決對變革的阻力，以便它們可以被處理和中和。與馬合作活動一樣，格式塔輔導的關鍵要素之一是以現在為中心的意識。這為獲得新見解和實踐新行為或行動創造了機會。這也是非評判性的，因為格式塔主義者認為個案是平等的，並專注於個案的過程：沒有外部強加的「正確」或「錯誤」。

　　世衛組織描述了生活技能的五個基本領域，它們在不同文化中保持其價值：

（1）決策和解決問題

（2）創造性思維和批判性思維

（3）溝通和人際交往能力

（4）自我意識和同理心

（5）應對情緒和應對壓力

　　格式塔輔導和與馬匹的伙伴關係都為學習提供了最佳環境，所有五個生活技能領域都可以直接或間接成為目標。[9]

參考文獻

〔1〕Evaluating Human-equine Interactions Through the Lens of Adult Attachment

〔2〕Living in-relation with horses: stroking Ann Game

〔3〕THE PSYCHODYNAMICS IN THE FEMININE-EQUINE RELATIONSHIP DYAD

〔4〕Emotional Transfer in Human–Horse Interaction: New Perspectives on Equine Assisted Interventions

〔5〕Gestalt Theory: Its Past, Stranding, and Future...

〔6〕Gestalt Equine Psychotherapy GEP

〔7〕AWARENESS NA GESTALT-TERAPIA E TERAPIA ASSISTIDA POR EQUINOS

〔8〕Horsing Around: Gestalt Equine Psychotherapy as Humanistic Play Therapy

〔9〕HORSES AND GESTALT COACHING: A PROMISING COMBINATION FOR LIFE SKILLS LEARNING

編後語

今夜有雨。

雨聲交織成大自然的呼吸篇章，我在想這樣好聽的聲音，是自然界外顯的力量，而與馬輔助心理治療，一種沉靜、無聲的心靈律動，相互輝映，可以看到馬、人謙遜的內斂。

從Google學術及網路文章找尋馬輔助心理治療相關參考文獻。我依照文章的摘要、簡介、討論及結論選擇做為文章中的依據，我也利用Google翻譯，中文、英文、德文字典尋找適當的解釋。當然這些文獻是自己判斷的，對總體馬輔助心理治療全貌一定有不全或遺漏或不成熟的地方，希望讀者諸君能給本書直言的批評。

今天總算將第三次閱讀及校正的馬輔助心理治療一書的文章看完，不瞞你說，還是找出不少錯誤之處，所以內心忐忑不安，於是我希望在新書出版後，籌組一個與讀者一起討論的專欄，可以是Facebook，也可以是Instagram，能相互切磋。

在這裡，我們（心理治療師）需要學習了解馬、學習騎術，並且找時間與馬交流，如果可能，也需要去國外實際參加培訓課程，為自己做好充足的準備。當然也要考量自己的興趣、生涯規劃，和經濟。

2023年2月5日　癸卯年正月十五

寫於淡水

全書參考文獻

1. Gestalt Theory: Its Past, Stranding and Future... Esra Mungan Boğaziçi University

2. AWARENESS IN GESTALT-THERAPY AND EQUINE ASSISTED THERAPY by Maria Cecília Ferreira de Freitas (marquesvaleria@globo.com)

3. An umbrella review of the evidence for equine-assisted interventions Cindy Stern & Anna Chur-hansen

4. THE PSYCHODYNAMICS IN THE FEMININE-EQUINE RELATIONSHIP DYAD Mary F. Flora Saybrook University

5. Effects of stroking horses on both humans' and horses' heart rate responses' HARUYO HAMA, Faculty of Letters, Doshisha University,

6. Exploring the use of touch in the psychotherapeutic setting: A phenomenological review. James E Phelan

7. El Toque en la Danza Movimiento Terapia Perspectivas Teórica, Ética y Empírica

8. Tassunjälkiä sydämessä ja mielessä Luontoavusteisuus lasten ja nuorten tukipalveluissa Anja Yli-Viikari

9. Gestalt Equine Psychotherapy, Meggin Kirby

10. Gestalt Therapy: Relational Developments and Research Margherita Spagnuolo, Lobb & Peter Schulthess

11. Gestalt Research on Problem-Solving and Today's Gestalt, Esra Mungan Boğaziçi University

12. Still ahead of their time: Gestalt theory's intriguing ideas and research in memory Esra Mungan Boğaziçi University

13. Evaluating Human-equine Interactions Through the Lens of Adult Attachment

14. The PATH-Way Home Promoting Access, Transition, and Health for Veterans with Disabilities

15. ES4H_Veteran_Brochure

16. In Practice Gestalt Equine Psychotherapy MEGGIN KIRBY

17. HORSES AND GESTALT COACHING: A PROMISING COMBINATION FOR LIFE SKILLS LEARNING, Māra Grēve Rīga Stradiņš University, Latvia

18. Horsing Around: Gestalt Equine Psychotherapy as Humanistic Play Therapy, Veronica Lac1

19. Beobachten, Dokumentieren und Planen im Elementarbereich

20. Sylke Badekow Berufsbiographien von, Psychotherapeuten

21. The professional and personal characteristics of effective psychotherapists: a systematic review Heinonen, Erkki

22. Pferdegestützte Psychotherapie Heilsame Wirkung auf die Seele

23. RESEARCH PAPER, The Effects of Neuro-linguistic Programming on a Psychotherapist's Communication Patterns: A Case Study 1 Jahanzeb Jahan

24. Rigidität, Elastizität und Plastizität der angeborenen Dispositionen des Pferdes Heinz Meyer

25. Mira Mohrmann Das Pferd als Spiegel der Seele −Akzeptanz und Auswirkung pferdegestutzter Therapie und -Coaching

26. Der brave und der kluge Hans Ein Beitrag zur pferdegestützten Psychotherapie, Birgit Heintz

27. Acceptability of an adjunct equine-assisted activities and therapies program for veterans with posttraumatic stress disorder and/or traumatic brain injury

28. Equine Facilitated Therapy for Complex Trauma (EFT-CT), Tiffany M. Naste

29. Investigating the Efficacy of Equine Assisted Therapy for Military Veterans With Posttraumatic Stress Symptomology Jennifer Nagrath Sofia University, US

30. Stigmas and Attitudes Toward Seeking Mental Health Treatment in a Sample of Veterans and Active Duty Service Members Philip Held1

31. Evaluierung einer pferdegestützten psychologischen Therapie im Rahmen einer stationären psychosomatischen Rehabilitation Sarah B. Mitteregger, Ursula Eichberger & Josef W. Egger

32. Practices of Therapists Using Equine Facilitated/Assisted Psychotherapy in the Treatment of Adolescents Diagnosed with Depression: A Qualitative Study,

Psychotherapy (EFP): Theory and Method JANE KAROL

49. Gestalt Equine Psychotherapy, Meggin Kirby

50. Pferde als Therapeuten: Der Einsatz pferdegestützter Pädagogik bei Kindern mit Lernschwächen

51. Das Pferd in der heilpädagogischen Therapie zur ganzheitlichen Förderung der Psychomotorik von Kindern mit psychomotorischen Auffälligkeiten

52. Alexander Korittko Posttraumatische Belastungsstörungen bei Kindern und Jugendlichen

53. Wege und Möglichkeiten in der pädagogisch - therapeutischen Arbeit mit dem Medium Pferd für Mädchen mit Gewalterfahrung - Hauptteil -

54. TIERGESTÜTZTE THERAPIE Ein kritischer Review

55. Bindung zu Tieren Psychologische und neurobiologische Grundlagen tiergestützter Interventionen

56. Epistemisches Vertrauen in der Mensch -Tier – Mensch Relation – Schwerpunkt pferdegestü tzte Psychotherapie

57. Evaluierung einer pferdegestützten psychologischen Therapie im Rahmen einer stationären psychosomatischen Rehabilitation Sarah B. Mitteregger, Ursula Eichberger & Josef W. Egger

58. Phase 1: Das Kognitive Modell zur Emotionsentstehung vermitteln

59. Application of Attachment Theory to Equine-Facilitated Psychotherapy, Keren Bachi

60. Gründung und Entwicklung der Fachgmppe Arbeit mit dem Pferd in der Psychotherapie Monika Mehlem

61. Therapeutic Horse Riding Improves Cognition, Mood Arousal, and Ambulation in Children with Dyspraxia Caren E. Hession, BA

62. Narrative synthesis of equine-assisted psychotherapy literature: Current knowledge and future research directions Ping-Tzu Lee MEd PhD

63. Horse as Healer: An Examination of Equine Assisted Learning in the Healing of First Nations Youth from Solvent Abuse

64. Are Horses (Equus caballus) Sensitive to Human Emotional Cues?

65. FACULDADE DE CIÊNCIAS DA SAÚDE DE SÃO PAULO JULIA LEONFORTE Jungian

83. Taming the Wild Rodeo as a Human-Animal Metaphor Arnold Arluke and Robert Bogdan

84. Herds and Hierarchies: Class, Nature, and the Social Construction of Horses in Equestrian Culture Kendra Coulter Brock University

85. Chapter 1 Introduction – Women, Men, and Horses: Looking at the Equestrian World Through a "Gender Lens" Miriam Adelman and Jorge Knijnik

86. Purebreds and Amazons: Saying Things with Horses in Late-Nineteenth-Century France Horses and Women on Show

87. Understanding the perceptual world of horses Author links open overlay panel, Carol ASaslow

88. What is behavior? And so what? Raymond M. Bergner

89. Sensory Abilities of Horses and Their Importance for Equitation Science

90. Sensory sensitivities: Components of a horse's temperament dimension Mathilde Leconte

91. Olfactory-based interspecific recognition of human emotions: horses (Equus ferus caballus) can recognize fear and happiness body odour from humans (Homo sapiens) Agnieszka Sabiniewicz

92. Making sense of horse sense: The clash of Umwelts

93. ACADEMIA Letters Theories generate emotions, Lorin Friesen

94. From the Horse's Perspective: Investigating Attachment Behaviour and the Effect of Training Method on Fear Reactions and Ease of Handling—A Pilot Study

95. Learning to Communicate: The Triad of (Mis)Communication in Horse Riding Lessons Katherine Dashper

96. Elsa as Horse Whisperer in Disney's Frozen 2: Opportunity "Nokk"s to Quash Gender Stereotypes

97. Listening to Horses Developing Attentive Interspecies Relationships through Sport and Leisure Katherine Dashper

98. Nora Schuurman and Riitta-Marja Leinonen The Death of the Horse: Transforming Conceptions and Practices in Finland

120. HORSE & HORSEMANSHIP IN BORNO MUHAMMAD WAZIRI

121. Communication as a Solution to Conflict: Fundamental Similarities in Divergent Methods of Horse Training

122. Nikki Savvides "Loving-knowing" women and horses: Symbolic connections, real life conflicts and "natural horsemanship"

123. SPACE: A psychological model for use within cognitive behavioural coaching, therapy and stress management Nick Edgerton & Stephen Palmer

124. Partnering with Horses to Train Mental Health Professionals Shelley Green, Ph.D.

125. Equine-assisted therapies using horses as healers: A concept analysis Sharon White-Lewis

126. Felt sense and figurative space: Clients' metaphors for their experiences of coaching David Britten, York St John University

127. The Impact of Equine-Assisted Therapy on Equine Behavioral and Physiological Responses

128. An Arena for Success: Exploring Equine-Assisted Psychotherapy Sandra L. Kakacek

129. Equine Assisted Psychotherapy: Horses Are Still Helping Us Today By: Jaimie Hutchinson

130. "Learning to Speak Horse": Th e Culture of "Natural Horsemanship" Lynda Birke

131. Horse Sense Leadership: What Can Leaders Learn from Horses?

132. Adding Equine-Assisted Psychotherapy to Conventional Treatments: A Pilot Study Exploring Ways to Increase Adult Female Self-Efficacy among Victims of Interpersonal Violence Wanda Kay Whittlesey-Jerome, New Mexico State University

133. An Arena for Success: Metaphor Utilization in Equine-Assisted Psychotherapy

134. Veterinary and Equine Science Students'Interpretation of Horse Behaviour

135. Talking about Horses: Control and Freedom in the World of "Natural Horsemanship" Lynda Birke

136. Equine-Facilitated Body and Emotion-Oriented Psychotherapy Designed for

154. Review A review of the human–horse relationship Martine Hausberger

155. The significance of human-animal relationships as modulators of trauma effects in children: a developmental neurobiological perspective, Jan Yorke

156. Equine-Assisted Psychotherapy as a Creative Relational Approach to Treating Clients With Eating Disorders, Veronica Lac

157. Social contact in horses: implications for human-horse interactions

158. Psychotherapie mit dem Medium Pferd: Theoretische Uberlegungen und exemplarische Darstellung des psychotherapeutischen Vorgehens in der Arbeit mit dem Pferd

159. Evidence of heterospecific referential communication from domestic horses (Equus caballus) to humans

160. Equine assisted social work as a mean for authentic relations between clients and staff Catharina Carlsson

161. The Thinking Horse: Cognition and Perception Reviewed, Evelyn B. Hanggi

162. A Healing Space: The Experiences of First Nations and Inuit Youth with Equine-Assisted Learning(EAL)Colleen Anne Dell

163. Equine-Facilitated Psychotherapy: The Gap between Practice and Knowledge, Keren Bachi

164. Equine Cognition and Equine-Human Interactions

165. Domestic Animal Behavior for Veterinarians and Animal Scientists Hardcover – 17 Jan. 2005

166. Sharing Minds – Equine-Human Intersubjectivity in Equine Assisted Psychotherapy An Outline to a Theoretical Framework Katarina Felicia Lundgren

167. The Unique Characteristics of the Horses for Humans Learning Purposes in Equine Assisted Learning Practice

168. Roland Schleiffer Der heimliche Wunsch nach Nahe Bindungstheorie und Heimerziehung

169. The Effectiveness of Equine Guided Leadership Education to Develop Emotional Intelligence in Expert Nurses: A Pilot Research Study

170. Equine-assisted activities and the impact on perceived social support, self-

Assisted Interventions

185. Horses Helping Children Grow, Louise Graham

186. Horses' Roles in Equine-Assisted Psychotherapy: Perspectives of Mental Health Practitioners, Ping-Tzu Lee

187. Equine Assisted Activities and Therapies: The Measuring of Equine Temperament, Thecla M. Helmbrecht Howard

188. EQUINE ASSISTED PSYCHOTHERAPY IN A SOUTH AFRICAN FORENSIC SETTING: A DESCRIPTIVE REPORT

189. EQUINE ASSISTED LEARNING: SYMBOLIC VALUE OF HORSE AS UNDERLYING PATTERN IN HUMAN THINKING Ilona Gehtmane-Hofmane

190. Mentalizing and Emotional Labor Facilitate Equine-Assisted Social Work with Self-harming Adolescents, Catharina Carlsson

191. Of Equines and Humans: Toward a New Ecology, Dulce M. Garcia

192. Of Animal Consciousness and Human Emotions: A Look at Equine Assisted Psychotherapy and Learning through Goethean Science Sarah Reagan

193. Amy's Story: An Existential-Integrative Equine-Facilitated Psychotherapy Approach to Anorexia Nervosa, Veronica Lac

194. Equine Assisted Psychotherapy: Provider Perspectives and Beliefs Rebecca Gilbert

195. Narrative synthesis of equine-assisted psychotherapy literature: Current knowledge and future research directions, Ping-Tzu Lee MEd PhD

196. "Healing Power of Horses", Brittany Schweik

197. Equine Assisted Activities and Therapies: The Measuring of Equine Temperament, Thecla M. Helmbrecht Howard

198. PSYCHOLOGY FOR THE FUTURE LESSONS FROM MODERN CONSCIOUSNESS RESEARCH

199. Handbook for Theory, Research, and Practice in Gestalt Therapy (2nd Edition) Edited by Philip Brownell

200. Cognitive-behavioral Therapy: a theoretical review of its bases

201. 'A horse is no machine': character in Jane Smiley's Horse Heaven' Jeri Kroll

202. Horses: Partners in Psychotherapy and in Learning, Kaci Miller

203. The Thinking Horse: Cognition and Perception Reviewed Evelyn B. Hanggi,

國家圖書館出版品預行編目

馬輔助心理治療 / 王挽華著. -- 臺北市：中華民國
傷健策騎協會, 2023.04
面； 公分
ISBN 978-986-96356-1-5(精裝)

1.CST: 心理治療 2.CST: 輔助治療法 3.CST: 馬

178.8 112003287

馬輔助心理治療

作　　者／王挽華
出版策劃／中華民國傷健策騎協會
　　　　　112 臺北市北投區振興街45號
　　　　　電話：+886-2-2823-6450
製作銷售／秀威資訊科技股份有限公司
　　　　　114 台北市內湖區瑞光路76巷69號2樓
　　　　　電話：+886-2-2796-3638
　　　　　傳真：+886-2-2796-1377
網路訂購／秀威書店：https://store.showwe.tw
　　　　　博客來網路書店：https://www.books.com.tw
　　　　　三民網路書店：https://www.m.sanmin.com.tw
　　　　　讀冊生活：https://www.taaze.tw

出版日期／2023年4月
定　　價／NTD 800元